Theory
and
Practice
of

상담의
이론과 실제

더나눔학술 · 문화재단 편

김희엽 조혜영 신봉호 문종길
서경란 김숙경 김경화 정수애
서동기 홍지명 정두배 전상준

Counseling

박영story

머리말

로저스(C. Rogers.)

상담은 문제를 해결하는 것뿐만 아니라 그 문제를 어떻게 다루는지를 배우는 과정이다. 결국 희망은 당신이 가장 어두운 순간을 지나 빛을 발견하는 데 있다.

빅터 프랭클(V. Frankle.)

상담은 고통 속에서 자라나는 용기를 발견하는 과정이다. 이 과정이 끝날 때 당신은 자신의 문제를 넘어설 힘을 얻을 수 있게 될 것이다.

엘리스(Ellis, A.)

1. 사람이 사랑, 인정, 성공에 대한 욕망 등을 개인의 삶에 없어서는 안 될 필수불가결한 요소라 믿을 때 정서적·행동적 장애를 경험한다.
2. 사람들이 정서적 문제를 겪는 이유는 일상생활에서 겪는 구체적인 사건들 때문이 아니라 그 사건을 합리적이지 못한 방식으로 지각하고 받아들이기 때문이다.

아들러(Alfred Adler)

1. 인간이 행하기에 가장 어려운 일은 자신을 알고 자신을 변화시키는 것이다.
2. 사회적 관심은 상대방의 눈으로 보고, 상대방의 귀로 듣고, 그리고 상대방의 마음으로 느끼는 것이다. 상대방의 입장에서 생각하고 이해하려고 노력하는 공감적 태도가 필요하다.

로저스는 상담의 목적을 특별한 한 가지 문제를 해결하는 것이 아니라 보다 나은 통합된 방식으로 현재와 미래의 문제에 대처할 수 있도록 개인의 성장을 조력하는 것이라고 했다. 상담은 개인뿐만 아니라 집단의 가치와, 발달, 문제 등을 다루는 실천 학문으로써 상담자와 내담자는 공동의 노력을 통해 내담자의 변화와 성장을 조력한다. 상담은 학교 장면뿐만 아니라 전반적인 사회 각 기관의 전문영역으로 확산, 진행되고 있다.

현재 우리는 다양한 정보의 홍수 속에서 생활하고 있다. 우리 생활에 가장 밀접히 연결되어 있는 인간의 삶 자체가 우리의 일상적인 현상이다. 이러한 일상 속의 크고 작은 현실적 요구들이 대두되면서 상담학이라는 학문이 크게 작용하고 있다. 특히 아동·청소년의 학교폭력과 청년실업 등이 심각하게 사회문제로 부각되면서 이를 조력할 상담활동과 진로교육 수행 등에 대한 사회적 공감대가 확산되고 이를 뒷받침할 제도적, 행정적 장치들이 많이 나타나고 있다. 이러한 시대적 흐름 속에 우리나라의 상담학계에서도 많은 변화가 있어났다. 대표적으로 전문상담교사의 법제화 및 임용 실시, 그에 따른 상담학 전공 교수 수요 급증 등 그 변화의 크기는 우리나라의 상담학계에서 이전에 경험해 보지 못했던 것 같다. 이러한 새로운 변화는 우리의 생활문화 전반과 가치관을 변화시키면서 현대인들에게 다양한 사회문제와 병리 현상을 만들어낸다. 이로 인한 가족문제, 대인관계문제, 학업에 대한 스트레스, 정서적·신체적 학대 사건 등을 포함한 위기 요인들이 매우 다양하게 나타나고 있다.

근래에 학교폭력, 진로갈등, 자살 및 자해, 학교부적응, 군생활부적응 등의 어려움으로 비행과 탈선, 중도학업 포기, 자살시도 등의 행위가 개인에게 미치는 영향을 넘어서 국가차원의 사회 진반적인 문제로 나타나고 있다. 이러한 과정들로 인하여 상담심리에 대한 관심과 학업을 시도하는 사람들이 계속해서 늘어남으로 학부과정에 상담심리학과가 많이 개설되고 있다. 또한 대학원, 교육대학원, 특수대학원의 상담심리학과, 심리학과, 군상담심리학과, 사회복지학과 등에서 상담심리를 공부하고 있다. 이에 본 집필진은 상담에 대한 가장 기초적인 상담이론과 실제라는 과목을 수강하는 학부생, 대학원생, 전문상담(교)사, 청소년상담기관, 평생교육기관 등 상담관련에 종사하시는 많은 사람들과 독자들에게 도움(그림, 표, 상담사례 등)을 드리기 위해 다양한 상담이론과 실제 상담사례 중심으로 집필하고자 노력하였다.

이 책은 상담심리학을 처음 접하는 사람들이 쉽게 접근하면서도 상담에 대한 전반적인 내용을 충실히 담아낼 수 있는 책이 있었으면 하는 독자들의 요청에서 비롯되었다. 따라서 이 책은 상담심리학을 처음 공부하는 독자들과 상담심리학 전반에 대해 좀 더 쉽게 포괄적으로 이해하려는 독자들을 돕기 위해서 저술되었다.

이 책의 전반적 이해를 돕기 위해 다섯 개의 장으로 구성하였다.
1장 상담의 이해(신봉호)에서는 상담의 개념과 원리, 상담의 발전과정, 상담의 윤리적 문제에 대해서 살펴보았다.
2장 상담의 과정(조혜영)에서는 상담 장면에서 공통적으로 적용되는 상담의 특성을 중심으로 초기 단계, 중기 단계, 종결 단계로 구분하여 상담의 목적과 주요 상담 활동을 중심으로 살펴보았다.
3장 상담의 기법(정수애 외)에서는 상담 이론을 실제 상담 현장에서 사용할 때는 많은 어려움을 겪을 수 있다. 기법에 따라 적용되는 결과도 달라지는데, 여기에서는 경청과 수용 반영, 명료화, 침묵, 요약, 해석, 직면 등 주요 기법에 대해 살펴보았다.
4장 상담의 이론(김회엽 외)에서는 가장 일반적으로 상담 현장에서 널리 사용되고 있는 9가지 이론들의 주요 개념, 인간관, 상담의 목표, 상담자의 역할, 상담 기법, 공헌과 한계 등을 중심으로 살펴보았다.
5장 상담의 실제 사례(서경란 외)에서는 가족상담, 아동·청소년상담, 특수아상담, 다문화상담, 학습상담, 진로상담, 중독상담, 자살·자해상담, 학교폭력상담, 사이버상담 사례를 중심으로 살펴보았다.

여기에 내놓은 조그마한 결과물이 여러분들의 목마름을 풀기에는 부족함이 많지만 넓은 마음과 사랑으로 감싸주기를 바란다. 앞으로 더 나은 책이 되어가기까지는 수많은 충고와 조언 그리고 우리 내부의 열린 마음의 담금질이 필요하다.

그동안 이 책이 나오기까지 한 단어, 한 문장을 어떻게 써내려갈지 노심초사하며 많은 고민을 거듭해 온 집필진들과 그 배우자 및 가족 여러분들의 보이지 않는 고마움에 대하여 마음 속 깊은 곳에서 우러나오는 진심을 전한다. 또 많은 관심과 조언을 아끼지 않으신 주변의 지인들께도 감사의 마음을 전한다. 마지막으로 부족한 원고의 출판을 기꺼이 허락해주신 도서출판 박영사 안상준 대표와 관계자 여러분들께 진심으로 감사드립니다.

2024년 11월 15일
미향 여수에서
저자 대표 김회엽

차례

상담의 이해

상담의 이해

상담(counseling)은 개인뿐만 아니라 집단의 가치와, 발달, 문제 등을 다루는 실천학문으로서 상담자와 내담자는 공동의 노력을 통해 내담자의 변화와 성장을 조력한다. 이 장에서는 '상담의 개념과 원리', '상담의 발전과정', '상담의 윤리적 문제'에 대해서 살펴보고자 한다.

🎯 학습목표

가. 상담의 개념과 원리를 예를 들어 설명할 수 있다.
나. 상담의 발전과정 특징을 시대별로 열거할 수 있다.
다. 상담의 윤리적 내용 7가지를 열거할 수 있다.

👤 로저스(C. Rogers.)

상담의 목적은 특별한 한 가지 문제를 해결하는 것이 아니라 보다 나은 통합된 방식으로 현재와 미래의 문제에 대처할 수 있도록 개인의 성장을 조력하는 것이다.

👤 프로이트(S. Freud.)

인간의 성격과 행동에는 반드시 원인이 있으며, '무의식적 동기'가 그 원인이라고 하였다.

① 상담의 개념과 원리

상담이라는 용어는 현대사회에서 가장 많이 등장하고 있는 용어 중 하나이다. 많이 사용되는 용어인 만큼 상담이라는 단어에 대해서 정확한 이해가 필요하다. 두 사람이 서로 이야기를 나누었고, 그 이야기가 고민거리라고 해서 모두 상담이라고 부를 수는 없기 때문이다. 상담은 눈으로 보이지 않는 사람의 마음을 만지는 일인 만큼 그 이상의 노력과 인내, 열정과 능력이 어우러져야 하며, 오랜 시간에 걸쳐 이루어지는 그야말로 작업이자 활동이다. 이 장에서는 우리 생활 주변에 흔하게 사용되고 있는 '상담'이라는 용어의 진정한 '개념'과 '원리'를 알아보고 상담에 대한 이해를 돕고자 한다.

가. 상담의 개념

상담(counseling)이라는 용어는 조언을 구하다, 반성하다, 숙고하다의 의미를 가진 라틴어의 'counsulere'에서 유래한 것으로, 상담(相談)은 서로 상(相), 서로 바라보고 자세히 관찰하다의 뜻과 말씀 담(談), 열정적으로 이 이야기한다는 뜻이 합쳐져 어려운 문제를 전문가에게 이야기하고 해결을 위한 답을 찾는 것으로 그 뜻을 풀이할 수 있다.

상담에 대한 정의는 학자마다 다양하게 정의됐다. 로저스(Rogers, 1942)는 상담자와의 안전한 관계에서 내담자가 과거에 부정했던 경험을 다시 통합하여 새로운 자기로 변화하는 과정이라 하였고, 코리(Corey, 2005)는 상담자와 내담자 두 사람 간의 관계를 중시하며 상담은 치료적 모험을 통한 변화를 가져오게 하는 상담자와 내담자 간의 계약과정으로 정의하였다. 이장호(2005)는 도움이 필요한 사람이 전문적인 훈련을 받은 사람과의 관계에서 자기의 생활 과정상의 문제를 해결하고 생각과 감정, 행동 측면의 인간적 성장을 위해 노력하는 학습 과정으로 정의하였다.

여러 학자의 정의를 종합해 보면, 상담은 전문적인 교육과 수련을 받은 상담자와 내담자가 상담 관계를 맺고, 내담자가 스스로 문제를 해결할 수 있는 내면을 힘을 키워 직면한 문제를 해결하고 궁극적으로 내담자의 성장을 조력하는 협력 과정이다(조혜영 외, 2023).

나. 상담 · 생활지도 · 심리치료의 비교

상담과 흔히 혼동하거나 중복되는 의미로 사용되는 말이 생활지도와 심리 치료이다. 생활지도는 주로 학교 장면에서 사용되는 '교육적 용어'이고, 심리 치료는 주로 병원 장면에서 사용되는 '치료적 용어'라고 볼 수 있다.

먼저 상담과 생활지도의 관계를 보면, 생활지도의 주요 활동에는 학생 조 사 활동, 정보활동, 정치활동, 추수 지도 활동, 상담 활동이 있는데, 상담은 생활지도의 주요 활동 중 가장 중핵적인 활동이라 할 수 있다. 즉, 생활지도 는 학교에서 교육의 목적을 달성하기 위해 학생이 저마다 독특하게 지닌 발 달 가능성과 잠재능력을 최대한 개발할 수 있도록 도와서 개인적으로 행복한 삶의 개척, 사회적으로 현명한 선택과 적응, 의사결정과 자기 지도를 할 수 있도록 돕는 봉사 활동이다. 이를 위해 상담을 중핵적인 활동으로 활용하게 된다.

상담과 심리치료의 관계에 대한 견해로는 상담과 심리치료는 같은 것이라 는 견해, 약간의 차이가 있다는 견해, 본질적인 차이가 있다는 견해, 그 경계 가 뚜렷이 구별되는 두 가지 다른 전문 분야라는 견해, 이 네 가지로 나누어 볼 수 있다(박성희, 2006). 상담과 심리치료의 명확한 구별을 위해서는 네 번 째 견해에 기초하여 생각해 볼 수 있다. 즉, 상담은 상담자와 내담자가 인격 적 만남을 통해 삶의 현장 곳곳에서 개인의 바람직한 변화를 돕는 과정으로, 바람직한 변화를 돕는 상담이 때때로 심리적인 문제를 예방하고 치료하는 일 에 활용되지만 그렇다고 상담이 곧 심리치료는 아니다.

요약하면 상담은 도움을 주는 과정으로서 생활지도와 심리치료를 포함하 여 적응적 · 심리적 문제를 예방하고 치료하는 데에 머물지 않고 삶의 모든 측면에 도움을 주고 인간을 변화시키고 성장시키는 모든 일에 개입하고 관여 하는 활동이다.

표 1-1 **생활지도, 상담, 심리치료의 비교**

구분	생활지도	상담	심리치료
대상	소속 인원 전부	개인 내담자, 소집단	개인 환자, 소집단
목표	바람직한 생활 과정과 성장 발달의 지도	구체적 생활 과제의 해결: 감정, 사고, 행동 양식의 변화	정서적 문제의 해소: 성격 구조의 심층적 변화
다루는 문제	현실적 능력의 평가 및 장래 계획 등	장애적 긴장, 불안, 비능률적 행동 습관, 비성취적 관념	신경증, 성격 장애, 우울증, 정신병
전문가	일반 교사, 교도 교사, 연수 담당자	상담 교사, 상담심리 전문가	정신과 의사, 임상 심리 전문가
장소	교육 장면 전체	상담실, 출장 장소	진료실, 환자 가정
지속 횟수	1~6회 정도	1~20회 정도	10~100회 정도
접근 방법	정보, 자료 제공: 교육 강좌, 토의 집단	면접 중의 조언, 교육, 훈련, 분석: 면접 의의 측정, 자문 지도	분석적 면접, 약물요법: 문제 환경으로부터의 격리 수용
기타	무료	유료(학교 및 봉사 기관 제외)	유료

출처: 김종운(2023). pp. 22.

다. 상담의 기본 원리

상담이 내담자에게 환경에 대해 효과적이고 현명한 적응을 하게 돕는 것이라면, 상담의 기본 원리는 먼저 내담자의 이해가 전제되어야 할 것이다. 그러나 인간에 대한 이해는 기본적 감정이나 태도가 존재한다고 비에스텍(F. P. Biestek)이 일곱 가지 기본적 욕구를 제시한 것을 바탕으로 상담의 7가지 기본 원리를 제시하였다(김흥규, 2003).

첫째, 개별화의 원리로 내담자의 독특함을 알고 이해하며 보다 나은 적응을 할 수 있도록 각 내담자를 원조하면서 다른 원리나 방법을 활용하는 것이다. 내담자는 개인차가 있으므로 개인의 욕구 충족에 따르는 행동의 책임과 권리를 갖고 의무를 다하는 개인으로 내담자를 존중해야 한다. 이를 위해 상담자는 내담자의 개성과 개인차를 인정하는 범위 내에서 상담을 전개하여야 한다. 개별화의 원리를 지키기 위해서 상담자는 편견이나 고정관념으로부터 탈피해야 하고, 인간 행동의 유형과 원리에 대해 전문적으로 이해해야 한다. 또한 내담자의 말을 경청해야 하고, 내담자의 보조에 맞추어 상담을 진행해야 하고, 내담자의 감정 변화를 민감하게 포착해야 하며, 내담자와 견해차가 있을 때는 이를 조절하는 능력을 갖춰야 한다.

둘째, 의도적 감정 표현의 원리로 내담자가 자신의 감정, 특히 부정적 감정을 표현하려는 자신의 욕구에 대한 인식이다. 사람은 누구나 잘한 일에 대하여 떳떳하게 표현할 수 있는 의사 표현의 자유가 있다. 반면 부정적 감정을 표현할 수 있는 자유도 있다. 특히 상담자는 내담자가 자신의 감정을 자유롭게 의도적으로 표현할 수 있도록 온화한 분위기를 조성해 주어야 한다. 이를 위해 상담자는 압력이나 긴장으로부터 내담자를 완화해 주고, 심리적 지지를 보이면서 그의 부정적인 감정 표현을 비난하거나 판단하지 않고 경청하여 내담자가 자기표현을 유감없이 발휘할 수 있도록 해야 한다.

셋째, 통제된 정서 관여의 원리로 상담이 주로 정서적인 측면에 큰 비중을 두고 있으므로 상담자가 내담자가 그의 감정을 표현하도록 촉진하는 것이다. 이때 상담자는 이러한 감정에 호응하기 위해 정서적으로 관여하게 되는데 내담자의 감정에 그대로 동화되어 자신이 상담자라는 사실조차 잊어서는 안 될 것이다. 그러므로 상담자는 자신의 감정을 통제하면서 관여해야 한다. 이것은 상담이 내담자 스스로 자신의 문제를 탐색하고 해결할 수 있도록 돕는 것이 목적이기 때문이다.

넷째, 수용의 원리로 내담자의 장단점, 바람직한 성격과 그렇지 못한 성격, 긍정적·부정적 감정, 건설적·파괴적 태도나 행동 등을 있는 그대로 이해하고 그의 존엄성을 존중하는 것을 말한다.

다섯째, 비 심판적 태도의 원리로 상담자가 내담자의 문제에 대해서 '유죄다', '책임져야 한다', '나쁘다'라는 식의 말이나 행동을 삼가야 한다는 것을 의미한다. 내담자는 죄책감, 열등감, 불신감, 고독감 등을 가지고 있어서 타인의 비판에 예민하여 자기 자신을 방어하고 변명하려고 한다. 이렇게 되면 자신의 문제에 초점을 두고 문제해결을 위해 시간과 노력을 투여하기보다 자신을 방어하는 데 집중하게 되어 상담의 목적에서 벗어나게 된다.

여섯째, 내담자 자기결정의 원리로 상담 과정에서 내담자 스스로 자신이 나아갈 방향을 스스로 결정하고 선택하도록 잠재적인 내담자의 힘을 자극하여 활동할 수 있도록 돕는 것을 의미한다. 자기결정과 선택의 자유는 내담자의 능력이나 사회적 윤리 및 법률 내에서 이루어져야 한다.

일곱째, 비밀보장의 원리로 상담자가 내담자와의 상담 내용을 아무에게나 이야기하지 않고 반드시 비밀보장을 해 주어야 한다는 것을 의미한다.

라. 상담의 목표

상담목표는 상담의 방향을 제시할 뿐만 아니라 상담의 효과를 평가하기 위한 기초가 된다. 일반적으로 상담목표는 그 특징에 따라 소극적 목표와 적극적 목표로 구분할 수 있다(김헌수 외, 2006; 정원식 외 1999). 소극적 목표는 감소시키거나 제거함으로써 달성될 수 있고, 적극적 목표는 증가시키거나 새롭게 형성함으로써 달성될 수 있는 것이라 할 수 있다. 그런데 소극적 목표와 적극적 목표는 상호 모순되는 것이라기보다는 상호 보완적인 관계를 한다.

첫째, 소극적 목표는 사람들이 심리적 불편감이나 고통을 경험할 때, 그리고 새로운 환경에 적응을 못 하거나 혼자 힘으로 해결할 수 없는 문제에 직면했을 때 받게 된다. 소극적 의미에서 자주 설정하는 상담목표는 적응, 치료, 예방, 갈등 극복, 문제해결로 나누어 볼 수 있다.

둘째, 적극적 목표는 긍정적 인간 특성을 형성하고 강화하는 것이라 할 수 있다. 상담을 통해서 달성해야 할 긍정적이고 바람직한 인간 특성, 즉 적극적 목표는 매우 다양하나 몇 가지로 정리하여 살펴보면 긍정적 행동 변화, 합리적 의사결정, 전인적 발달, 긍정적 자아개념 형성, 행복의 증진 등이 있다.

② 상담의 발전과정

우리나라의 상담은 미국의 상담과 대동소이하게 발달하였다. 이장에서는 '미국'과 '우리나라'의 상담 발전과정을 살펴보고자 한다.

가. 미국의 상담 발전과정

표 1-2 미국의 상담 발전과정

구분	주요 내용
직업지도 중심의 시기 (1908~1920)	• 1908년 파슨스(Parsons)가 진로 선택에 도움을 주기 위해 보스턴에 직업보도국을 설립하였으며, 1909년에 최초의 생활지도 교과서라 할 수 있는 직업의 선택을 출판하여 상담자의 역할과 직업상담에 활용할 수 있는 기법을 다루었다.
심리측정과 생활지도 중심의 시기(1920~1940)	• 1920년대에 심리측정 운동, 정신위생 운동, 아동 발달 연구와 진보주의 운동의 영향으로 심리검사의 사용과 학생에 대한 진단적·임상적 측면에 초점을 두었다. • 1916년 터먼(Terman)의 스탠퍼드-비네(Standford-Binet) 지능검사를 제작하면서 최초의 미국판 지능검사 제작하여 활용되었으며, 표준화 검사의 개발과 보급으로 과학적인 측정도구를 사용하여 개인에 대한 객관적인 자료를 활용하게 되었다.
상담활동 중심의 시기 (1940~1970)	• 윌리엄슨(Williamson)의 지시적 상담, 로저스(Rogers)의 비지시적 상담, 제2차 세계대전, 국방교육법의 제정으로 상담 활동이 활성화되었다.
종합적·발달적 생활지도 중심의 시기 (1970~1990)	• 진로 발달과 진로 교육, 생활지도 프로그램 개발, 심리교육, 도덕교육이 증가하였다. • 1975년에 장애아를 위한 법령이 제정되어 특수교육 서비스를 위한 연방기금이 마련되어 초·중등학교에서 프로그램 공동협력, 교육과정 계획, 교사 자문, 부부상담, 아동상담 등의 과정을 상담자가 담당하게 되었다.

구분	주요 내용
최근 경향(1990~현재)	• 학교 상담프로그램 국가 모델이 제시되었다. • 상담교사는 생활지도 교육과정을 구성하여 실행하고, 상담활동을 포함한 학생들에 대한 즉각적 봉사활동을 시행하고, 학생 개인의 의사결정에 관련된 일들을 조력하며, 학교의 전반적인 생활지도 체제가 잘 시행될 수 있도록 돕는 역할을 담당하였다.

출처: 조붕환 외(2019). pp. 11-17을 재구성하였음.

나. 한국의 상담 발전과정

표 1-3 **한국의 상담 발전과정**

구분	주요 내용
도입과 혼란의 시기 (1945~1960)	• 생활지도 및 상담, 심리측정 이론과 비지시적 상담 이론 도입가 혼란기로 볼 수 있다. • 1960년대에 들어서 교도 교사가 배출되었다. • 미국교육사절단이 1952년부터 1962년까지 가이던스, 카운슬링, 각종 검사방법등을 소개하였다.
개념의 모색기 (1960~1990)	• 1962년 대학교 학생생활지도연구소 설립으로 상담의 전문성을 지향하는 계기가 되었다. • 한국카운슬러협회 창립과 전담 교도 교사제가 법제화 되었다.
제도적 확립과 성장 (1990~현재)	• 학부 수준의 상담과목 개설과 대학원 수준의 상담 전공자가 배출되었다. • 상담 관련 학회의 창립 및 발전이 되었다. • 상담의 법적인 근거와 정부 차원의 상담원을 갖게 되었다.

출처: 조붕환 외(2010). pp. 11-17; 이재창(1993). pp. 21-28을 재구성하였음.

③ 상담의 윤리적 문제

상담은 인간과 인간의 관계에서 이루어지는 것이기에, 그 관계에서 벌어질 수 있는 다양한 윤리적 문제들을 이해하고, 윤리적 결정을 위한 지침에 대해 숙지하는 것은 상담자들에게 있어, 상담의 기법과 기술을 익히는 것만큼이나 중요하다. 여기에서는 '윤리적 상담의 의의와 목적', '상담자 윤리의 주요 내용'에 대하여 살펴본다.

가. 윤리적 상담의 의의와 목적

윤리적 상담은 내담자는 물론 상담자와 상담 성과를 보호하는 기능을 하며, 윤리적 추론을 전개하고 의사결정 기술을 발전시켜 불필요한 윤리적 갈등에 휘말리지 않으며, 내담자에 대한 상담 서비스의 질을 한껏 높일 수 있는 역량을 갖추고 있음을 의미한다.

상담자는 순간마다 윤리적 결정을 내려야 하고 그 결정에 따른 책임을 감수해야 하는 상황에 놓여 있다. 이러한 과정은 일정한 시간이 요구되고 때에 따라서는 다른 동료 상담자나 수련 감독자의 자문이 필요한 때도 있다. 윤리 강령은 다음의 세 가지 목적을 가지고 있다(Herlihy & Corey, 2006).

첫째, 건건한 윤리적 품행에 관하여 전문가들을 교육하기 위함이다. 상담자들이 윤리 기준을 읽고 생각해 봄으로써 전문가로서 자신의 행위를 지속해서 관찰하게 되고, 자신의 업무랑 직면하는 문제들을 다루는 데 도움을 얻을 수 있다.

둘째, 윤리 기준은 전문가의 책무성에 대한 구조(structure) 또는 참조 틀(framework)을 제공한다. 상담자는 자신의 행동을 감시할 뿐만 아니라 다른 상담자들의 윤리적 품행을 독려해야 할 의무가 있다.

셋째, 윤리 강령은 상담 업무를 개선하는 데 촉매 역할을 한다. 상담 과정에서 윤리와 관련하여 의문점이 생길 때, 상담자는 해석하고 적용할 수 있는 윤리 기준을 검토함으로써 윤리적 갈등을 해소하는 데 도움을 줄 수 있다.

나. 상담자 윤리의 주요 내용

상담자가 상담 윤리를 준수한지를 판단하는 기준이 되는 것이 상담 윤리 강령이다. 미국의 경우에는 미국 심리학회, 미국 상담학회 등에서 상담 윤리 강령을 제정하고 있고, 우리나라의 경우에는 한국 상담학회와 한국 상담심리 학회 등에서 상담 윤리 강령을 제정하여 실천하고 있다. 여기에서는 미국과 우리나라의 주요 전문 단체에서 제정한 상담 윤리 강령이 공통으로 강조하고 있는 내용에 대하여 살펴보기로 한다.

첫째, 비밀보장으로 상담 과정에서 가장 근본적인 윤리 기준이 된다. 왜냐하면 내담자가 자신이 상담한 내용에 대해 비밀이 지켜지지 않을 것이라고 믿으면 자신의 문제를 상담자에게 내어놓지 않기 때문이다. 비밀보장의 대상은 상담 과정 중의 내담자 문제뿐만 아니라 개인적 정보 및 상담 진행 관련 모든 사항이 포함된다.

상담자는 본격적인 상담의 시작 전에 비밀 보장의 원칙과 한계에 대하여 반드시 내담자에게 설명하고 사전 동의를 받아야 한다. 상담자는 상담 내용의 녹음 및 기록에 관해 내담자의 동의를 구하며, 상담과 관련된 기록을 보관하고 처리하는 데 있어서 비밀을 보호해야 하며, 이를 타인에게 공개할 때는 내담자의 직접적인 동의가 있을 때만 가능하다. 그러나 다음과 같은 상황에서는 비밀보장의 원리가 파기된다. 미성년자인 내담자가 신체적 · 정신적 · 성적 학대를 받은 사실을 알게 되었을 때, 내담자가 자기 자신이나 타인에 대해 해를 입히려는 상황이 임박했을 때, 미성년인 내담자의 부모나 보호자의 요청이 있을 때, 법정의 요구가 있을 때, 내담자의 범죄 사실이 드러날 때, 내담자가 법정 전염병에 걸린 사실이 드러났을 때이다.

둘째, 다중 관계로 상담자는 자신의 판단력을 흐리게 하거나 내담자에게 해를 끼칠 위험을 증가시킬 수 있는 다중 관계를 피하려고 모든 노력을 다해야 한다. 다중 관계의 주된 위험성은 비전문적인 관계 형성이 상담자의 전문적 판단이나 상담 효과를 훼손시킬 수도 있다는 측면에 있다. 예를 들면, 대학교 1학년 여학생이 상담자와 같은 학과 교수의 상담을 받고 있다. 그런데 상담 과장에서 그 여학생이 가정 형편이 어려워 장학금을 받아야만 학교를 계속 다닐 수 있다는 사실을 알게 되었다. 상담자는 그 여학생이 수강 중인 자신의 과목에서 점수를 올려 주어야 할지 고민하고 있다. 이 사례에서 보듯이, 학과 교수인 상담자가 내담자의 점수를 상향해 주면 내담자는 의존성을 갖게 될 수 있다. 이렇게 되면 다중 관계가 상담자의 전문적 판단이나 상담 효과를 훼손시키게 된다. 그래서 전문가들은 다중 관계가 아주 우연하고도 사소한 만남에서 시작되며, 내담자가 상담을 그만두지 않는 한 이를 피하기란 어려우므로 다중 관계를 피하라고 권고한다.

셋째, 성적 관계로 국내외 상담학회에서는 상담자가 내담자와 성적 관계를 맺는 것을 엄격하게 금지하고 있다. 이러한 부적절한 관계는 상담 효과를 훼손시킨다. 또한 현재 내담자가 받는 상담과 상담자에 대한 불신을 심어 줄 뿐만 아니라 이후 다른 상담과 상담자에 대해 부정적인 이미지를 갖게 하여 상담 전체에 대한 불신과 부정적인 영향을 초래할 수 있다. 그뿐만 아니라 가장 믿고 신뢰할 만하다고 느낀 마지막 보루인 상담과 상담자에 대한 실망감은 죄책감, 우울, 불안, 분노, 공격성 등의 부정적인 감정을 경험하게 하여 내담자의 정신 건강과 행복에도 부정적인 영향을 미치게 된다.

넷째, 다문화 상담의 윤리로 상담자는 다른 문화에 대하여 개방적인 태도를 유지하며, 상담자가 자신이 속한 다른 문화에 대하여 개방적인 태도를 유지해야 한다. 상담자가 자신이 속한 문화 이외의 다른 문화에 대하여 호기심을 가지고 그 문화의 가치, 문제의 발생 및 해결방식 등에 관하여 관심을 가질 때 다른 문화에 대한 이해가 높아질 수 있다. 상담자는 내담자가 속한 특정 문화에 대한 지식을 가지고 내담자가 속한 문화에서 지지자가 될 수 있는 사람을 상담 과정에 포함할 수 있어야 한다. 또한 상담자는 서구 문화에서 개발된 상담이론과 기법을 내담자의 문화적 배경에 맞게 수정해서 사용하거나 특정한 내담자 집단을 위해 개빌된 상담 기법을 사용할 수 있어야 한다(김종운, 2023).

다섯째, 상담자의 자질로 상담에서 상담자 자신은 치료적 도구다. 상담자가 전문인으로서의 능력과 자질에 힘쓰지 않는다면 상담의 발전을 기대할 수 없다. 상담자는 일정 수준 이상의 전문적 자질을 갖추기 위해서 끊임없이 노력해야 하며, 내담자의 보이지 않는 심리를 다루고 있다는 점과 상담자의 성격이나 가치관 등의 잠재적 성향이 내담자에게 영향을 미칠 수 있음에 대해 늘 자각하고 있어야 한다. 또한 상담자는 자신의 능력과 기술의 한계성을 알고, 내담자의 문제가 자신의 능력 밖이라고 여겨질 때 다른 상담자에게 의뢰할 수 있어야 한다. 자신의 능력의 한계를 내담자나 동료들에게 인정하는 것이 두려운 나머지, 무리하게 상담을 진행하거나 자신의 전문 분야를 넘어선 진단을 한다면, 결국 내담자에게 해를 끼치는 비윤리적인 상담이 될 가능성이 크다.

여섯째, 내담자 보호로 내담자를 돕는다는 명목 아래, 내담자를 지나치게 간섭하거나, 내담자 스스로 결정하는 것을 방해할 수도 있다. 이는 문제를 해결해 주거나 상담 성과를 빨리 보고자 하는 상담자 욕심일 수도 있다. 범법 행위나 다른 사람에게 해를 끼치는 것이 아니라면, 내담자의 자율적 의사를 존중해야 한다는 자율성 원칙(autonomy)이 우선임을 잊지 않아야 한다. 예를 들면, 원치 않은 임신을 한 대학생 내담자가 센터를 찾아왔다. 무조건 부모나 타인에게 알리는 것이 능사일까? 내담자는 경제적 능력이 없어, 누군가의 도움이 필요한 상황이지만, 가정폭력을 오랫동안 당하며 살아온 가족 환경이라면 임신 소식을 부모에게 전한다면 벌어질 상황에 대한 고려도 필요하다. 이처럼 상담자는 내담자가 처한 상황과 욕구를 자세히 살펴보고, 어떤 것이 내담자에게 유리한지 내담자와 함께 고민의 과정이 필요하다. 내담자에게 유리하게 행동할 책임이 있다는 의미의 선행 원칙(beneficence) 또한 중요한 상담 원칙 중 하나이다. 이 외에도, 내담자의 성, 인종, 장애 여부 등과 같은 특성 때문에 차별대우를 받아서는 안 된다는 정의의 원칙(justice), 내담자가 손해를 입어서는 안 된다는 무해성 원칙(non-malevolence), 상담자와 내담의 신뢰성을 바탕으로 성실하게 상담 관계를 유지해야 한다는 성실성 원칙(fidelity)을 고려해야 한다.

끝으로, 사전 동의로 상담 초기 구조화 시, 상담 내용과 과정에 대한 내담자의 알 권리에 대해 충분히 설명하는 것이다. 이러한 사전 동의의 과정은 내담자가 상담의 진행 과정에 대하여 예측할 수 있도록 해 주고, 상담에 대한 신뢰를 높일 수 있다. 사전 동의 내용으로는 상담자가 받은 교육과 상담 경험 정도 그리고 주로 사용하는 상담이론과 전략에 대한 정보 제공뿐 아니라 상담 시간, 예상되는 회기의 수, 비용 등을 내담자에게 알려주어야 한다. 내담자는 자신이 도움받기를 원하는 부분에 대해서 담당 상담자가 제공할 수 있는 상담 활동과 그 대신에 선택할 수 있는 대안에 대한 설명을 들어야 한다. 또한 상담에 따른 잠재적 이익과 위험에 대해서도 과장하지 않고 있는 그대로 충분히 설명할 필요가 있다. 상담을 통해 갖게 될 긍정적인 효과로는 문제 해결, 부정적 정서와 행동의 감소, 내담자의 자기 이해 및 성숙 등이 있지만, 부정적인 영향으로는 과거의 고통스러웠던 기억을 떠올림으로 인한 부정적 정서 재경험이 있을 수 있다. 특히 수련생의 경우에는 자신이 수련생이며 슈퍼비전을 받는 것과 슈퍼비전에 대한 정보를 내담자에게 제공해야 한다(천성문 외, 2024).

연습 문제

01 다음 글이 설명하고 있는 상담의 정의를 주장한 사람은?

> 상담은 상담자와의 안전한 관계에서 내담자가 과거에 부정했던 경험을 다시 통합하여 새로운 자기로 변화하는 과정이다.

① 이장호   ② 코리   ③ 프로이트   ④ 엘리스   ⑤ 로저스

정답 ⑤

02 다음 글이 설명하고 있는 상담의 기본 원리 중 무엇에 해당할까요?

> 내담자의 장단점, 바람직한 성격과 그렇지 못한 성격, 긍정적·부정적 감정, 건설적·파괴적 태도나 행동 등을 있는 그대로 이해하고 그의 존엄성을 존중하는 것을 말한다.

① 개별화   ② 의도적 감정 표현   ③ 통제된 정서 관여
④ 수용   ⑤ 비밀보장

정답 ④

03 미국의 상담 발전과정 중 다음 내용의 시기는?

> 진로 발달과 진로 교육, 생활지도 프로그램 개발, 심리교육, 도덕교육이 증가함

① 종합적·발달적 생활지도 중심의 시기
② 직업지도 중심의 시기
③ 상담 활동 중심의 시기
④ 심리측정과 생활지도 중심의 시기
⑤ 최근 경향

정답 ①

04 다음 중 상담의 비밀보장 예외에 해당하지 <u>않는</u> 것은 무엇일까요?

① 미성년자인 내담자가 신체적·정신적·성적 학대를 받은 사실을 알게 되었을 때
② 내담자가 자기 자신이나 타인에 대해 해를 입히려는 상황이 임박했을 때
③ 미성년인 내담자의 학교에서 요청이 있을 때
④ 법정의 요구가 있을 때
⑤ 내담자가 법정 전염병에 걸린 사실이 드러났을 때

정답 ③

05 다음 글이 설명하고 있는 상담의 정의를 주장한 사람은 누구일까요?

> 상담은 상담자와의 안전한 관계에서 내담자가 과거에 부정했던 경험을 다시 통합하여 새로운 자기로 변화하는 과정이다.

① 글래서   ② 코리   ③ 융   ④ 윌리엄슨   ⑤ 파슨시

정답 ②

06 다음 빈칸에 들어갈 상담의 정의를 순서대로 쓰시오.

> 상담은 도움이 필요한 사람이 전문적인 훈련을 받은 사람과의 관계에서 자기의 생활 과정상의 문제를 해결하고 (   )과 (   ), (   ) 측면의 인간적 성장을 위해 노력하는 학습 과정이다.

정답 생각, 감정, 행동

07 다음 빈칸에 들어갈 알맞은 용어를 순서대로 쓰시오.

> (   )는 주로 학교 장면에서 사용되는 '교육적 용어'이고, (   )는 주로 병원 장면에서 사용되는 '치료적 용어'라고 볼 수 있다.

정답 생활지도, 심리치료

08 다음 빈칸에 들어갈 상담의 목표를 순서대로 쓰시오.

> (   )는 감소시키거나 제거함으로써 달성될 수 있고, (   )는 증가시키거나 새롭게 형성함으로써 달성될 수 있는 것이라 할 수 있다.

정답 소극적 목표, 적극적 목표

09 우리나라의 상담 발전과정 중 다음 내용의 시기는?

> • 대학교 학생생활지도연구소 설립으로 상담의 전문성을 지향하는
>   계기가 됨
> • 한국카운슬러협회 창립과 전담 교도 교사제가 법제화됨

정답 개념의 모색기

10 다음의 설명에 공통으로 들어갈 수 있는 용어를 쓰시오.

> (   ) 상담은 내담자는 물론 상담자와 상담 성과를 보호하는 기능
> 을 하며, (   ) 추론을 전개하고 의사결정 기술을 발전시켜 불필요한
> (   ) 갈등에 휘말리지 않으며, 내담자에 대한 상담 서비스의 질을
> 한껏 높일 수 있는 역량을 갖추고 있음을 의미한다.

정답 윤리적

02

상담의 과정

상담의 과정

상담의 과정은 상담자가 어떤 이론적 기반을 가지고 상담을 진행하는가에 따라 다를 수 있고, 상담의 단계를 임의적인 구분으로 경계를 분명하게 나누기는 어려움이 있다. 하지만 상담의 과정을 이해하기 위해 본 장에서는 상담 장면에서 공통적으로 적용되는 상담의 특성을 중심으로 초기단계, 중기단계, 종결단계로 구분하여 상담의 목적과 주요 상담활동을 중심으로 살펴보고자 한다.

학습목표

가. 상담의 과정을 초기 · 중기 · 종결단계로 구분하고 그 특성을 설명할 수 있다.
나. 상담의 과정 단계별 주요 상담활동을 예를 들어 설명할 수 있다.

로저스(C. Rogers.)

상담은 문제를 해결하는 것뿐만 아니라 그 문제를 어떻게 다루는지를 배우는 과정이다. 결국 희망은 당신이 가장 어두운 순간을 지나 빛을 발견하는 데 있다.

빅터 프랭클(V. Frankle.)

상담은 고통 속에서 자라나는 용기를 발견하는 과정이다. 이 과정이 끝날 때쯤 당신은 자신의 문제를 넘어설 힘을 얻을 수 있게 될 것이다.

① 상담의 초기 단계

가. 상담 목적

초기 상담 단계는 상담 과정의 기초를 다지는 중요한 단계이다. 이 단계에서는 상담자와 내담자 간의 신뢰 관계(rapport)를 형성하고, 내담자는 자신의 문제를 탐색하고, 상담자는 내담자의 문제를 이해하기 위해 필요한 정보를 수집하여 상담의 방향성을 설정하는 것이 핵심 목표이다.

나. 주요 활동

1) 촉진적인 상담관계 형성

상담자는 내담자가 편안하고 안전하다고 느낄 수 있도록 신뢰할 수 있는 환경을 조성해야 한다. 상담자는 내담자의 이야기를 적극적으로 경청하며, 내담자에 대한 수용과 존중, 공감적 이해, 진실한 태도로 내담자에게 다가가는 것이 중요하다. 이러한 신뢰관계는 상담이 효과적으로 이루어지기 위한 필수적인 요소이다. 내담자가 신뢰로운 관계를 바탕으로 상담에 대해 기대하는 바와 현재의 어려움을 자유롭게 표현할 수 있도록 하기 위해 상담자는 열린 질문을 통해 내담자의 문제를 탐색하고, 상담에 대한 내담자의 동기와 기대를 이해하여야 한다.

2) 내담자 정보 수집

내담자의 인적사항, 호소문제, 인상 및 행동관찰 정보, 가족관계, 사회적 관계, 과거의 중요한 경험, 건강상태, 이전 상담경험 등 상담에 필요한 정보를 수집한다. 이는 상담의 기초 자료로 사용되며, 내담자의 문제를 이해하는 데 중요한 역할을 한다.

3) 문제 탐색

내담자가 직면하고 있는 문제를 명확하게 이해하고, 그 문제의 근본 원인과 영향을 탐색한다. 이 과정에서 상담자는 내담자의 감정, 생각, 행동 등을 탐색하며, 문제의 성격과 심각성을 평가한다.

4) 상담목표 설정

초기 상담 단계에서 상담자는 내담자와 함께 상담의 목표를 설정한다. 이 목표는 현실적이고 달성 가능한 것이어야 하며, 내담자가 해결하고자 하는 문제에 대한 구체적인 방향성 제시 및 상담의 전반적인 과정에서의 가이드 역할을 하게 된다. 상담초기에 설정한 목표는 필요에 따라 수정될 수 있다.

5) 상담의 구조화

상담의 윤리적 측면과 절차적 측면에 대한 합의를 이루는 과정이다. 상담자는 내담자에게 상담 진행 방식, 비밀유지의 한계(예: 자해, 타해 가능성 등 법적 의무가 발생하는 상황), 상담의 기간과 회기 그리고 역할에 대해 명확히 안내하고 협의한다. 이는 상담자와 내담자 간의 명확한 기대를 설정하고, 상담의 효과성을 높이는 데 기여한다.

다. 상담 양식

1) 상담 신청서

내담자의 기본 정보(이름, 나이, 직업 등), 현재의 문제, 상담에 대한 기대 등을 기록하는 양식이며 내담자의 배경 정보와 상담의 필요성을 파악하는 데 사용한다.

2) 상담 동의서

상담의 목적, 비밀 유지 규정, 상담 일정, 상담료, 상담자의 역할과 책임 등을 명시한 문서로서 내담자와 상담자 간의 합의를 형성하는 데 중요한 역할을 한다.

3) 위기 스크리닝 척도

내담자 초기면담 시 현재 처한 심각한 심리적, 정서적, 행동적 위기를 빠르고 체계적으로 평가하고, 이를 바탕으로 적절한 개입 방안을 마련하는 데 필수적인 도구이다. 위기 수준에 따라 내담자의 위험도를 즉각 평가하고 상담지원, 의료지원, 기관연계 등을 지원한다.

표 2-1 **초기상담 양식 예시**

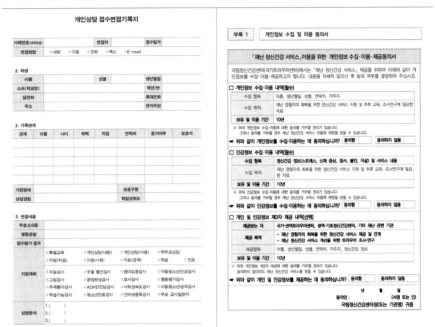

출처: 한국교육개발원 학교상담 매뉴얼(2024)

출처: 국립정신건강센터 재난 정신건강
위기대응 표준 매뉴얼(2024)

출처: 여성가족부 위기스크리닝 척도 활용 매뉴얼(2023)

② 상담의 중기 단계

가. 상담 목적

중기 상담 단계는 상담 과정에서 본격적으로 문제 해결과 변화가 이루어지는 단계이다. 중기 상담 단계는 상담 과정에서 내담자가 문제 해결을 위한 실제적인 변화를 시도하고, 설정된 목표를 달성하기 위해 노력한다. 이 단계에서 상담자는 내담자가 직면한 문제에 대해 심층적으로 탐색하고, 구체적인 대처 전략을 개발하며 행동 변화를 촉진하는 다양한 기법을 적용한다.

1) 목표 달성을 위한 노력

초기 상담에서 설정한 목표를 달성하기 위해 본격적인 상담활동을 진행한다. 내담자가 제시한 문제를 해결하고, 원하는 변화를 이루도록 돕는 것이 핵심이며 내담자는 자신의 문제를 해결하고, 더 나은 삶의 방향으로 나아가는 데 필요한 행동을 훈련한다.

2) 심층적인 자기 이해

내담자가 자신의 감정, 생각, 행동을 더 깊이 이해하는 과정을 통해 성찰과 자각이 일어나고 이는 내담자가 자신의 문제를 보다 명확하게 인식하고 더 나은 대처 방안을 찾을 수 있는 토대가 된다. 상담자는 내담자가 직면하고 있는 문제의 근본적인 원인을 발견하고, 그것이 내담자의 삶에 미치는 영향을 이해할 수 있도록 돕는다.

3) 행동 변화 촉진

내담자가 일상생활에서 부정적인 행동 패턴을 긍정직인 행동으로 변화시킬 수 있도록 돕는다. 내담자는 상담 과정을 통해 새로운 행동 방식을 시도하고, 기존의 부정적인 패턴을 개선할 수 있는 기회를 갖는다. 이는 내담자가 설정한 목표를 달성하고, 나아가 자신의 삶에서 더 효과적으로 문제를 관리할 수 있도록 돕는다.

4) 새로운 대처기술 습득

내담자가 문제상황에 직면했을 때 효과적으로 대응할 수 있는 새로운 시각과 대처기술을 학습하고, 이를 다양한 상황에 적용해 봄으로써 자신감을 키울 수 있도록 한다.

나. 주요 활동

1) 인지 재구성

내담자가 비합리적이거나 왜곡된 사고 패턴을 인식하고, 이를 보다 현실적이고 긍정적인 사고로 교정하는 기법으로 이 과정에서 내담자는 자신의 생각이 감정과 행동에 미치는 영향을 이해하고, 부정적인 사고를 보다 합리적이고 현실적인 사고로 교정한다.

2) 정서적 표현 촉진

내담자가 자신의 감정을 보다 자유롭게 표현할 수 있도록 돕는다. 미술치료, 글쓰기, 역할 연기 등 내담자가 자신의 감정을 인식하고 억제된 감정을 표현함으로써 정서적 해소와 더 나은 자기 이해를 촉진시킨다.

3) 행동 수정

내담자의 회피 행동이나 두려움 등 부정적인 행동 패턴을 긍정적인 것으로 바꾸기 위해 행동 수정 기법을 사용한다.

4) 역할 연기

내담자가 실제 상황에서 적용할 수 있는 새로운 행동 방식을 시도하고 연습하는 과정이다. 내담자는 안전한 환경에서 다양한 역할을 시도해 보고, 이에 대한 피드백을 받으며 새로운 기술을 학습한다.

5) 체계적 둔감화

내담자가 특정 공포나 불안을 다루기 위해 점진적으로 불안 유발 상황에 노출되면서 그 반응을 약화시키는 기법으로 내담자는 상담자의 지도 아래 불안 유발 상황에 점차적으로 적응해 나가며, 그로 인한 부정 감정을 감소시킨다.

6) 저항 다루기

상담이 진행될수록 자신의 사고와 감정, 행동 등의 변화에 불안하고 두려워 하거나 상담진행을 방해하는 말과 행동 등의 저항이 일어나기도 하는데, 상담자는 내담자의 이러한 감정을 충분히 공감하고 더욱 적극적으로 개입하여 내담자가 더욱 깊이 자신을 탐색하고 변화할 수 있는 기회로 활용한다.

다. 상담 양식

상담 과정을 체계적으로 기록하고 평가하는 데 필수적인 요소로서 각 회기마다 상담의 주요 내용을 기록함으로써 상담자는 내담자의 변화를 추적하고 상담의 방향성을 유지할 수 있다.

표 2-2 **중기상담 양식 예시**

| 출처: 보건복지부 전국민 마음투자 지원사업 심리상담 표준 매뉴얼(2024) | 출처: 한국교육개발원 학교상담 매뉴얼(2024) |

③ 상담의 종결 단계

가. 상담 목적

종결단계는 상담 과정에서 마지막으로 진행되는 단계로, 상담자와 내담자가 함께 설정한 목표를 달성한 후 상담 관계를 종료하는 시기이다. 이 단계에서는 상담 과정에서 이루어진 변화와 성과를 평가하고, 상담 종료 후에도 내담자가 상담에서 배운 내용을 내담자가 실생활에 적용하고 지속할 수 있도록 돕는다.

첫째, 상담의 전 과정을 되돌아보며 내담자의 상담목표가 얼마나 달성되었는지 평가한다. 이를 통해 내담자는 자신의 성장을 확인하고, 상담에서 배운 것을 지속적으로 활용할 수 있도록 한다.

둘째, 상담 종료 후에도 내담자가 자립적으로 문제를 해결할 수 있는 능력을 강화하는 것을 목표로 내담자가 상담 과정에서 얻은 대처 전략과 기술을 스스로 적용하며, 앞으로의 삶에서 발생할 수 있는 문제에 대비할 수 있도록 내담자의 자립 촉진한다.

셋째, 상담자와 내담자는 상담 종결에 대해 함께 논의하고 내담자와 상담자 간의 관계를 긍정적이고 건설적인 방식으로 종료할 수 있도록 돕는다. 상담의 종결은 내담자에게 감정적으로 중요한 순간이 될 수 있으므로, 상담자는 내담자가 이 과정을 수용하고 건강하게 마무리할 수 있도록 여러 감정을 충분히 다루어준다. 상담이 종결된 후에도 심리적 어려움이 있을 때는 언제든지 다시 상담할 수 있음을 알려주어 심리적 안정감을 준다.

넷째, 내담자가 상담 이후에도 지속적인 성장을 이룰 수 있도록 미래 계획을 수립한다. 내담자는 상담에서 배운 기술과 통찰을 바탕으로 향후 발생할 수 있는 문제나 도전에 대비할 수 있는 전략을 세운다.

나. 주요 활동

1) 목표 달성 평가

상담자가 내담자와 함께 상담 과정에서 달성한 목표와 성과를 검토한다. 이 과정에서 내담자는 자신의 발전과 변화를 객관적으로 평가하고, 상담에서 얻은 긍정적인 교훈과 경험을 정리한다.

2) 상담 경험 통합

내담자가 상담에서 배운 내용을 일상생활에 통합할 수 있도록 돕는다. 내담자는 상담에서 얻은 통찰과 기술을 자신의 삶에 적용하는 방법을 논의하고, 이를 통해 지속적인 변화를 유지할 수 있게 된다.

3) 긍정적 강화

내담자가 상담 과정에서 달성한 성과와 긍정적인 변화를 인정하고 강화하는 활동으로 상담자는 내담자의 노력을 칭찬하고, 앞으로도 긍정적인 변화를 지속할 수 있도록 격려한다.

4) 재발 방지 계획

내담자가 상담 종료 후에도 문제 상황에 적절하게 대응할 수 있도록 재발 방지 계획을 수립한다. 내담자는 자신이 다시 어려움을 겪을 가능성이 있는 상황을 예측하고, 그에 대한 대처 방안을 구체적으로 마련한다.

5) 종결에 대한 감정 처리

종결 단계에서 내담자가 느끼는 감정을 표현하고 처리할 수 있도록 돕는다. 내담자는 상담 종료에 대한 불안, 아쉬움, 성취감 등을 상담자와 함께 나누며 이 감정들을 건강하게 수용할 수 있도록 지원한다.

6) 향후 계획 수립

내담자가 상담 종료 후에도 자신의 목표를 지속적으로 달성할 수 있도록 구체적인 계획을 수립하는 것으로 상담자는 내담자가 미래에 직면할 수 있는 도전에 대비해 대처 전략을 마련하고 실천 계획을 세우도록 돕는다. 또한 내담자가 지속적으로 상담지원을 받을 수 있는 방법에 대해서도 안내한다.

다. 상담 양식

1) 상담 성과 평가서

상담 과정에서 달성한 목표와 성과를 평가한다. 내담자는 자신의 성장을 객관적으로 평가하고, 상담에서 얻은 성과를 종합적으로 정리할 수 있다.

2) 상담 종결 소감문

내담자가 상담 종결에 대한 감정과 소감을 표현하는 것으로 내담자는 상담 경험을 되돌아보고, 상담이 자신의 삶에 미친 영향을 정리할 수 있도록 한다.

3) 상담 종결 보고서

상담이 종결된 후, 상담자가 내담자의 상태 및 상담 성과를 종합적으로 평가하고 기록하는 보고서이다. 상담목표 달성 여부, 내담자의 변화 및 향후 계획 등을 체계적으로 정리한다. 상담 종료 후에도 상담자와 내담자 모두에게 상담의 의미와 성과를 되짚어보고, 앞으로의 계획을 세우는 데 중요한 자료로 활용할 수 있다.

표2-3 **상담 종결 확인서 및 개인상담 종결 보고서 양식 예시**

출처 1: 보건복지부 전국민 마음투자 지원사업 심리상담 표준 매뉴얼(2024)
출처 2: 한국교육개발원 학교상담 매뉴얼(2024)

연습 문제

01 다음 중 상담의 초기 단계의 특성에 해당하지 <u>않는</u> 것은?

① 신뢰관계 형성   ② 내담자 정보수집

③ 상담목표설정   ④ 상담 구조화   ⑤ 미래계획 수립

정답 ⑤

02 다음 중 상담의 중기 단계의 특성에 해당하지 <u>않는</u> 것은?

① 심층적인 자기이해

② 행동변화 촉진

③ 새로운 대처기술 습득

④ 상담동의서 작성

⑤ 상담 회기별 기록지 작성

정답 ④

03 다음 중 상담의 종결 단계의 특성에 해당하지 <u>않는</u> 것은?

① 목표달성 평가

② 상담관계 종결 준비

③ 종결에 대한 감정 처리

④ 위기스크리닝 평가

⑤ 재발방지 계획 수립

정답 ④

04 상담의 중기 단계에서 이루어 상담활동으로 다음의 내용이 설명하는 상담기법을 쓰시오.

보기

내담자가 특정 공포나 불안을 다루기 위해 점진적으로 불안 유발 상황에 노출되면서 그 반응을 약화시키는 기법으로 내담자는 상담자의 지도 아래 불안 유발 상황에 점차적으로 적응해 나가며, 그로 인한 부정감정을 감소시킨다.

정답 체계적 둔감화

05 상담의 과정 중에서 종결 단계의 주요 특성을 기술하시오.

정답 종결 단계는 상담 과정에서 마지막으로 진행되는 단계로, 상담자와 내담자가 함께 설정한 목표를 달성한 후 상담 관계를 종료하는 시기이다. 이 단계에서는 상담 과정에서 이루어진 변화와 성과를 평가하고, 상담 종료 후에도 내담자가 상담에서 배운 내용을 내담자가 실생활에 적용하고 지속할 수 있도록 돕는다.

상담의 기법

상담의 기법

상담의 기법은 매우 다양하며 다양한 방법으로 적용될 수 있다. 상담 이론을 실제 상담 현장에서 사용할 때는 많은 어려움을 겪을 수 있다. 기법에 따라 적용되는 결과도 달라지는데 상담자가 내담자를 만날 때의 가장 먼저 해야 할 일은 신뢰감을 형성하는 일이다. 신뢰감을 형성하기 위해서는 경청하면서 수용적이고 온화한 태도로 내담자에 깊은 관심을 보이는 것이 무엇보다 중요하다. 따라서 이 장에서는 다양한 상담 기법 가운데 경청과 수용을 가장 먼저 다루고 더 나아가 상담을 구조화하고 상담목표를 달성하기 위해 8가지 상담기법인 반영, 명료화, 침묵, 요약, 해석, 직면 기법에 대해 살펴보고자 한다.

> **학습목표**
>
> 가. 상담의 기법(경청, 수용, 반영, 명료화, 침묵, 요약, 해석, 직면)을 정확하게 이해하고 각각 설명할 수 있다.
> 나. 8가지 상담 기법을 사례를 통해 정확히 이해하고 실제 현장에서 적용할 수 있다.

① 경청

경청은 상담을 성공으로 이끄는 주요 요인으로 내담자로 하여금 생각이나 감정을 자유롭게 표현하게 하고 이것을 상담자가 잘 들어 보는 것(장성화 외, 2016)으로 내담자의 말과 행동에 상담자가 선택적으로 주목하는 것을 뜻한다(이장호, 2007). 따라서 상담자가 경청할 때 중요하게 여겨야 할 것은 내담자의 어떤 말과 행동을 선택하여 그것에 주의를 집중하는가이다. 내담자의 말과 행동에 선택하여 집중함으로써 내담자가 해결하기를 원하는 문제를 탐색하도록 돕는다.

Brems(2001)은 정확하고 적극적인 경청을 위한 효과적인 방법에 대해 다음과 같이 제시하고 있다.

첫째, 내담자가 치료적 변화에 주의의 초점을 두게 하라.

둘째, 상담자와 내담자와의 의사소통 과정에 개인적인 반응들과 그것들이 지니는 의미와 영향을 알아차려라.

셋째, 무엇을 어떻게 말하는지 들어라. 즉, 내용과 목소리와 얼굴 표정에 주의를 기울여라.

넷째, 신체 동작, 목소리와 얼굴 표정, 공간과 시간의 사용, 그리고 육체적 외모와 같은 비언어적 의사소통에 주의를 두라.

다섯 번째, 내담자의 언어적 표현과 비언어적 표현의 관계를 인지하라(예: 반복, 모순, 대체, 보충, 강조, 조정).

여섯 번째, 내담자가 말을 주고 받는 과정에서 휴식과 연결을 위한 다리를 찾으려는 하는 내담자의 욕구를 존경하고 존중하면서 적절한 침묵과 멈춤을 허용하라.

일곱 번째, 말과 생각 사이의 멈춤의 길이에 개인적인 차이기 있음을 인지하고, 내담자를 방해하지 말고, 내담자가 그들의 문장과 생각을 마치도록 하라.

여덟 번째, 내용, 정서, 행동, 생각, 맥락, 의미 강조에 주의를 기울이면서 전체 이야기를 들어라.

아홉 번째, 경청을 방해하는 걸림돌을 피하라(예: 부적절한 경청, 평가하는 경청, 걸러내는 경청, 사실 중심인 경청, 경청하는 동안에 연습하기, 동정하는 경청).

열 번째, 내담자가 은유와 상징을 사용하는 독특한 방식에 친숙하면서 대화를 읽고 경청하라.

열한 번째, 내담자의 겉으로 드러난 언어적 의사소통과 숨어있는 비언어적 의사소통 안에 있는 주제와 패턴을 경청하라.

열두 번째, 다음의 것 사이의 불일치를 알면서 내담자 표현 안에서의 불일치를 알아차리는 것을 개발하라.

· 언어적 의사소통과 비언어적 의사소통
· 비언어적 의사소통의 방식과 비언어적 표현의 다른 방식(예: 신체 동작과 목소리와 얼굴 표정)
· 생각과 감정
· 감정과 행동
· 감정, 생각, 행동

또한, 경청이라는 말은 적극적 경청, 반영적 경청(공감적 경청)이라는 용어로 쓰이기도 한다. 효과적인 부모역할 훈련(P.E.T.)에서는 반영적 경청(공감적 경청)에 관해 다음과 같이 말하고 있다. 반영적 경청은 새롭게 말하는 방법으로서 문제를 소유한 사람에게 접근할 수 있는 방법이며 타인에게 다가서는 새로운 반응법이다(부모역할 배워지는가, 김인자 역, 1989).

반영적 경청(공감적 경청)은 상대방에게 도움을 주는 방법(Helping Skill)이며 상대방이 보내는 모든 (언어적·비언어적) 메시지를 바탕으로 상대방의 심정을 헤아려 본 다음 이를 확인해 보는 과정이다.

표 3-1 **경청의 과정**

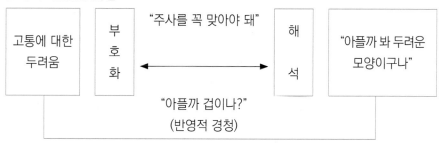

가) 경청의 예

상대: 내가 꼭 발표를 해야 해?
나: 여러 사람 앞에서 말하기 두려운가 보구나!

나) 실습하기

① 엄마! 성적이 또 내려갔어요. 이번에는 열심히 했는데…

상대의 느낌: _____

당신의 반응: _____

② (동생을 때린다고 야단 맞은 뒤) 엄마는 꼭 나만 뭐라고 해!

상대의 느낌: _____

당신의 반응: _____

③ 아빠 무서워! 아빠 화나면 괴물 같아!

상대의 느낌: _____

당신의 반응: _____

④ 저는 아버지께 용돈 달라고 하기가 싫어요. 아버지는 1000원의 가치가 얼마나 되는지 모르시면서 뭐에 다 썼느냐고 따지세요.

상대의 느낌: _____

당신의 반응: _____

출처: 김인자 역(1989).

② 수용

상담자가 내담자의 말에 주의를 집중하고 있고 인격적으로 존중하면서 이해하려는 태도와 함께 내담자의 생각과 감정을 계속적으로 탐색할 수 있도록 적극적으로 경청하고 있음을 보여주는 기법이다. 상담자를 찾아오는 모든 내담자들의 결점과 죄악 및 과오의 여부를 떠나 인간으로서 존재하고 성장해야 할 존엄성의 가치를 인정해 주는 것이다.

즉, 내담자의 감정, 행동, 의견이 어떠하던지 간에 그 행동을 판단하거나 진단하지 않으며 평가하지 않고 있는 그대로 존중하고 이해하는 것을 의미한다. 수용은 일부 초보 상담자가 생각하는 것처럼 상담자가 반드시 내담자의 모든 말에 공감을 해야 하는 것을 의미하지 않는다.

가. 수용의 전개

수용은 존재 그 자체에 대한 수용, 인간의 제(諸)특성에 대한 수용, 인간의 구체적 행동에 대한 수용 세 가지로 전개해 볼 수 있다.

존재 그 자체에 대한 수용은 내담자가 현재 어떠한 훌륭한 성취를 하고 있건, 반대로 실패와 과오를 범하고 있건 간에 그는 살아있고 지금보다 더 향상·발전되어야 할 가치와 필요가 있음을 "존재 그 자체" 즉, 있는 그대로 존중하는 것이다. 인간의 제(諸)특성에 대한 수용은 내담자가 지니고 있는 여러 가지 특징인 신체적·성격적·생리적·지적·도덕적 특성 등 다양한 특성에 대해 상담자가 주관적인 판단을 하지 않고 내담자가 갖고 있는 고유의 특성을 현재의 모습 그대로 수용하는 것이다.

인간의 구체적 행동에 대한 수용은 내담자의 잘잘못을 떠나 그러한 행동이 있었음을 과장하거나 왜곡하지 않고 하나의 사실로 받아들이는 것이다. 즉, 행동의 원인과 결과에 대해 객관적인 자세를 취하며 내담자의 존재, 성장, 발달이라는 장기적인 조망 속에서 생각하고 의논할 수 있는 마음의 자세를 의미한다.

나. 수용 다루기 사례

내담자의 어떤 측면이나 행동에 대한 지지나 분명한 수용 또는 강화를 나타내며 "너무 걱정하지 마세요.", "나는 당신의 행동을 비난하지 않습니다." 또는 "다른 사람들도 때로는 그런 기분을 느끼기도 한답니다." 등을 통해 수용의 자세를 보여준다. "그렇겠군요.", "이해가 갑니다." 등의 언어적 표현과 함께 고개를 끄덕이는 행동, 시선을 주는 주목 행동 등의 관심과 인내로 보여주는 행동으로도 나타낸다.

침묵에 대한 수용은 너무 일반적인 수용과 지지는 별로 도움이 안 될 수 있으나 적절한 지지나 옹호는 내담자의 마음을 여는 계기가 될 수 있다.

다. 긍정적 수용의 단계

긍정적 수용은 5단계로 나눌 수 있다. 제1단계는 내담자에 대한 존중이 결여되어 있고 부정적인 배려만 이루어진다. 제2단계는 내담자의 감정, 경험 및 잠재력에 대한 존중과 관심이 부족하다. 제3단계는 내담자의 감정, 경험 및 잠재력에 대해 기본적인 수준에서의 긍정적 존중과 관심의 전달이 이루어진다. 제4단계는 내담자에 대해 보다 깊은 긍정적 존중과 관심을 표명한다. 제5단계는 내담자가 한 인간으로서의 가치와 자유인으로서의 잠재력에 대해 매우 깊은 긍정적 존중을 전달한다.

③ 반영

가. 반영의 개념

반영(reflection)은 상담의 한 기법으로서 내담자가 하고자 하는 핵심 내용을 있는 그대로 상담자가 되돌려 주는 한 기법이다. 개인적으로는 내담자가 하고자 하는 말의 내용에서 나타나는 사건, 상황, 대상, 생각 등이 표현되는 감정을 상담자의 말로 되돌려 주는 기술이다. 또한 집단적으로는 집단이 하는 말의 내용과 그 의미 또는 말에 담겨 있는 생각과 감정을 파악하여 다른 참여자들과 함께 그 의미에 대해 생각해 볼 수 있도록 도와주는 기법이다(김계현 외, 2009).

나. 반영의 목적

반영의 기법을 사용한 목적은 내담자로 하여금 이해받는 느낌을 갖게 하고 특정 상황, 사람, 대상, 생각 등에 대한 감정을 표현하도록 독려하는 데 있다. 또한 내담자가 가지고 있는 정서를 관리하도록 돕고 상담에서 부적 감정을 표출하는 내담자를 돕기 위해서다. 그리고 내담자의 다양한 감정을 변별

할 수 있기 위해 사용된다(신봉호 외, 2019).

다. 반영의 절차와 형식

반영의 절차에 대해서 강진령(2017)은 5가지를 제시하였다. 첫째, 내담자와 관련하여서 언어·비언어적 행동을 잘 경청한다. 둘째, 내담자의 특정 상황에 따른 내담자의 감정을 잘 헤아려 본다. 셋째, 상담 과정에서 내담자의 감정에 적절한 단어를 택한다. 넷째, 내담자의 감정의 원인과 결합하여 만든 문장을 언어적으로 전달해 준다. 다섯째, 내담자의 반영을 잘 관찰하는 과정에서 반영의 효과를 평가한다.

강진령(2017)은 반영의 형식으로 5가지를 제시하였다. 첫째, 기본형으로는 "~(사건, 상황, 사람, 생각) 때문에 ~ 한 느낌(감정, 정서, 기분) 드는군요." 둘째, 높은 수준으로는 "~(사건, 상황, 사람, 생각) 때문에 ~ 한 느낌(감정, 정서, 기분)이 드는 군요, ~(바람, 욕구)하기를 원하는데." 셋째, 단축형으로는 "~한 느낌(감정, 정서, 기분)이 드나 봐요." 넷째, 은유형으로 "마치 에베레스트 산 정상을 정복한 기분이신가 봐요.", "막다른 골목에 들어선 느낌이군요." 다섯째, 행동 지술형으로 "모든 것을 포기하고픈 심정이시군요.", "어느 장단에 춤을 춰야 할지 알 수 없는 느낌이 드나 봐요."

라. 반영적 경청의 수준

카커프와 피어스(Carkhuff & Pierce, 1975)는 반영적 경청의 수준에 대해 5단계로 나누어 반영적 경청 변별 검사를 개발했는데 다음과 같다.

첫째 단계는, 위로, 부정, 충고, 질문 등으로 반응하는 것이다. "너무 걱정마세요."(위로), "시간이 해결해 줄 것입니다."(부정), "당신 친구의 입장도 생각해 보아야 하지 않을까요."(충고), "두 분의 사이가 좋지 않게 된 계기가 무엇일까요?"(질문)

둘째 단계는 느낌은 무시하고 내용이 인지적 부분에 대해 재진술로 반응하는 것이다. "두 분 사이의 갈등으로 일상생활에 어려움이 많으신가 봐요."(재진술)

셋째 단계는 감정을 이해하지만 방향성이 없고 내담자의 명시적인 메시지에 근거한 감정과 의미를 상담자의 말로 되돌려 주는 것이다. "두 분의 관계를 회복시켜 보려는 노력과 성과가 없는 것 같아서 실망스러우신가 봐요."(재진술+감정반영)

넷째 단계는 이해와 어느 정도 방향도 제시되는 반응이다. 이것은 내담자에게 요구되는 것을 개인화시켜 내담자가 그 부분에 대해 책임이 있음을 암시시켜 주는 것이다. "두 분의 관계를 회복시켜 보려는 노력과 성과가 없는 것 같아서 많이 실망스러우신가 봐요. 두 분의 갈등이 조속히 해결되기를 원하시는가 본데요."(재진술+감정반영+바램)

다섯째 단계로는 넷째 단계의 반응에다 내담자에게 요구되는 것을 내담자가 실천하고 목표를 달성하기 위해 취해야 할 실행 방안을 덧붙이는 방식의 반응이다. "두 분의 관계를 회복시켜 보려는 노력에 성과가 없는 것 같아서 많이 실망스러우신가 봐요. 두 분의 갈등이 조속히 해결되기를 원하시는가 보는데 한 가지 방법은 이 점에 대해 친구분에게 당신의 감정으로 직접 표현해 보는 것입니다."(재진술+감정반영+바램+제안)

④ 명료화

상담의 기법 중 "명료화"는 상담자가 내담자의 생각이나 감정을 보다 명확하게 이해하고 내담자가 자신의 감정을 스스로 인식할 수 있도록 돕는 기법이다.

명료화의 목적은 첫째, 이해 증진이다. 내담자가 자신의 감정이나 생각을 명확히 이해하도록 돕는다. 둘째, 혼란 해소이다. 내담자가 느끼는 혼란이나 모호함을 해소하여 문제를 보다 구체적으로 파악할 수 있게 한다. 셋째, 자기 인식 향상이다. 내담자가 자신의 감정이나 행동의 원인을 인식하게 하여 자기 이해를 높이게 한다.

명료화의 효과는 다음과 같다.

첫째, 감정 정리이다. 내담자가 자신의 감정을 정리하고 문제를 명확히 인식하게 된다. 둘째, 문제 해결이다. 명확한 이해를 바탕으로 문제 해결을 위한 구체적인 계획을 세울 수 있다. 셋째, 신뢰 구축이다. 상담자가 내담자의 이야기를 잘 이해하고 있다는 느낌을 주어 상담에 대한 신뢰를 높인다(임경희 외, 2013).

명료화 기법은 상담 과정에서 내담자의 감정이나 생각을 명확히 하고 그들이 스스로 이해할 수 있도록 돕는 중요한 도구이다. 다음과 같이 명료화 기법의 구체적인 사례를 몇 가지 소개하고자 한다.

사례 1: 감정 반영

상황: 내담자가 최근 직장에서의 스트레스를 이야기하고 있습니다.

내담자: "요즘 직장에서 너무 힘들어요. 매일 일이 쌓여만 가고, 동료들과의 관계도 좋지 않아요."

상담자: "직장에서의 스트레스와 동료들과의 관계가 힘들다는 말씀을 하셨군요. 그로 인해 어떤 감정을 느끼고 계신가요?"

사례 2: 구체적인 질문

상황: 내담자가 이별 후 우울감을 느끼고 있습니다.

내담자: "그와 헤어진 후로 모든 것이 무의미하게 느껴져요."

상담자: "모든 것이 무의미하게 느껴진다고 하셨는데, 그 감정이 특히 강하게 드는 순간이 있나요?"

사례 3: 요약

상황: 내담자가 여러 가지 문제를 이야기하고 있습니다.

내담자: "가족 문제도 있고, 직장에서도 스트레스를 받고, 친구와의 관계도 좋지 않아요."

상담자: "즉, 현재 가족, 직장, 친구 관계에서 모두 어려움을 겪고 계신 것 같군요. 이 중에서 가장 먼저 다루고 싶은 문제는 무엇인가요?"

사례 4: 비유 사용

상황: 내담자가 자신의 감정을 표현하기 어려워합니다.

내담자: "내 감정이 너무 복잡해서 어떻게 설명해야 할지 모르겠어요."

상담자: "그 감정이 마치 여러 색깔의 실타래처럼 얽혀 있다고 느끼시는 건가요? 어떤 색깔이 가장 먼저 떠오르나요?"

사례 5: 감정의 원인 탐색

상황: 내담자가 불안감을 느끼고 있습니다.

내담자: "항상 불안해요. 이유를 모르겠어요."

상담자: "불안한 감정이 드는 이유를 찾고 싶으신 것 같군요. 최근에 어떤 상황에서 특히 불안함을 느꼈나요?"

이러한 사례들은 명료화 기법이 어떻게 상담 과정에서 내담자의 감정과 생각을 명확히 하고 그들이 스스로 문제를 이해하고 해결할 수 있도록 돕는지를 보여준다. 명료화는 상담 과정에서 내담자가 자신의 내면을 탐색하고 문제를 해결하는 데 중요한 도구로 작용한다. 이를 통해 내담자는 보다 명확한 자기 인식을 갖게 되고 상담의 효과를 극대화할 수 있다(고영남, 2015).

⑤ 침묵

침묵은 상담에서 중요한 기술로 말이 아닌 침묵을 통해 내담자가 내면의 감정과 생각을 탐색하고 표현할 수 있도록 돕는 것이다.

침묵은 수많은 의미를 내포하고 있음을 기억해야 한다. 침묵은 반드시 저항이 아닐 수 있으며 상담 과정에서 침묵의 이유와 의미는 침묵의 발생시점, 맥락에 따라 다양한 이유로 침묵할 수 있다는 것이다.

내담자는 상담자가 내담자에게 말한 것이 불확실할 때, 처벌받고 비난받는 것을 두려워 할 때, 내담자가 상담자에게 말한 것이 거부 당황 것 같다는 두려움을 느낄 때 침묵할 수 있다. 상담자는 내담자의 침묵을 깊이 이해하고 이를 통해 내담자가 감정을 표현하거나 자기 탐색을 할 수 있도록 돕는 역할을 수행하여야 한다.

가. 침묵의 유형

침묵의 유형에는 구조화의 문제로 발생한 침묵과 저항으로 볼 수 있는 침묵이 있다. 구조화의 문제로 발생한 침묵은 상담관계가 제대로 이루어지기 전에 일어난 침묵으로 불확실감을 반영하며 내담자가 이야기를 꺼낼 준비를 하는 과정에서 생기는 침묵과 내담자가 이야기를 마친 후 계속 이어가기 전에 상담자의 확인을 받기 위해 기다릴 때 생기는 침묵이다. 저항으로 볼 수 있는 침묵은 상담자의 공감이나 격려, 해석에 100% 동의하지 않을 때 생기는 침묵과 상담에 대한 적대감에서 생기는 침묵, 서로 쳐다보면서 눈싸움을 하는 침묵이 있다.

나. 침묵 다루기 사례

침묵 다루기 사례로는 구조화의 문제로 발생한 침묵과 동의하지 않을 때 생기는 침묵, 적대감의 표현 또는 눈싸움을 하는 침묵 다루기의 세 가지 사례를 살펴보고자 한다.

구조화의 문제로 발생한 침묵 다루기는 상담자가 내담자의 말이나 행동에 침착하게 기다려주거나 내담자의 불안이나 어려움에 대해 공감한다. "말을 꺼내도 될지 염려하고 계신가요?", "대화를 시작하는 것은 언제나 어렵지요.", "말로 표현할 수 있을 때까지 기다릴 테니까 안심하고 천천히 말하셔도 됩니다." 등이다. 침묵에 대한 수용은 내담자가 자신의 중요한 느낌에 대해 깊이 생각하고 통찰에 이를 수 있는 시간적인 여유를 준다는 점에서 중요하며 상담자가 침묵을 참지 못하면 내담자의 생각을 방해하는 결과를 가져온다.

동의하지 않을 때 생기는 침묵 다루기는 상담자의 공감이나 격려, 해석에 100% 동의하지 않을 때 침묵이 생길 수 있으며 겉으로는 수용하는 태도를 보이나 마음으로는 받아들이지 못하는 경우이다. 권위적인 상담자 앞에서 자신의 의견을 피력하지 못하거나 상담자의 도와주려는 의도 때문에 반대의견을 제시할 경우 자책감이나 미안함이 들어서 생기는 침묵도 있다. 이와 같은 경우는 서로의 의견을 허심탄회하게 전달할 수 있는 협력적 관계가 수립되지 못했다는 것을 나타낸다. 동의하지 않을 때 생기는 침묵 다루기는 내담자에게 의견을 말할 기회를 제공한다. "무언가 이야기를 더 하고 싶은 게 있나 보군요", "그런데 이야기하기 어려운 이유도 있는 것 같군요." 등으로 개입한다.

적대감의 표현 또는 눈싸움을 하는 침묵 다루기는 내담자가 상담자에게 불만스럽거나 화난 것을 침묵으로 표현할 때 상담자는 "우리가 무슨 이야기를 하고 있는데 그 이야기를 하고 난 후 긴장감이 감돌고 있군요.", "당신은 지금 말하고 싶지 않은 기분인가 보군요." 라고 하면서 상담자는 침착하고 중립적인 태도를 유지하며 내담자가 편안하게 느낄 수 있도록 한다.

6 요약

상담의 기법 중 "요약"은 내담자가 촉진적 관계의 형성을 통해 다루고 있는 문제상황을 더욱 초점화하고 구체적으로 탐색할 수 있도록 돕는 기법이다. 요약은 탐색에 머물지 않고 그 다음으로 넘어가게 할 수 있도록 하므로 중개반응으로 작용한다.

가. 요약의 목적 및 효과

요약의 목적은 다음과 같이 제시할 수 있다(강진령, 2017). 첫째, 언어적 표현의 주요 요소를 구분 할 때 사용한다. 둘째, 내담자의 두서없는 이야기를 차단 할 때 사용한다. 셋째, 공통 주제 또는 패턴을 추출 할 때 사용한다. 넷째, 상담의 진척 정도를 검토 할 때 사용한다.

요약을 적절히 사용함으로써 얻을 수 있는 효과에 대하여 바머와 맥도날드(Brammer & MacDonald, 2003)는 다음과 같이 5가지를 제시하였다.

첫째, 내담자를 준비시킬 수 있다. 둘째, 내담자의 감정과 생각을 한곳에 정리할 수 있다. 셋째, 특정 주제에 관한 논의를 정리할 수 있다. 넷째, 특정 주제를 면밀하게 탐색할 수 있도록 자극할 수 있다. 다섯째, 새로운 조망 또는 대안적 틀을 명확히 보도록 할 수 있다. 이처럼 좋은 요약은 많은 사실들을 서로 관련있는 자료들을 체계적으로 묶어 표현하는 것으로 내담자를 경청하고 이해함으로써 더욱 효과적일 수 있다. 효과적 요약이었다면 그 요약은 내담자로 하여금 중요한 문제에 의도적으로 초점 맞추게 한다.

나. 요약의 시기

요약 기법은 상담 과정에 초점을 맞추거나 방향을 제시하기 위해 언제든지 사용할 수 있지만 특별히 사용이 더욱 효과적일 경우가 있다(강진령, 2017). 먼저 새로운 상담시간이 시작될 때, 분위기를 전환시킬 때, 상담시간 중 내담자가 산만하게 이야기하는 것처럼 보일 때, 상담자가 논의 주제 또는 초점을 이동할 때, 내담자가 어떤 주제에 대해 하고자 했던 말들을 전부 한 것처럼 보일 때, 상담 회기를 마칠 때, 상담을 종결할 때 등이다.

다음은 요약이 더욱 효과적으로 사용될 때의 경우이다.

첫째, 상담 회기를 시작할 때 활용되는 경우이다. 상담 초기에 지금까지의 진행 내용을 요약하는 것은 상담의 연속성을 확실하게 한다. 이때는 가능한 한 학생 스스로 요약할 수 있도록 하는 것이 좋으며 요약한 것을 보고 얼마나 이해하였는가를 알 수 있다(임경희 외, 2013).

둘째, 상담 과정 중에 활용되는 경우이다. 요약은 상담 과정에 초점을 맞추거나 방향을 제시하기 위해 언제든지 사용할 수 있지만 상담 시간 중에 학생이 산만하게 이야기하는 것처럼 보일 때 학생이 어떤 문제에 대해 하고자 하였던 말들을 전부 한 것처럼 보일 때도 유용하게 사용될 수 있다. 내담자가 너무 많은 말을 하면 중간 중간에 내담자의 이야기를 정리할 필요가 있을 때도 유용하게 사용될 수 있다.

셋째, 매회 상담이 끝날 때 활용되는 경우이다. 요약은 매회 상담이 끝날 무렵 묶어 정리하면서 매회의 내용과 감정들의 요체 그리고 일반적인 줄거리를 잡아내는 데 활용할 수 있으며 상담이 끝날 때의 요약은 상담에서 탐색된 주요 문제점, 진행정도 및 다음 단계에 대한 계획을 파악하는 데 도움이 된다.

다. 요약의 절차

요약의 절차를 다음과 같이 4가지를 제시하였다(강진령, 2017; 신봉호,

2020).

첫째, 내담자의 메시지에 집중하여 이를 마음속으로 되뇌어 본다. 내담자
가 지금까지 말한 이야기의 핵심내용은 무엇이고, 내담자의 감정 상태는 어
떠한가 등을 파악한다. 둘째, 내담자가 반복하는 언어적 표현의 명백한 유형,
주제 또는 요소를 파악한다. 즉 내담자의 반복적인 이야기 패턴이나 주제는
무엇인가에 대하여 파악한다. 셋째, 주제를 기술하기 위한 단어들을 선택하
거나 내담자에게 여러 요소를 한데 엮어서 만든 문장을 언어적으로 전달한
다. 내담자의 이야기의 주제를 함축적으로 나타낼 수 있는 요약 반응을 어떻
게 만들 것인가에 대하여 명확하게 언어로 전달한다. 넷째, 내담자의 반응을
잘 듣고 관찰함으로써 요약 반응은 효과가 있었는지를 평가한다.

7 해석

가. 해석의 개념

해석(interpretation)은 상담의 한 기법으로서 내담자의 특정 행동 원인에
대한 가능한 설명이나 연관성 여부를 지적하는 것이다(김계현 외, 2009). 해석
은 내담자 자신의 행동에 대한 통찰을 얻도록 돕고 상담자가 행동의 원인에
대한 감정적인 가설의 형태로 기술하는 기법이다(강진령 외, 2009). 즉, 내담
자의 대인관계에서 연관성, 행동들 사이에서 관계, 사고, 의미, 동기, 감정 등
내담자가 명확하게 의식하지 못하는 것에 대하여 여러 가지 형태의 원인에
대해 설명하는 것이다(신봉호 외, 2019).

특히, 해석은 내담자의 문제행동에 대하여 파악할 수 있게 해줌으로 내담
자 스스로 통제할 수 있도록 돕고 변화를 목적으로 한다. 또한 내담자로 하여
금 상담자가 안전하다고 느낄 수 있는 라포 형성이 이루어졌을 때 내담자의
전반적인 측면에서 설명되어야 한다. 그리고 내담자들이 이해할 수 있도록
쉬운 언어이면서 구체적이고 명확하게 표현되도록 해야 한다(정정애 외, 2017).

나. 해석의 목적

해석의 기법 사용 목적은 첫째, 내담자로 하여금 자신의 행동에 대한 통찰력을 증진시키도록 하게 한다. 둘째, 내담자의 명시적이고 암묵적 메시지와 행동 사이의 인과관계와 패턴을 찾아내도록 하게 한다. 셋째, 내담자로 하여금 다른 조회체계에 비추어 자신의 행동을 검토해 보게 함으로써 내담자의 이해를 촉진하도록 하게 한다. 넷째, 내담자로 하여금 자신의 패배적이고 비효과적인 행동을 보다 기능적인 것들로 대체하도록 동기화한다. 다섯째, 내담자에게 대한 치료적 태도를 소통함으로써 내담자의 자기 개방을 강화하고 상담자에 대한 신뢰성을 높여 치료관계의 발달과 상담의 효과에 기여하게 한다(김계현 외, 2009).

다. 해석의 지침

해석을 위한 지침은 첫째, 내담자에게 투사한 상담자의 편견과 가치관에서 내담자의 실제적인 메시지에 기반이 되어야 하고 이를 확인해야 한다. 둘째, 해석은 내담자의 전 생애와 문화적 배경에 맞추어 적용해야 한다. 셋째, 나이가 어리거나 지적 능력이 낮은 내담자에게는 자제해야 한다. 넷째, 해석에 있어 절대적인 표현보다는 잠정적인 가설의 형태로 제시해야 한다. 다섯째, 해석은 내담자의 안전하고 공감적으로 접촉되어 있는 맥락에서 제공되어야 한다. 여섯째, 해석은 내담자의 전반적인 측면에서 설명되어야 한다. 일곱째, 해석은 내담자가 이해하기 쉬운 어휘로 구체적이면서 직접적으로 표현해야 한다. 여덟째, 해석은 내담자가 받아들일 준비가 되어 있는 상태에서 제공해야 한다. 아홉째, 때로는 내담자 스스로 해석할 수 있도록 해야 한다(강진령, 2017).

라. 해석의 절차와 형식

해석의 절차는 첫째, 내담자가 간접적으로 전달하고자 하는 암시적인 메시지를 탐색한다. 둘째, 다른 관점에서 내담자의 문제에 대한 견해를 떠올린다. 셋째, 상담자의 견해가 내담자의 문화적 배경과 일치하는지 확인할 뿐만 아니라 이를 내담자에게 전달한다. 넷째, 내담자의 반응을 통해 해석의 효과를 확인한다(강진령, 2017).

해석의 형식은 첫째, "당신은 ~ 때문에 ~게 행동하는 것 같습니다." 둘째, "당신의 ~한 태도는 ~으로 인한 것 같습니다." 등이 있다.

마. 해석의 사례

사례 1
내담자: 여자 친구를 사귈 때 나 때문에 조금이라도 힘들어하는 모습을 보이면 항상 먼저 헤어지자고 말하곤 했어요.
상담자: 혹시 어린 시절 어머니가 떠난 것처럼 여자 친구도 나를 떠날지 모른다는 두려움과 불안함 때문에 먼저 헤어지자고 하는 건 아닐까요?

사례 2
내담자: "다른 사람들은 어학시간에 다 잘해 나가는데, 저는 입이 떨어지지가 않아요."
"모든 사람들이 저를 보고 비웃을 거라는 생각이 들어요."
상담자: "친구들 앞에 나서서 뭘 한다는게 자네의 열등감을 자극하는군요." "내 생각에는 당신이 대중 앞에서의 표현과 관련해서 과거에 좋지 않은 경험을 한 것 같은데."

8 직면

상담의 기법 중 "직면"은 학생의 언어적 진술, 비언어적 진술에서 상담자가 보고 느낀 것 중에서 모순되거나 비일관성이 있거나 불일치가 있을 때 학생에게 언어적으로 되물어 주는 것이다. 직면은 학생의 불일치, 비일관성, 혼합메시지 등을 드러내어 주어 직시하게 하고 상황에 대해 다른 지각으로 확대, 탐색하도록 돕는다.

가. 직면의 목적 및 효과

직면은 상담자가 내담자에게 그들이 회피하거나 부인하고 있는 문제나 행동 패턴에 대해 직접적으로 지적하거나 질문함으로써 내담자가 자신의 행동이나 태도를 인식하고 변화하도록 돕는 기법이다. 이 기법은 내담자가 자신의 문제를 직시하고 그 문제를 해결하는 데 있어 중요한 역할을 한다(김춘령·이혜련, 2017). 직면의 목적은 다음과 같이 제시할 수 있다(강진령, 2017; 신봉호, 2020).

첫째, 내담자에게서 모순되거나 불일치되거나 일관성이 없어 보이는 혼합된 언어·비언어적 메시지를 드러내어 준다. 둘째, 내담자로 하여금 자신이 표출한 행동, 사고, 감정 상이의 불일치에 대해 책임지게 하는 한편 지각의 확대·탐색을 도모하게 된다. 셋째, 행동실천을 통한 삶의 변화를 꾀한다.

직면 기법의 효과는 다음과 같다. 첫째, 자기인식 증진이다. 직면은 내담자가 자신의 생각, 감정, 행동에서 발생하는 모순이나 회피를 인식하게 하여 문제의 핵심을 직시하도록 돕고 이를 통해 내담자는 문제의 본질을 이해하고 자기인식을 높일 수 있다. 둘째, 행동변화 촉진이다. 직면은 내담자가 자신의 비효과적이거나 해로운 행동 패턴을 인식하게 하여 이를 수정하려는 동기를 부여한다. 셋째, 문제 해결 가속화로 직면을 통해 내담자가 회피하던 문제에 직면하게 되면 문제 해결이 더 빠르게 이루어질 수 있다. 내담자가 문제를 인식하고 그것을 해결하기 위한 구체적인 행동을 계획하는 과정이 촉진된다(김춘경·이혜련, 2017).

나. 직면의 시기

직면은 학생의 건강한 변화를 위해 통찰을 촉진하기 위한 것으로 학생의 특성이나 상태에 맞게 적절한 시기에 사용하여야 한다. 학생이 받아들일 준비가 되었다고 판단되었을 때, 따뜻한 태도와 부드러운 어조로 공감과 수용을 기반으로 사용한다. 무리하게 학생을 직면시킬 경우 학생의 저항으로 상담의 진행을 방해받을 수도 있다(신봉호, 2020). 직면은 다소 도전적인 기법으로 학생들의 지각을 탐색하고 확대시키는 것을 돕는 데 사용한다.

내담자가 반복적으로 회피했을 때, 예를 들어 내담자가 상담에서 반복적으로 중요한 문제에 대해 이야기하기를 꺼리거나 회피하는 경우 상담자는 "이 주제를 피하는 것처럼 보이는데, 이 문제에 대해 이야기하는 것이 어려운 이유가 있을까요?"와 같은 질문으로 직면을 시도할 수 있다. 또한 내담자가 말하는 것과 행동하는 것 사이에 불일치가 있을 때 상담자는 이를 지적하며 내담자가 스스로 그 모순을 인식하도록 도울 수 있다(김춘경·이혜련, 2017).

다. 직면의 절차

직면 기법은 내담자가 자신의 문제를 깊이 인식하고 변화하도록 자극하는 데 중요한 역할을 하지만 상담자의 신중한 접근과 내담자의 준비 상태를 고려한 절차적 실행이 필요하다.

첫째, 문제 인식 및 평가이다. 직면 기법을 사용하기 전에 상담자는 내담자의 문제를 충분히 인식하고 평가해야 한다. 이 과정에서 상담자는 내담자의 행동, 감정, 사고 패턴을 주의 깊게 관찰하고 내담자가 회피하거나 인식하지 못하는 부분이 무엇인지 파악한다. 두 번째 단계는 적절한 시점 선택이다. 직면 기법은 내담자가 방어적이지 않고 문제를 받아들일 준비가 되었을 때 사용해야 한다.

상담자는 내담자와의 신뢰 관계가 충분히 형성되었는지 내담자가 문제를 직시할 준비가 되었는지 평가한 후 적절한 시점을 선택한다. 세 번째 단계는 직면의 실행이다. 상담자는 내담자가 회피하거나 부정하는 문제를 명확하고 직접적으로 지적한다. 이때 상담자는 비난하거나 공격적인 태도를 피하고 내담자의 감정을 존중하며 문제를 제기해야 한다. 네 번째 단계는 내담자의 반응 탐색 및 지지이다. 직면 후 상담자는 내담자의 반응을 주의 깊게 관찰하고, 내담자가 느끼는 감정을 지지한다. 내담자가 직면에 대해 불안이나 혼란을 느낄 수 있으므로 상담자는 이 감정을 수용하고 내담자가 직면한 문제를 해결할 수 있도록 돕는다.

마지막으로 후속 논의 및 행동 계획이다. 직면 후 상담자는 내담자와 함께 문제를 해결하기 위한 구체적인 행동 계획을 세우고 이를 통해 내담자는 자신이 직면한 문제를 극복할 수 있는 방법을 모색하고 실천할 수 있다.

직면 기법 사용 시 주의할 사항은 직면의 목적이 통찰을 촉진하기 위한 것임에 염두를 두고 내담자가 문제를 수용할 준비가 되었을 때 사용해야 한다. 또한 상담자와 내담자 사이의 신뢰가 형성된 이후에 시행하고 내담자의 약점보다는 강점에 초점을 맞춘다. 직면 후에는 내담자가 느낄 수 있는 불안이나 혼란을 다루기 위해 감정적 지원을 제공해야 한다(강진령, 2017; 김춘경·이혜련, 2017).

라. 직면의 사례

사례 1

내담자: 이번에는 꼭 자격증 시험에 통과하고 싶어요.

상담자: 자격증 시험에 통과하고 싶다고 말하면서, 대부분의 시간을 게임을 하며 보내고 있네요.

사례 2

내담자: 이제는 괜찮습니다. 저는 불안하지 않습니다.

상담자: 당신은 불안하지 않다고 말씀하시면서도, 지금 계속 손톱을 뜯고 계시네요.

사례 3

내담자: "그 친구는 나에게 이 일에 대해서 어떻게 느꼈는지 물었지만, 실제로 나의 말에는 아무런 관심이 없는 것 같았어요." "아무도 나의 말에는 귀를 기울이지 않아요." "사람들이란 자기자신에게만 관심을 가져요."

상담자: "자네는 아무도 자네의 말에 관심이 없다고 하지만, 자네가 어떻게 느끼는지 친구가 물었을 때 아무 말도 하지 않았잖는가?"

연습 문제

01 다음 보기 가 설명하고 있는 상담기법을 쓰시오.

보기

- 내담자의 말과 행동에 상담자가 선택적으로 주목한다.
- 내담자의 말과 행동에 선택하여 집중함으로써 내담자가 해결하기를 원하는 문제를 탐색하도록 돕는다.

정답 경청

02 다음 보기 가 설명하고 있는 상담기법을 쓰시오.

보기

"너무 걱정하지 마세요.", "나는 당신의 행동을 비난하지 않습니다." 또는 "다른 사람들도 때로는 그런 기분을 느끼기도 한답니다." 등을 통해 수용의 자세를 보여준다. "그렇겠군요.", "이해가 갑니다." 등의 언어적 표현과 함께 고개를 끄덕이는 행동, 시선을 주는 주목 행동 등의 관심과 인내로 보여주는 행동으로도 나타낸다.

정답 수용

03 다음 보기 가 설명하고 있는 상담기법을 쓰시오.

> 보기
>
> 기본형으로는 "~(사건, 상황, 사람, 생각) 때문에 ~ 한 느낌(감정, 정서, 기분) 드는군요." 둘째, 높은 수준으로는 "~(사건, 상황, 사람, 생각) 때문에 ~ 한 느낌 감정, 정서, 기분)이 드는 군요, ~(바람, 욕구)하기를 원하는데." 셋째, 단축형으로는 "~한 느낌(감정, 정서, 기분)이 드나 봐요."

정답 반영

04 다음 보기 가 설명하고 있는 상담기법을 쓰시오.

> 보기
>
> • 상황: 내담자가 최근 직장에서의 스트레스를 이야기하고 있습니다.
> • 내담자: "요즘 직장에서 너무 힘들어요. 매일 일이 쌓여만 가고, 동료들과의 관계도 좋지 않아요."
> • 내담자: "직장에서의 스트레스와 동료들과의 관계가 힘들다는 말씀을 하셨군요. 그로 인해 어떤 감정을 느끼고 계신가요?"

정답 명료화

05 다음 보기 가 설명하고 있는 상담기법을 쓰시오.

> 보기
>
> 이것은 수많은 의미를 내포하고 있음을 기억해야 한다. 이것은 반드시 저항이 아닐 수 있으며 상담 과정에서 이것의 이유와 의미는 이것의 발생 시점, 맥락에 따라 다양한 이유로 이것을 할 수 있다는 것이다. 가장 명백한 것은 말할 것이 없을 때 이것을 한다.

정답 침묵

06 다음 보기 가 설명하고 있는 상담기법을 쓰시오.

보기

　내담자가 촉진적 관계의 형성을 통해 다루고 있는 문제상황을 더욱 초점화하고 구체적으로 탐색할 수 있도록 돕는 기법으로, 탐색에 머물지 않고 그 다음으로 넘어 가게 할 수 있도록 하므로 중계 반응으로 작용한다.

정답　요약

07 다음 보기 가 설명하고 있는 상담기법을 쓰시오.

보기

- 내담자의 특정 행동 원인에 대한 가능한 설명이나 연관성 여부를 지적하는 것
- 내담자 자신의 행동에 대한 통찰을 얻도록 돕고 상담자가 행동의 원인에 대한 감정적인 가설의 형태로 기술하는 기법

정답　해석

08 다음 보기 가 설명하고 있는 상담기법을 쓰시오.

보기

　내담자의 언어적 진술, 비언어적 진술에서 상담자가 보고 느낀 것 중에서 모순되거나 비일관성이 있거나 불일치가 있을 때 내담자에게 언어적으로 되물어 주는 것이다. 직면은 내담자의 불일치, 비일관성, 혼합메시지 등을 드러내어 주어 직시하게 하고 상황에 대해 다른 지각으로 확대, 탐색하도록 돕는 기법이다.

정답　직면

09 다음 보기 가 설명하고 있는 상담기법을 쓰시오.

보기

　내담자의 말 중에서 모호한 점이나 모순된 점이 발견되었을 때 그 의미를 명확하게 확인하기 위한 질문 형태의 기술이다. 명료화를 위해 질문할 때는 상담자가 내담자에게 도움을 주기 위해 질문하고 있다는 느낌을 주어야 하며 "예를 들어서 이야기해 주시겠어요?", "조금 더 구체적으로 이야기해 주시겠어요?" 등과 같은 표현을 사용할 수 있다.

정답 명료화

10 다음 보기 가 설명하고 있는 상담기법을 쓰시오.

보기

　내담자가 자기 문제를 새로운 각도에서 이해하도록 그의 생활 경험과 행동의 의미를 상담자가 설명해 주는 것을 말한다. 즉, 내담자가 자기 문제를 새로운 방법으로 볼 수 있도록 의미를 설명하는 적극적인 조력 과정이다.

정답 해석

11 다음 보기 가 가 설명하고 있는 상담기법을 쓰시오.

보기

　내담자의 말 속에 흐르는 주요 감정을 놓치시 않고 전달해 주는 것으로, 내담자의 느낌이나 진술의 정서적 부분을 다른 동일한 의미의 말로 바꾸어 기술하는 기법이다. 내담자가 하고자 하는 말의 내용과 의미, 말에 담겨 있는 생각과 감정을 파악하여 내담자에게 거울에 비추어주듯이 보여줌으로써 내담자의 자기 이해를 도와줄 뿐 아니라, 자기가 이해받고 있다는 인식을 주게 된다.

정답 반영

12 다음 [보기]가 설명하고 있는 상담기법을 쓰시오.

[보기]

'으음'이나 '예, 계속 이야기해 보렴', '그렇겠구나'와 같은 짧은 문구로
표현하는 반응이다. 이는 경청 받는다는 느낌을 받도록 격려함으로써,
상담을 계속해 나갈 수 있도록 강화시키는 효과가 있다.

정답 수용

13 다음 [보기]가 설명하고 있는 상담기법을 쓰시오.

[보기]

내담자의 음성언어와 신체언어를 들으면서 내담자와 시선을 마주치고,
내담자의 말에 고개를 끄덕이는 등의 비언어적 메시지와 '음~', '네~' 등
과 같은 언어적 메시지를 전달함으로써 내담자에게 주의를 기울이고 있
음을 나타내도록 해야 된다.

정답 경청

상담의 이론

chapter 04

상담의 이론

상담이론을 상담 영역에 따라 인지적 영역, 정의적 영역, 행동적 영역, 절충적 영역으로 크게 구분할 수 있다. 먼저 인지적 영역에 해당하는 이론에는 윌리엄슨의 지시적 상담이론, 벡의 인지행동 상담이론, 엘리스의 합리적·정서적·행동적 이론(REBT)이 있으며, 정의적 영역에 해당하는 이론으로는 프로이트의 정신분석 상담이론, 아들러의 개인심리학적 상담이론, 번의 교류분석(의사거래분석, 상호의사거래분석), 로저스의 인간중심 상담이론으로 구분할 수 있다. 그리고, 행동적 영역에 해당하는 이론에는 스키너(B.F. Skinner)의 행동주의 상담이론, 글래서의 현실주의 상담이론이 있으며, 절충적 영역에 해당하는 이론으로는 펄스의 형태주의(Gestalt) 상담이론, 드세이저의 해결중심 상담이론이 여기에 해당한다.

상담이 나아갈 방향을 정립하고, 이러한 이론들을 통해 상담의 정체성과 이론을 확립한다면, 상담학도들이 이론을 학습하고 현장에서 실제 상담을 진행하면서 상담이론을 임상에 효과적으로 적용하는 데 이 장의 내용이 큰 도움이 될 것이다.

여기에서는 상담 영역으로 구분하지 않고 가장 일반적으로 현장에서 널리 사용되고 있는 9가지 이론들의 주요 개념, 인간관, 상담의 목표, 상담자의 역할, 상담 기법, 공헌과 한계 등을 중심으로 살펴 보고자 한다.

① 정신분석 상담

🧑 지그문트 프로이트(Sigmund Freud)

"사람은 자신의 콤플렉스를 없애려고 애쓰지 말고, 콤플렉스와 조화를 이루기 위해 노력해야 한다. 그것들은 합법적으로 세상의 행동을 지시하는 것이다."

🧑 안나 프로이트(Anna Freud)

"어떤 갈망이 충족되지 않더라도 놀라지 말라. 우리는 그것을 생명이라 부른다."

[그림 4-1] 프로이트

정신분석은 프로이트(Sigmund Freud)에 의해 확립된 이론 및 심리치료 방법이다. 신경증 환자의 임상 연구에서 시작되었으며 현재 많은 심리적 어려움을 치료하는데 사용되고 있다. 그는 일생에 거쳐 이론과 치료기법을 발전시켰는데, 의식과 무의식을 구분하여 인간의 무의식이 행동과 인지를 크게 결정한다고 보았고, 의식과 무의식의 갈등이 정신적 장애를 초래할 수 있음을 관찰했다. 프로이트 이후 정신분석이론은 자아심리학, 대상관계론 등으로 발전하였고 아동발달 및 미학, 인류학, 사회학, 문학, 예술에 많은 통찰을 제공함과 동시에 심리학에 있어서는 일반적 이론의 기반이 되었다.

가. 주요개념

프로이트가 정신분석이론을 정립한 이후 많은 동시대, 그리고 후대 정신분석가들이 그의 이론을 연구하고 발전시켰는데, 그들이 인정하는 기본적인 개념들을 몇 가지로 간추려 보면 다음과 같다.

1) 결정론(Determinism)

꿈을 비롯한 심리적 현상이나 행동, 생각(사고)이 우연히 일어나지 않으며 과거에 개인이 겪었던 여러 가지 사건에 의하여 결정된다는 가정이다.

2) 본능(욕구)이론

인간의 본능은 동물의 것과 구분되며 추동(drive) 또는 충동이라 불린다. 생물학적 욕구를 충족시키고 창조적으로 성장하게 하는 원동력인 생명욕구(Libido)와 공격성, 강박, 자기파괴와 같은 행동을 통해 표현되는 죽음충동(Death Drive)으로 구성되어 있다.

3) 지형이론(topographic theory)

인간 의식의 자각수준에 따라 의식(conscious), 전의식(preconscious), 무의식(unconscious)으로 구분한다(천성문 외, 2013). 의식은 개인이 사고하는 부분으로 인식하는 모든 것의 총합이라 할 수 있다. 개인의 정신활동 전체에서 조그마한 일부분이고 순간순간 인식하는 모든 것들을 즉시 반영하면서 변화하는 부분이다. 전의식은 원할 때 조금만 주의를 기울이면 생각해낼 수 있는 부분이다. 우리가 알지 못하는 사이에 우리 행동에 영향을 미치는 본능적 충동들을 무의식 영역에 집어넣는 역할을 하며 때로 예전에는 의식 속에 존재하고 있었던 사건들 정서적으로 강한 부담을 느끼게 하는 것들을 억압시켜 무의식에 집어넣기도 한다. 무의식은 정신의 심층부에 잠재된 인간이 의식하지 못하는 부분이며 인간의 행동을 결정하는 데 큰 영향을 끼친다. 어린시절의 기억, 개인의 숨겨진 욕구, 감정, 사고 과정 및 불쾌하거나 사회적으로 용납되지 않는 것들이 무의식에 저장되어 있다. 이러한 것들은 우리에게 고통이나 갈등을 불러오므로 여기에 묻어 둔다.

4) 구조이론(Structural theory)

　인간 정신을 원초아(id), 자아(ego), 초자아(superego)로 나눌 수 있다. 원초
아는 기본적인 충동, 필요, 욕구에 직접적이고 즉각적으로 반응하는 정신의
무의식적 부분으로 정신에너지의 원천이다. 쾌락의 원리에 따라 작동하며 발
달적으로 자아보다 앞선다. 리비도와 충동의 현실, 논리 또는 일상세계의 영
향을 받지 않는다. 자아는 원초아의 욕망과 초자아의 도덕적 제약 사이를 매
개하는 이성적인 부분으로 의식적 인격의 유일한 부분이다. 현실원리에 따라
작동하며 개인 정체성을 담당한다. 초자아는 부모와 사회의 내면화된 이상을
나타내는 정신의 도덕적 구성요소로 도덕적 양심으로 작동한다. 도덕적으로
용납되지 않는 이드의 충동을 억제하며 단순한 쾌락이나 현실보다 완벽을 추
구한다.

[그림 4-2] 프로이트의 빙산 모델

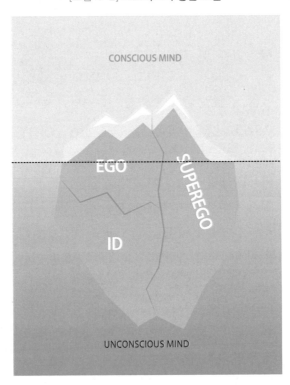

5) 프로이트 심리성적 발달 단계(Raymond, 2007)

가) 구강기(0~18개월)

리비도 만족의 주 근원은 안아주고 편안하게 해주는 것에서 오는 안정감과 함께 섭식기능에 관련된 기관을 중심으로 이루어진다. 구강욕구가 만족되면 긴장에서 해방되고 잠이 오게 된다. 따라서 많은 수면장애는 구강소망을 포함하는 무의식적 환상과 관계가 있다.

나) 항문기(18개월~3세)

리비도 만족의 주 근원은 변을 보고 배설하는 것에서 온다. 본능이 지향하는 것은 무엇이 보유되어야 하고 내버려져야 하는가, 즉 무엇이 가치 있는가에 관심이 있다. 이 시기 주양육자의 배변훈련 방식이 아이에게 많은 영향을 미친다. 주 양육자가 혐오감을 보임으로써 아이로 하여금 수치감을 느끼게 하면 자아존중감을 낮아지게 만들 수도 있다. 그리고 너무 엄격한 배변훈련은 강박적인 성격을, 반대의 경우는 게으름 등의 특징을 보이는 방종한 성격을 가지게 할 수 있다.

다) 남근기(3세~6세)

리비도 만족의 주 근원은 성기로 이동된다. 이 단계에서 아이들은 자신의 몸, 다른 아이들의 몸, 부모의 몸을 인식하게 된다. 이 단계에서의 심리성적 경험은 오이디푸스 콤플렉스이다.

라) 잠복기(6~12세)

이전 세 단계에서 발달한 성격 습관이 통합된다. 욕구의 에너지를 학교 교육, 우정, 취미 등과 같은 외부활동으로 향하는 이차적 과정적 사고에서 만족을 얻는다.

마) 생식기(사춘기 이후)

남근기의 주제가 되살아나는데 심리적 차이는 자아가 생식기에 확립된다는 점이다. 이 단계의 목표는 부모로부터의 심리적 분리와 독립이다. 사람의 관심은 1차 욕구(본능) 만족에서 타인과의 관계를 통해 만족을 추구한다.

6) 방어기제(Defence Mechanisms)

자아가 내적 갈등과 외부 스트레스로 인한 죄책감이나 불안 등 부정적인 감정으로부터 자신을 보호하기 위하여 사용하는 전략으로 무의식적으로 작동한다. 프로이트는 방어기제가 이드 충동을 수용가능한 형태로 왜곡하거나 이러한 충동을 무의식적 또는 의식적으로 차단함으로써 작동한다고 가정하였다. 안나 프로이트는 방어기제를 비자발적 및 자발적 학습 과정에서 발생하는 다양한 수준의 복잡성을 가진 지적 및 운동 자동화로 간주하였다. 방어기제에 대한 분류와 개념화가 이론가마다 다르지만 프로이트의 10가지 방어기제에는 억압(repression), 퇴행(regression), 반응형성(reaction formation), 고립(isolation), 취소(undoing), 투사(projection), 내성(introjection), 자기 자신에 대한 반향(turning against one's person), 반대로의 반전(reversal into the opposite), 승화(sublimation or displacement)가 있다(Wikipedia, 2020 재인용).

나. 상담의 목표

정신분석상담의 목표는 크게 두 가지로 요약될 수 있다. 첫째는 무의식의 내용을 의식화함으로써 새로운 자기개념을 형성하게 한다. 내담자가 경험하는 모든 감정 즉, 기억, 두려움, 욕망, 꿈 및 관계에 대한 모든 감정을 탐색하여 자신에 대해 더 많이 알고 현재 어려움의 근원에 있는 정서적 문제와 갈등을 통찰하여 해소하도록 돕는 것이다. 둘째는 자아를 강화시켜 본능의 충동에 따르지 않고 현실에 바탕을 두고 행동하게 한다. 무의식에 잠재해 있는 갈등의 본성을 이해하여 성숙하고 합리적인 방식으로 다룸으로써 현실에 더 적응적인 타협을 이룰 수 있도록 도와주는 것이다.

다. 상담자의 역할

첫째, 내담자의 마음에 떠오르는 생각, 심상, 느낌을 표현하게 한다(천성문 외, 2013). 특정한 생각이나 감정이 의미 있는지 없는지에 관하여 왜곡, 검열, 억제, 판단하지 않고 자유롭게 표현하게 한다. 이때 상담자는 내담자를 공감할 수 있어야 한다. 그리고 내담자가 보고하는 내용의 의미를 추론하며 내담자가 표현하는 상담자에 대한 감정을 민감하게 들으면서 내담자의 이야기 속에서 불일치하는 점은 없는지 검토한다. 이러한 과정에서 중요한 것은 내담자로부터 분리된 입장을 지켜야 하는 중립적 태도이다.

둘째, 상담자의 가치체계가 내담자에게 영향을 미치지 않도록 해야 한다. 즉, 상담자는 분석 과정에서 가능한 자신의 성격 특성을 배제하고 내담자를 있는 그대로 비추어야 한다. 상담자의 이러한 행동은 내담자로 하여금 자신의 문제를 통찰하여 자기 자신을 보다 잘 이해할 수 있게 한다.

셋째, 상담자는 상담 과정 중 내담자가 보이는 저항에 직면하게 되는데 이를 적절하게 잘 다루어야 내담자로 하여금 자신의 행동을 이해하도록 하는 책임을 가지게 할 수 있다. 저항분석을 통해 내담자가 무의식적으로 숨기고자 하는 것, 불안해 하거나 두려워하는 대상 등 무의식 속에 있는 민감한 부분을 밝혀낼 수 있다. 마지막으로 상담자는 내담자가 통찰을 통해 이해한 것을 현실생활에 적용할 수 있도록 격려해 주어야 한다(천성문 외, 2013).

라. 상담의 기법

1) 꿈 해석

프로이트에 따르면, 꿈 분석은 단연코 가장 중요한 정신분석 기법이다. 상담가는 꿈으로부터 무의식적 소재를 찾아낼 수 있다. 그는 종종 꿈을 "무의식으로 가는 왕도"라고 불렀다. 꿈은 마음속의 두 가지 갈등 즉, 표현되고자 하는 무의식적 욕구와 억압하고자 하는 의식의 활동 사이의 갈등에서 만들어지는 산물이라고 보았다. 상담자는 꿈을 해석하여 무의식의 작용에 대한 통찰력을 얻을 수 있다.

2) 자유연상

내담자로 하여금 저항과 방어기제를 포함하여 마음속에 떠오르는 것은 무엇이든 비난하지 않고 자유롭게 보고하게 하는 것이다. 이렇게 함으로써 이전에 자아에 의해 검열되었던 내용을 표면으로 끌어올릴 수 있다. 상담자는 내담자의 자유로운 표현속에서 내담자의 성격구조와 역동관계를 이해하게 되며 심리적 문제의 윤곽을 파악하게 된다. 그리하여 무의식의 내용을 의식의 표면으로 끌어올려 내담자의 삶에 통합시키는 것이다. 때때로 상담자는 내담자의 연상에 끼어드는데 이는 연상의 의미나 연상들 사이에 있을지도 모르는 관련성을 고찰하고 반영하도록 해주기 위함이다.

• 꿈

나는 사람들이 모든 생활을 통제받고 있는 세상에 살고 있다. 나는 마음이 맞는 2-3명의 사람들과 개혁을 준비한다. 그런데 누군가 신고를 하여 감시를 당한다. 감시를 하는 사람은 크고 힘이 쎈 거인이다. 거인은 물속에서는 큰 고래로 변한다. 나는 숲에 숨어서 고양이로 변하여 내가 이길 수 있을 때까지 기다린다. 거인이 나보다 약해질 때까지 기다린다.

• 꿈에 대한 자유연상

어렸을 때 초등학교 저학년 때까지 통제받고 살았어요. 내가 하고 싶은 것도 못 하고, 엄마가 시키는 공부만 해야 했어요. (중략) 지금은 아니지만… 어렸을 적 아빠는 독재주의에 무서운 사람이었어요. 형이랑 싸웠는데 아빠가 형한테 버릇없게 한다고 야단쳤어요. 그래서 아빠한테 왜 나만 혼내냐고, 왜 나한테만 그러냐고 말대꾸를 했어요. 그런데 아빠가 큰소리로 야단치시며 '형한테 개기지 마라, 형은 아빠 다음이니 형 말 잘 들어라, 하라고 하면 하라는 대로 해라'고 화를 냈어요.

• 해석

내담자는 시키는 것만 해야 하고 놀고 싶은데 학원에서 공부해야 했던 유년기를 떠올리며, 자신은 통제받고 감시받았다고 하였다. (중략) 부모님 모두 형을 우선시하며 '형은 우리 집의 장남이다. 아빠가 출장 가면 아빠 다음이다'라고 하였다. 내담자는 한 살밖에 차이 안나는 형이 아빠 다음이라는 것이 마음에 안 들었다.

(강효련, 2021)

---

3) 전이분석

전이란 감정 과거의 연상 또는 경험을 상담자에게 투사하는 것이다. 이는 과거의 경험이 현재에 영향을 미친다는 것으로 상담자와 내담자가 전이 관계를 인지하고 관계의 의미를 탐색해 나가는 것이다. 전이를 통해 내담자는 상담자와의 관계에서 신의 충동과 방어를 인지하면서 원래 회피하였던 갈등과 동일한 감정을 상담 과정에서 직면하게 된다. 상담자는 이러한 전이를 분석

함으로써 내담자가 무의식적 갈등과 문제의 의미를 통찰하여 일상생활에 적절히 적응하도록 도와줄 수 있다.

- **상담자**: 내가 어떻게 반응할지 두려워서 그런가요?
- **내담자**: 제가 말을 하면 선생님이 저를 좋아하지 않을 것 같아요. 선생님이 제게 친근하게 이야기하지 않을지도 모르고… 또 선생님이 저를 치료할 수 없다고 느끼고 상담을 그만둘 수 있을 것 같고…

(천성문 외, 2013)

마. 공헌과 한계

정신분석의 가장 큰 공헌은 정신을 연구하는 새로운 방법을 제시하였다는 점이다. 기존의 인간 본성에 대한 입장을 뒤엎으며 인간의 행동 배후의 무의식적 동기부여와 인정하려 하지 않는 감정, 이성적인 생각 밑에 놓인 어두운 부분의 토대를 탐구하였다. 이를 바탕으로 개인의 문제와 증상을 이해할 수 있는 이론과 구체적인 치료방법을 제시해주는 최초의 심리치료 체계를 갖추었다. 그리고 정신분석가와 문제를 이야기하는 것이 개인의 심리적 고통을 완화하는데 도움이 될 수 있다는 것을 보여주었다. 또한 심리성적 발달에서 유아기의 중요성을 강조한 프로이트 이론은 자녀양육의 중요성에 대해 일깨워 줌으로써 관련 연구를 자극하였다.

반면에 여러 가지 한계점 또한 가지고 있는데 프로이트 이론은 무의식, 성, 공격성, 어린시절의 경험을 지나치게 강조하였고 경험적이고 과학적인 연구보다는 사례연구와 임상관찰에 지나치게 의존하였다는 점이다. 그리고 정신분석 이론가들이 제안하는 많은 개념들은 측정하고 정량화하기 어려워 과학적인 면에서 타당성에 대한 논란이 있다. 또한 정신분석 치료는 장기간의 치료기간을 요할 뿐만 아니라 그 치료효과가 잘 검증되어 있지 않다는 한계점를 가지고 있다.

② 행동주의 상담

🎯 학습목표

가. 행동주의 상담이론의 주요 개념을 통해 상담목표를 설명할 수 있다.
나. 행동주의 상담이론의 주요 기법을 실제 상담에서 올바르게 적용할 수 있다.

👤 이반 파블로프(Ivan Pavlov)

"인간의 행동은 특정한 자극에 대한 반응으로 구성되며, 이러한 반응은 환경과의 상호작용을 통해 반복되고 강화될 때 지속적인 변화로 이어진다."

👤 벌허스 프레더릭 스키너(B.F. Skinner)

실패가 항상 실수는 아니다. 그건 단지 그 상황에선 최선이었을 것이다. 진정 실수하는 건 노력하는 것을 멈추는 것이다.

가. 개요

행동주의는 당시 심리학에서 우세했던 정신분석학에 강력하게 반대하면서 1960년대에 시작되었다. 초기 행동주의 연구 대상은 객관적이고 눈으로 관찰할 수 없는 인간의 사고보다는 관찰될 수 있는 인간의 행동만이 객관적인 대상이며 과학적인 방법으로 인간의 행동을 설명하려고 했다. 기본적으로 인간의 본성을 선하지도 악하지도 않은 중립적인 것으로 보며 인간이란 원천적으로 외부의 자극이나 영향에 수동적으로 반응하는 존재로 보았다. 즉 모든 인간 행동은 환경적 사건 속에서 학습되기 때문에 바람직한 행동과 바람직하지 않은 행동 모두 학습에 의한 결과로 보았다.

행동주의 상담의 기초가 되는 중요한 학습이론으로 파블로프(Ivan Petrovich Pavlov, 1849~1936)의 고전적 조건형성(classical conditioning)과 스키너(Burrhus Frederic Skinner, 1904~1990)의 조작적 조건형성(operant conditioning)이 주류였다. 그 후 반두라(Bandura)의 사회학습이론, 마이켄바움의 인지행동수정, 반두라의 사회인지이론 등이 있다.

나. 주요 개념

1) 고전적 조건형성

[그림 4-3] 파블로프

19세기 말 러시아의 심리학자 파블로프는 개의 소화과정을 연구하고 있었다. 개의 침샘 일부를 특수한 관을 통해 침이 흐르도록 외과적으로 수술하여 침 분비를 쉽게 측정할 수 있는 장치를 고안했다. 그는 침 분비를 유발하기 위해 개의 혀에 고깃가루를 주던 어느 날 개가 음식이 주어지기도 전에 실험자의 발소리나 문 여는 소리를 듣거나 그릇을 보고 침을 분비하는 것을 발견하였다. 이러한 현상을 체계적으로 연구한 절차의 도식은 다음 〈표 4-1〉과 같다.

표 4-1

1단계	무조건자극(음식) → 무조건반응(침 분비)
2단계	조건자극(종소리) → 무조건자극(음식) → 무조건반응(침 분비)
3단계	조건자극(종소리) → 조건반응(침 분비)

2) 조작적 조건형성

[그림 4-4] 손다이크

손다이크는 고양이를 우리에 넣고 우리 밖에 음식을 놓아두었다. 고양이는 문을 열기 위해 발로 지렛대를 누르는 것을 학습하고 우리 문을 연다는 것을 입증하였다. 스키너는 반응행동과 조작행동의 두 가지 유형으로 구분하였다. 반응행동은 자극에 의해서 야기되는 반사 혹은 자동적 반응을 의미한다. 조작행동은 제시되는 자극 없이 방출되는 반응이다. 이는 자발적으로 나타나는 행동으로 반응에 따르는 강화나 벌 등의 사건에 의해 증가하거나 감소한다. 즉,

반응행동은 선행 사건에 의해 통제되는 반면에 조작행동은 행동의 결과에 의해 통제된다.

표 4-2

제공여부 행동증감	행동증가	행동 감소
적용되면 정적(+)	정적강화	정적 벌
철회되면 부적(−)	부적강화	부적 벌

3) 사회학습이론

반두라의 사회학습이론은 학습에 대한 행동주의적 관점의 타당성을 인정하면서도 인지 활동을 포함시켜 학습을 설명한다. 이 이론의 핵심은 모델링 또는 관찰학습이다. 모델링이란 모델에 대한 관찰을 통해 발생하는 인지적·정의적·행동적 변화이다. 즉, 모델링은 새로운 행동을 습득하게 하거나 촉진 시키는 효과뿐만 아니라 대리 처벌을 통해 특정한 행동을 제지 시키는 효과, 금지된 행동을 하도록 하는 탈제지 효과가 있다. 또한 관찰자의 정서 변화에도 영향을 미친다. 폭력성이 많은 영화나 드라마는 아동·청소년들에게 이미 학습된 공격적인 행동을 강화시킬 수도 있다. 예를 들면 수업 중에 교사가 안절부절못하는 모습을 보이면 이를 관찰하는 학생들 역시 불안해한다. 이러한 관찰학습의 과정은 주의집중, 파지, 운동재생, 동기화 과정을 통해서 이루어진다(Bandura, 1986).

다. 상담의 목표

1) 상담의 목표

행동주의 상담은 인간의 모든 행동을 내·외적 자극에 대한 반응으로 문제에 대해 자극-반응-결과에 대한 행동을 평가한다. 즉, 상담을 통해 사회활동을 저해하는 비현실적인 공포나 불안을 제거하고 바람직하지 못한 행동을 진단하여 효과적이고 바람직한 새로운 행동을 학습하도록 한다.

2) 상담의 과정

상담의 과정은 상담관계 형성, 문제행동 규명, 내담자의 현재 상태 파악, 상담목표의 설정, 상담기술의 적용, 상담결과의 평가, 상담종결의 단계로 구분하여 살펴보면 다음과 같다.

첫째, 상담관계 형성은 상담자가 내담자의 말을 공감하고 수용하고 이해하려는 노력과 온정적인 상담관계를 형성한다.

둘째, 문제행동 규명은 상담자는 내담자가 스스로 자신의 문제를 구체적인 행동으로 나타낼 수 있도록 도와서 내담자의 문제행동을 규명한다.

셋째, 내담자의 현재 상태 파악은 내담자의 문제행동과 관련한 현재 상태를 파악하여 분석하고 내담자의 내·외적 정보와 자원을 탐색하여 적절한 상담기술을 모색한다.

넷째, 상담목표의 설정은 상담을 통한 학습의 방향을 제시하여 구체적이고 개별적인 상담목표를 설정한다.

다섯째, 상담기술의 적용은 특정 상황에서 내담자가 수정하고 싶어 하는 바람직한 행동을 하도록 돕고 내담자 스스로 통제할 수 있는 상담기술을 구성하고 적용한다.

여섯째, 상담결과 평가는 상담의 진행과 기술이 얼마나 효과가 있었는지 평가하고 평가 결과에 따라 상담기술을 수정할 수 있다.

일곱째, 상담종결은 최종목표 행동에 대한 최종 평가 후에 이루어진다. 추가적인 상담의 필요 여부에 대한 탐색, 내담자의 행동변화가 상담목표를 달성하고 다른 긍정적인 행동의 변화로 이루어지는 것에 대해서도 다룬다.

라. 상담의 기법

행동주의 상담의 기법들에는 바람직한 행동을 증가시키는 기법으로 정적강화, 부적강화, 프리맥의 원리, 행동조성강화, 처벌, 소거, 체계적 둔감법, 토큰강화, 모델링, 이완훈련, 홍수법, 타임아웃, 혐오치료, 자기표현훈련 등이 있다. 이러한 기법들은 바람직한 행동을 증가시키거나 감소시키는 기법들로 다음과 같이 살펴볼 수 있다.

첫째, 강화(reinforcement)는 행동의 발생빈도를 증가시키기 위해 보상을 제공하는 과정으로 정적강화와 부적강화가 있다. 정적강화는 어떤 행동이 일어나면 행위자가 만족할 만한 긍정적인 자극을 제시함으로써 추후에 그 행동이 일어날 확률과 빈도를 증가시키는 것으로 부모가 자녀의 성적이 오르면 용돈을 올려주는 것과 같다. 부적 강화는 어떤 행동이 발생한 후에 행위자가 싫어하거나 혐오스러운 자극을 제거하여 그 행동이 발생할 확률을 증가시키는 것으로 교사가 학생의 수업 태도가 좋으면 과제를 면제해 주는 것과 같다.

둘째, 벌은 특정한 행동을 약화시키거나 발생빈도를 감소시키기 위해 처벌을 사용하는 것이다. 즉, 벌이란 그것을 받는 사람이 또다시 같은 방식으로 행동하는 경향을 줄일 것이라는 가정하에서 거북하고 위험하고 또는 원하지 않는 행동을 행동목록에서 제거시키기 위하여 설계된 것으로 정적처벌과 부적처벌이 있다. 정적처벌은 특정한 행동이 발생한 후에 긍정적 자극을 제거시킴으로써 그 행동의 발생 확률을 감소시키는 것으로 교사가 수업 시간에 장난치는 학생에게 화장실 청소를 시키는 것이다. 부적처벌은 꾸중이나 체벌과 같이 혐오적인 자극을 제시하여 행동의 빈도를 감소시키는 것으로 부모가 자녀의 성적이 떨어지면 휴대폰을 못 보게 하는 것과 같다.

셋째, 소거(extinction)는 바람직하지 못한 행동을 감소시키거나 제거하기 위해 그 행동에 강화를 주지 않음으로써 반응의 강도와 빈도를 감소시키는 것이다. 아이가 울면 간식을 주던 행동을 아이가 울어도 간식을 주지 않음으로써 아이의 우는 행동을 감소시킨다.

넷째, 체계적둔감법(systematic desensitization)은 월프(Wolpe)가 개발한 기법으로 고전적 조건형성의 원리에 기초하고 있어 내담자의 높은 공포나 불안 수준을 둔감화 시키기 위해 역조건형성을 사용한다. 셀리그먼(Seligman, 2006), 모리스(Morris)는 체계적둔감법 사용을 이완훈련, 불안위계표 작성, 체계적둔감법 실시와 같이 세 단계로 나누었다. 이 기법은 특정 상황이나 공포, 불안자극에 대한 위계목록을 작성하여 낮은 수준의 자극에서 점차 높은 수준의 자극으로 상상을 유도하여 공포나 불안을 극복하도록 한다.

다섯째, 토큰강화(token economy)는 조작적 조건형성의 기법으로 바람직한 행동에 대한 목록을 정해놓고 강화물로서 칭찬 스티커와 같은 보상(토큰)

을 주어 행동변화를 유도한다. 그밖에 모델링, 이완훈련, 홍수법, 타임아웃, 혐오치료, 자기표현훈련 등도 있다.

💬 **이완훈련 사례**

상담자: ○○야, 평온과 편안함, 그리고 자신감이 느껴지는 상태가 되면 손가락을 올려 봐.

내담자: (손가락을 올린다.)

상담자: 이제 손가락을 가만히 내려놓아라. 너는 지금 깊은 이완상태에 있으며 평온함과 자신감을 느낀다. 이제 네 마음의 눈으로 발표하는 날에 학교로 가는 장면을 상상해 보자. 등 뒤에 문이 닫히는 큰 소리를 들으면서 너는 집을 떠난다. 머리가 욱신욱신거리고 뱃속이 니글니글하며 마치 슬로모션으로 걷고 있는 것 같고 다리가 무겁다. 발표를 잘할 수 있을 것인지에 대한 걱정, 발표를 한 뒤 다시 한번 더 발표를 해야 할지 모른다는 걱정이 네 머릿속을 스쳐 지나간다. 자, 이 장면이 상상이 되면 손가락을 올려봐.

내담자: (천천히 손가락을 올린다.)

상담자: 이제 손가락을 가만히 내리도록

내담자: (손가락을 내린다.)

상담자: 방금 그 장면에 계속 머물도록 하자. 마치 '지금-여기'에서 일어나고 있는 것처럼 상상해 보렴. 마치 TV 화면이 잘 나오게끔 조절하는 것처럼 초점을 잘 맞춰 봐. 장면이 정말 분명하게 보이게 되면 네 몸에서 느껴지는 불안 신호를 찾아봐라. 그런 다음 두려움을 없애기 위한 호흡법을 사용하는 거야.

내담자: (잠시 후 호흡법을 사용한다.)

상담자: 다시 평온해진 기분이라면 손가락을 올려 봐.

내담자: (손가락을 올린다.)

상담자: 이제 장면을 조금 바꿔 보자. 학교에 가서 친구들을 만난다. 그 친구들의 표정에서도 불안과 두려움을 읽을 수 있으며, 그 친구들의 목소리가 무척 빠르게 들린다. 심장이 두근거리고 숨이 찬 느낌이다. 발표할 때 머리가 하얗게 될까봐 걱정한다. 지금 내가 말하는 장면을 분명하게 마음의 눈으로 볼 수 있다면 천천히 손가락을 올려 봐.

> **내담자:** (손가락을 올린다.)
>
> **상담자:** 불안을 느끼면서 다시 손가락을 올려 봐.
>
> **내담자:** (손가락을 올린다.)
>
> **상담자:** 이 장면을 좀 더 상상해 보도록 해라. 이 장면에 좀 더 머물도록 해. 이제 이 장면을 떠올리면서 호흡법과 상상기술의 힘을 빌려서 불안을 감소시킬 수 있는지 보는 거야.

마. 공헌과 한계

1) 공헌

첫째, 행동주의 상담은 구체적인 초점을 맞추고 상담기법의 적용에서 체계적인 방식을 취함으로써 상담분야에 공헌했다. 또 문제에 대해 의논하거나 통찰을 얻는 대신 행하는 것에 초점을 두었다.

둘째, 행동기법들의 다양성이다. 즉, 상담자와 내담자의 합의에 따라 개개인에게 맞는 구체적인 상담기술을 다양하게 적용한다.

셋째, 실험연구와 상담결과에 대한 평가이다. 이는 상담의 결과를 평가하여 상담이 제대로 진행되지 않는 것으로 나타나면 상담자는 자신이 처음 분석한 것과 처치를 재검토한다.

넷째, 윤리적 책임이다. 누구의 행동이 바뀌어야 한다거나 무슨 행동이 변해야 한다는 것을 명령하지 않기에 윤리적으로 중립적이다. 그리고 환경 내에 존재하는 여러 가지 제약을 어떻게 제거할 수 있으며 효율적인 행동의 학습을 위한 환경적 조건을 어떻게 조성할 수 있는가 하는 점을 밝혔다.

2) 한계

첫째, 상담 과정에서 감정과 정서의 역할을 강조하지 않는 것이다. 그래서 행동주의 상담자들은 문제해결이나 상황의 처치만을 지나치게 강조한다는 느낌을 갖게 한다.

둘째, 행동주의 상담에서는 내담자가 가지고 있는 현재의 문제가 어떻게 생기게 되었는지에 대하여 중요하게 생각하지 않으므로 내담자의 문제에 대한 통찰이나 심오한 이해도 불가능하다. 부적응 행동의 역사적 근원 또한 무시된다.

셋째, 고차원적인 기능과 창조성, 자율성을 무시한다.

넷째, 행동 분석은 너무 많은 교육과 경험이 필요하기 때문에 숙련된 상담자가 충분하게 배출되지 못하고 있다. 게다가 행동수정은 실제로 효과 없는 일시적 변화일 수 있다.

다섯째, 인간을 동물과 같이 취급하는 점에서 비판받고 있다. 이는 학습이론에 기본 원리를 두고 있고 실험실에서 동물을 대상으로 한 연구이다.

③ 형태주의 상담

학습목표

가. 형태주의 상담이론의 상담목표를 설명할 수 있다.
나. 형태주의 상담이론의 주요 개념을 예를 들어 설명할 수 있다.
다. 형태주의 상담이론의 주요 기법을 실제 상담에서 올바르게 적용할 수 있다.

프리츠 펄스(Fritz Perls)

- 나는 나의 할 일을 하고 너는 너의 할 일을 한다. 나는 너의 기대를 만족시켜 주기 위해 이 세상에 존재하는 것이 아니고 너 또한 나의 기대에 부응하기 위해 이 세상을 살아가는 것이 아니다. 너는 너, 나는 나, 만일 우리가 우연히 서로를 발견하게 된다면 그건 정말 좋은 일이겠지. 하지만 만약 그렇지 못한다 하더라도 그건 어쩔 수 없는 일이다.
- 당신은 지금 무엇을 느끼고, 지금 일어나는 일은 무엇입니까?, 이 순간을 벗어나기 위해 무엇을 하고 있습니까?

가. 개요

[그림 4-5] 펄스

출처: 상담학사사진

형태주의 상담은 펄스(Frederick Peris, 1893~1970)에 의해 창안된 이론으로, 게슈탈트 상담으로도 표현되고 있다. 게슈탈트는 '전체, 형상, 형태, 모습' 등의 뜻을 지닌 독일어로 형태주의 상담에서는 '개체에 의해 지각된 유기체의 욕구나 감정'이란 개념으로 사용된다. 인간의 행동을 육체와 정신, 환경 속에서 각 요소들이 역동적으로 상호 관련된 '하나의 전체'로서 행동을 이해한다. 이 상담은 자신에 대해 더 많이 알고 받아들이며, 현실을 알고 더 많이 접촉하고, 스스로 더 많이 선택하고 책임지는 인간이 되게 하는 데 있다.

나. 인간관

형태주의 상담에서 인간은 환경에 대한 단순한 반응자가 아닌 외부 자각에 대한 자기의 반응을 자유롭게 선택할 수 있으며, 자기 자신에 대해 책임질 수 있는 창조자로 본다. 인간의 여러 측면들은 하나의 형태를 형성하는 방향으로 나아가는 경향이 있다고 보았다. 따라서 신체, 정서, 사고, 감각, 지각의 기능이 서로 관련되어 이루어진 것이며, 전체로서의 인간으로 이해되어야 한다. 즉, 인간의 행동은 인간이 처한 상황의 전체 맥락을 통해서 이해되어야 한다.

형태주의 상담에서는 인간에 대해 다음과 같은 관점을 갖는다.

첫째, 인간은 끊임없이 되어 가는 존재로서 자아실현 경향성을 가지고 있다. 인간은 자신의 삶에 있어서 전체성(wholeness)을 추구한다. 각 개인에게는 자기 인식과 환경과의 접촉을 통해 나타나는 자기실현 경향성이 있다.

둘째, 인간의 행동은 그것을 구성하는 구성 요소, 즉 부분의 합보다 큰 전체이다. 펄스가 제안한 "전체는 부분의 합보다 크다. 전체가 나누어지면 전체가 사라진다."라는 말처럼 전체를 강조하였다.

셋째, 인간은 자신의 현재 욕구에 따라 게슈탈트를 완성하려고 하는 존재이다. 이것은 우리가 현재의 긴급한 상황에서 필요한 욕구에 따라 게슈탈트를 형성하고 완성한다는 것이다.

넷째, 인간은 전경과 배경의 원리에 의해 세상을 경험하는 존재이다. 펄스는 우리가 갖는 관심의 초점이 무엇이냐에 따라 전경과 배경의 원리는 역동적으로 일어난다고 본다(강진령, 2009; 노안영, 2006 - 김종운, 2014 재인용).

다. 주요 개념

1) 지금(현재)

펄스는 "과거는 지나가 버린 것이며 미래는 아직 오지 않는다. '현재'만이 존재 한다."고 '현재'의 중요성을 강조했다. 내담자가 자기 과거에 대해 이야기할 때 내담자는 과거를 지금 다시 재현함으로써 과거의 현재화를 요구한다. 내담자가 공상을 시작하면 "당신은 지금 무엇을 느끼고, 지금 일어나는 일은 무엇입니까?", "이 순간을 벗어나기 위해 무엇을 하고 있습니까?" 하고 물어 현재로 느끼도록 작용한다.

2) 게슈탈트(Gestalt)

게슈탈트란 '전체, 형상, 형태, 모습' 등의 뜻을 지닌 독일어로, '개인에 의해 지각된 자신의 행동 동기'를 의미한다. 즉, 개체는 자신의 욕구나 감정을 하나의 의미 있는 행동 동기로 조직화하여 지각하는 것을 말한다. 예를 들어, 커피를 마시고 싶은 것, 특정 사람과 친밀하고 싶은 것 등은 인간의 게슈탈트들이다. 건강한 삶이란 분명한 게슈탈트를 형성할 수 있는 능력과 같다(한민석, 2016).

3) 전경과 배경(Figure & Ground)

인간은 어떤 대상을 지각할 때 관심 있는 부분은 지각의 중심 부분으로 떠올리고, 관심 밖의 부분은 배경으로 물러나는 것을 알 수 있다. 이처럼 어느 한 순간에 관심의 초점이 되는 부분을 전경이라 하고, 관심 밖으로 물러나는 부분을 배경이라고 한다.

형태를 형성한다는 말은 개체가 어느 한 순간에 가장 중요한 욕구나 감정을 지각하여 전경으로 떠올린다는 말이다. 건강한 개체는 매 순간 자신에게 중요한 형태를 선명하고 강하게 형성하여 전경으로 떠올릴 수 있는 데 반해, 그렇지 못한 개체는 전경을 배경으로부터 명확히 구분하지 못하고, 자신이 진정으로 하고 싶은 일이 무엇인지 잘 모른다. 그러므로, 건강한 개체는 자연스럽게 전경과 배경의 교체가 일어난다(윤순임 외, 1995. 한민석 재인용).

전경과 배경이 바뀌는 [가역적 도형]은 게슈탈트 심리학파의 공헌이다. 보는 시각에 따라 "도자기"가 먼저 보이고, 때론 "마주하는 두 얼굴"이 보인다.

[그림 4-6] 전경과 배경

4) 알아차림-접촉 주기

전경과 배경의 교체에서 알아차림과 접촉이 매우 중요하다. 왜냐하면 개체는 알아차림과 접촉을 통해 전경과 배경을 교체하기 때문이다. 이때 알아차림은 형태 형성과 관련이 있으며, 접촉은 형태의 해소와 관련이 있다.

'알아차림(awareness)'이란 개체가 자신의 유기체 욕구나 감정을 지각하여 형태로 형성하여 전경으로 떠올리는 행위를 말한다. 알아차림은 생리, 감각, 감정, 인지, 지각, 행동 등의 모든 영역에서 일어날 수 있으며, 누구에게나 자연적으로 갖추어져 있는 능력이다.

'접촉(contact)'은 전경으로 떠오른 형태를 해소하기 위해 환경과 상호작용하는 행위를 뜻한다. 즉, 에너지를 동원하여 실제로 환경과 만나는 행동이 접촉이다. 형태가 형성되어 전경으로 떠올라도 이를 환경과의 접촉을 통해 완결 짓지 못하면 배경으로 교체되지 않는다(신효정 외, 2024).

5) 미해결 과제(unfinished business)

개체가 전경으로 떠올렸던 형태가 해소되면 배경으로 사라진다. 그러나 전경으로 떠올려졌던 형태가 해소되지 못하면 해소되고자 하는 강력한 행동 동기를 가진 채, 전경이 되지도 못하고, 배경으로 사라지지도 못한 상태로 있게 된다. 이렇게 해소되지 못한 형태를 미해결 과제라 한다. 이러한 미해결 과제는 계속적으로 완결지으라는 요구를 하며 다른 형태가 선명하게 전경으로 떠오르는 것을 방해한다. 예를 들면 아침에 엄마에게 야단을 맞고 몹시 화가 난 상태에서 학교에 온 아이는 쉽게 공부나 놀이에 집중할 수가 없다. 미해결 과제는 전경과 배경의 자연스러운 교체를 방해하기 때문에 개체의 적응을 방해한다. 미해결 과제가 쌓일수록 개체는 심리적인 혹은 신체적인 어려움을 겪게 된다. 미해결 과제가 생기는 이유는 개체 자신이 인위적인 차단활동을 하거나 환경과의 유기적인 관계를 차단하는 경우이다. 그러므로 형태주의 상담의 목표는 내담자의 미해결 과제를 해소할 수 있게 하는 것이다.

라. 상담목표

상담의 목표를 내담자들이 자기 자신에 대한 알아차림을 증진시켜 '지금-여기(Here&Now)'에 살도록 도우며 성장하도록 돕는 것이라고 하였다. 내담자가 자신이 할 수 있다고 스스로 생각하는 것보다 훨씬 많은 것을 할 수 있다는 것을 알아차리도록 도와야 한다. 즉, 내담자가 자신의 욕구와 감정을 알아차리고 수용하며, 환경과의 접촉을 통해 문제를 해소하도록 돕는다. '지금-여기'의 현실에서 자신이 무엇을 어떻게 보고 느끼는지, 무엇이 지금의 경험을 방해하는지 각성(Awareness)하여 현재의 순간을 경험하고 음미하는 데 있다.

마. 상담기법

형태주의 상담기법은 내담자에게 더 완전한 인식의 제공, 내적 갈등의 체험, 불일치나 양극성의 해결, 미결감정의 해결을 막는 한의 장벽의 극복 등을 돕는 유용한 수단이다. 기법들은 '지금-여기'에 초점을 맞추고 있다.

1) 욕구와 감정의 자각

지금-여기에서 자신의 욕구와 감정을 자각한다. 내담자가 자신의 욕구와 감정을 자각함으로써 형태 형성을 원활히 할 수 있고 또한 환경과의 생생한 접촉이 가능해지기 때문에, 내담자에게 자신의 욕구와 감정을 알아차리도록 도와주는 것을 매우 중요시한다. 특히 지금 여기에서 일어나는 욕구와 감정을 알아차리는 것이 중요하다(신효정 외, 2024).

2) 신체 자각

상담자는 내담자에게 신체감각 오감을 활용하여 현재 상황에서 느끼는 환경과의 접촉을 증진시키고 자신의 욕구와 감정을 깨닫도록 돕는다. 우리의 몸과 마음은 서로 불가분의 관계에 있다. 따라서 내담자가 자신의 신체감각에 대해 알아차리도록 함으로써, 자신의 감정이나 욕구 혹은 무의식적인 생각을 알아차리도록 도울 수 있다. 이때 특히 에너지가 집중되어 있는 신체 부분에 대해 알아차리도록 함으로써 내담자의 감정 상태를 더욱 명확히 알 수 있다. 내담자는 이를 알아차리도록 함으로써 소외된 자신의 부분들을 접촉하고 통합할 수 있다(신효정 외, 2024).

3) 환경 자각

주위 환경에서 체험되는 자연경관, 풀냄새와 새소리 등을 자각하는 훈련을 통해 내담자의 감정과 욕구의 자각을 돕는다. 내담자가 주위 사물과 환경에 대해 알아차리도록 해주어 환경과의 접촉을 증진시킬 수 있다. 내담자들은 흔히 미해결 과제로 인해 자기 자신에게 몰입해 있기 때문에, 주위 환경에서 일어나는 사건들이나 상황을 잘 못 알아차린다. 환경 자각은 내담자들의 현실에 대한 지각력을 높여주며 환경과 접촉에 새로운 관심과 흥미를 갖게 할 수 있다(신효정 외, 2024).

4) 언어 자각

내담자가 사용하는 언어에서 행동의 책임소재가 명확하지 않을 때 자신의 감정과 행동을 책임지는 문장으로 말하도록 하여 자신의 욕구나 감정에 대한 책임을 높인다.

'그것, 우리' 대신에 '나는'으로, '무엇을 해야 한다' 대신에 '나는 무엇을 하고 싶다'로 변경하여 표현해야 한다. "~해서는 안 될 것이다." 등 객관적인 어투로 말하는 경우에 "나는 ~하고 싶다.", "나는 ~하기 싫다." 등으로 바꾸어 말하게 하여 내담자가 자신의 욕구나 감정에 대한 책임 의식을 갖게 한다.

5) 과장하기

감정을 체험하지만 감정의 정도와 깊이가 약한 경우 내담자의 특정 행동이나 언어를 과장되게 표현하도록 함으로써 감정 자각을 높일 수 있다. 예를 들어, 내담자가 한 말을 반복하게 하거나 혹은 큰 소리로 말하게 함으로써 혹은 작은 목소리를 더욱 작은 소리로 표현하도록 요구함으로써 내담자의 감정 자각을 도와줄 수 있다.

6) 머물러 있기

내담자가 자신의 미해결 감정을 회피하지 않고 직면하여 견뎌내도록 하여 감정을 민감하게 자각하도록 한다. 미해결 감정을 회피하는 데 익숙한 내담자로 하여금 회피와 방어를 못하게 하고 자신의 감정을 직면하게 해 줌으로써 미해결 감정의 완결을 도와 준다.

7) 꿈 작업

내담자가 꿈의 각 장면을 연기하게 하여 내담자의 욕구나 충동, 억압된 감정과 만난다. 꿈을 그 사람의 투사로 보고 꿈의 단면이 그의 실존적 측면을 나타낸다고 본다. 꿈을 열거 후 실연하도록 하는 데 대화 형태로 나타난다. 즉, 꿈에 나타나는 인물이나 사람들은 모두 내담자의 소외된 자기 부분들이 투사되어 상징적으로 나타난 것이라고 본다. 그래서 꿈을 다루는 방법은 내담자에게 투사된 것들을 동일시하게 함으로써 이제까지 억압하고 회피해 왔던 자신의 욕구와 충동, 감정들을 다시 접촉하고 통합하도록 해 주는 것이다. 상담자는 꿈을 해석하기보다 꿈에서 본 것을 '지금-여기'에서 일어나고 있는 것처럼 연기해 보게 한다(신효정 외, 2024).

8) 빈 의자 기법

형태주의 상담에서 가장 많이 쓰는 기법 가운데 하나로서, 흔히 현재 상담 장면에 와 있지 않은 사람과 관련된 사건을 다룰 때 사용한다. 내담자가 현재 함께 없는 사람과의 상호작용이 필요할 때, 그 대상자가 맞은편 빈 의자에 앉아 있다고 상상하여 직접 대화를 나눈다. 내담자는 그 사람과의 관계를 직접 탐색해 볼 수 있고 상대방의 감정을 이해하고 자신에게 억압되어 있고 외부로 투사된 자기 자신의 감정도 자각할 수 있다.

- 민영: 요즘 영주가 저를 멀리하는데, 저를 정말 싫어하는 것 같지 않으세요?
- 최 교사: 나한테 질문하지 말고 네가 영주에 대해 어떻게 느끼는지 말해 보렴.
- 민영: 예전에는 정말 친했는데 요즘은 영주를 보면 섭섭한 마음이 들어요.
- 최 교사: 요즘 영주와 얘기 잘 안 하는 이유가 뭐니? 여기, 의자가 두 개 있는데 먼저 네가 앉고 싶은 곳에 앉고, 나머지 의자에는 영주가 앉아 있다고 상상해 보자. 지금부터 네가 영주에게 원하는 것이 무엇이고, 어떤 감정을 느끼고 있는지 영주에게 직접 얘기해 보겠니?
- 민영: 무엇을 말해야 할지 모르겠어요.
- 최 교사: 그럼 '내가 너에게 무엇부터 말해야 할지 잘 모르겠어'라고 말해 보렴.
- 민영: 영주야, 무슨 말부터 해야 할지 잘 모르겠지만... 난 너와 계속 좋은 친구로 지내면 좋겠어. 그런데 요즘 넌 나한테 신경을 너무 안 쓰는 것 같아. 내가 말을 걸면 대꾸도 잘 안 해서 너무 속상해.
- 최 교사: 그럼, 이제 의자를 바꾸고, 네가 영주의 입장이 되어 민영이에게 얘기해 보겠니?
- 민영: 난 여전히 너를 가장 친한 친구로 생각하고 있어. 그런데 내가 공부에 열중하고 있을 때 네가 말을 걸면 짜증날 때가 많았어. 중학교에 오면서 공부할 게 많아져서 부담스러웠고, 그래서 너한테 신경을 많이 못 썼던 것 같아
- 최 교사: 민영아, 지금 기분이 어떠니?

(한민석, 2016)

바. 공헌과 한계

  형태주의 상담은 상담 및 심리치료에 많은 공헌을 했다. 첫째, 즉시성과 전체성의 개념과 함께 마음-신체의 통합을 중시하는 것이 중요하며, 지금 여기에서 알아차림을 강조하고 개인과 환경의 접촉을 증진하는 생동감 있는 치료 방법을 제시하였다. 둘째, 빈 의자, 비언어적 메시지에 대한 강조, 꿈 작업 등 많은 상담 전략들이 내담자 상담 효과 긍정적인 결과를 보였다. 또, 형태주의 상담은 다양한 심리 장애의 상담에서 인지 상담, 자기지시적 상담 등 다른 상담들과 등등한 효과를 나타냈다. 셋째, 내담자의 성장을 실현하도록 돕는 구체적 방법들을 제공하고, 내담자를 존중하며, 내담자와 상담자의 진정한 관계를 강조하여 내담자가 삶에서 자기 성장과 자기실현을 하도록 도움을 준다.

  형태주의 상담의 한계점은 첫째, 변화를 위한 강력한 촉진제가 될 수 있지만 적용이 어려운 경우도 있는데 특히 심각한 인지적 장애가 있거나 행동화, 비행, 폭발성 장애와 같은 충동조절장애가 있는 사람 혹은 사회병질적 증상이나 정신병적 증상을 지닌 사람에게는 적용의 한계가 있다. 둘째, 신체감각에 지나치게 초점을 두었다. 정서의 중요한 결정인자이자 감정조절을 위한 수단으로 보이는 인지를 무시하고 정서를 지나치게 강조할 위험이 있다. 셋째, 지금-여기, 현재를 강조하는 입장에서 과거의 중요한 사건을 무시할 뿐 아니라 과잉 단순화할 위험이 있다(신효정 외, 2024).

4 인간중심 상담

학습목표

가. 인간중심 상담이론의 상담목표를 설명할 수 있다.

나. 인간중심 상담이론의 상담자 역할을 예를 들어 설명할 수 있다.

다. 인간중심 상담이론의 주요 기법을 실제 상담에서 올바르게 적용할 있다.

로저스(Roges)

- 나는 경험과 연구로 확신을 가진 도움을 주는 관계에 관한 중요한 가설 몇 가지를 간단하고 편하게 말하고자 한다. 다음과 같이 모든 가설을 아우르는 한 문장으로 말할 수 있다. 만일 내가 어떤 유형의 관계를 제공할 수 있다면, 내담자는 그 자신 안에서 성장을 위해 그 관계를 사용할 능력을 발견할 것이며, 그리고 그 변화와 개인의 발달이 일어날 것이다.

- 만약 내가 나의 편에서 특유한 관계를 창조해 낼 수 있다면 있는 그대로 투명하게, 진실한 나의 감정을 느끼면서 독립적인 하나의 사람으로서 다른 사람을 따뜻하게 받아들이고, 소중하게 여기면서 그렇게 하면 관계 속에 있는 타인은 앞서 그가 억압했던 자신에 대한 관점을 이해하고 경험할 수 있게 될 것이다. 그 자신이 좀 더 통합되고, 더욱더 효율적으로 기능하는 사람이 될 것이다. 그가 원하는 이상적인 사람과 더욱 비슷해질 것이다. 더욱더 자기 지향적이고 자신감이 높아질 것이다. 한 사람으로서 더욱 독창적이고, 자기 표현적인 사람이 될 것이다. 다른 사람을 이해하고, 수용할 수 있는 폭이 넓어질 것이다. 삶의 여러 다양한 문제를 더욱 적절하게, 그리고 편안하게 대처할 수 있게 될 것이다.

가. 개요

인간중심 상담이론(Person-Centered Therapy)은 1940년대에 칼 로저스(Carl Roges)에 의해 창시된 상담이론이다. 이 이론은 인본주의에 뿌리를 두고 있다. 인본주의 운동은 미국에서 1940년대와 1950년대에 이름을 떨치기 시작했다. 그 당시에 심리학계는 정신분석적 접근과 행동주의가 지배하였다(Reeves, 2022). 로저스는 처음부터 상담자의 태도와 인간적 특성, 내담자와 상담자의 관계의 질이 심리상담 결과의 중요한 결정 요인이라고 강조하였다. 결국, 로저스는 상담자가 일하는 방법을 혁명적으로 바꿀 수 있는 치료법을 개발하였다(Neukrug & Hay, 2023).

짐링과 라스킨(1992), 그리고 보자르스, 짐링, 타우쉬(2002)는 로저스 접근에서 주요한 전환점을 알아내어, 이론 발달의 시기를 네 단계로 구분하였다(Corey, 2024에서 재인용). 처음에는 비지시적 상담이라고 하였는데, 이론이 발전하는 과정에서 1970년대까지는 내담자 중심적 상담으로 불렸고, 그 후에는 인간중심적 상담으로 이름이 바뀌었다.

인간중심 상담이론은 구체적인 문제 해결 기법보다는 내담자에 대한 상담자의 태도를 더 중요하게 생각한다. 왜냐하면 이 이론은 나름대로 독특한 인간관에 바탕을 두고 있기 때문이다. 인간중심 상담이론에서 인간은 자기를 실현할 수 있는 기본적 동기와 능력을 이미 가지고 있는 것으로 가정된다. 또한 인간은 과거에 얽매인 존재가 아니라 현재를 살고 미래를 추구하는 존재이다. 즉, 과거의 경험을 통해 이미 형성되었다기보다는 자신의 가능성과 잠재력을 발견하고 실현할 수 있는, 따라서 그 무엇이든 될 수 있는 형성 과정 중에 있는 존재이다.

인간의 잠재 능력과 가능성에 대한 이러한 믿음은 인간중심 상담이론의 핵심을 이룬다. 이러한 믿음이 상담에서 내담자를 향해 발휘될 때 내담자 중심 상담이 되며, 한 걸음 더 나아가 인간 전반에 대한 믿음으로 확대될 때 인간중심 삶의 철학이 되는 것이다. 인간에 대한 이러한 믿음은 상담 이론을 관계없이 모든 상담자가 지녀야 할 기본적인 믿음이다. 따라서 이 이론은 단순히 여러 개의 상담이론 중의 하나가 아니라 모든 상담에서 상담자가 지녀야 할 기본적인 태도를 보여준다. 이런 점에서 상담에 관심을 가진 모든 사람들은 인간중심 상담이론의 기본 철학을 더 철저하게 이해하는 것이 필요하다.

인간중심 상담이론의 중요한 치료 단계는 내담자의 방어적 자기 개념이 도전받을 때이다. 치료자는 핵심 조건으로 내담자에게 자기 개념과 유기체의 경험 간의 불일치에 관한 더 큰 자기 자각을 갖도록 촉진한다. 이때 내담자는 자신에 관한 일치라는 긍정적 결과를 만들 것이다(Reeves, 2022).

나. 인간관

인본주의 심리학의 철학을 유지하면서, 로저스는 사람은 신뢰할 수 있고, 자원이 풍부하며, 자기 이해와 자기주도 능력이 있으며, 건설적인 변화가 가능하며, 효과적이고 생산적인 삶을 살수 있다고 주장하였다(Corey, 2024).

로저스는 인간이 사회적이고 미래지향적인 존재이며, 자기실현의 의지와 아울러 선한 마음을 갖고 태어난다고 본다. 인간은 본래 부적응 상태를 극복하고 정신적 건강 생태를 되찾을 능력을 갖고 있다고 믿기 때문에 인간중심의 치료에서 상담자는 치료의 진행에 대한 책임을 내담자에게 맡긴다(이장호, 2005).

로저스는 인간의 삶은 자신이 통제할 수 없는 어떤 힘에 의해 조종당하는 삶이 아니라 개인의 자유로운 능동적 선택의 결과라고 보았다. 모든 인간은 자신의 과거와 현재의 생활 상태를 정확하게 인식할 수 있기 때문에 자신의 삶과 미래를 능동적으로 선택할 수 있다. 즉, 인간은 선천적으로 타고난 성장 가능성을 실현하는 과정에서 자신의 인생 목표와 행동 방향을 스스로 결정하고, 이러한 결정에 따르는 책임을 수용하는 자유로운 존재로서 자기를 조절하고 통제하는 능력이 있다.

다. 주요 개념

여러 학자들이 제시하고 설명하는 주요 개념은 다음과 같다. Neukrug과 Hay(2023)가 제시한 인간중심 상담이론의 기본적인 주요 개념의 몇 가지는 실현경향성, 긍정적 존중에 대한 욕구, 가치조건화, 불일치 또는 비진솔성, 유기체의 가치화 과정, 선택과 자유의지, 자기 결정성, 비지시적 상담, 필요 충분 조건이다. 신성만 외 역(2017)은 유기체적 자기와 자아개념, 자아개념에 대한 조건적 가치 부여, 자아실현을 위한 경향성, 욕구 위계, 충분히 기능하는 사람, 성격의 19가지 명제, 건설적 변화를 위한 6가지 핵심 조건들을 주요 개념으로 설명하고 있다. 한편 노안영(2005)은 인간중심 상담이론의 주요 개념으로 유기체, 자아, 실현화 경향성, 가치의 조건화를 제시하고 있다. 양명숙 외(2013)는 주요 개념으로 '만약 ~라면 ……이다', 자기실현 경향성, 충분히 기능하는 인간, 자기와 경험의 불일치를 제시하고 있다. 한편 장성화 외(2016)는 주요 개념으로 실현화 경향성, 경험, 감정과 감정 경험, 자기와 경험의 불일치, 현상학과 현상학적 장, 유기체적인 가치화 과정, 자기와 자아개념과 자아구조, 자아일치를 설명하고 있다.

여기에서는 유기체, 현상학적 장, 자기실현 경향성, 충분히 기능하는 사람을 중심으로 설명하고자 한다.

1) 유기체(Organism)

로저스는 현상학의 영향을 받아 인간을 조직화된 전체로서 기능하는 유기체로 본다. 경험은 어떤 주어진 순간에 유기체 내에서 진행되는 잠재적으로 자각에 이용될 수 있는 모든 것으로서, 그 경험 전체가 현상학적 장을 이루게 된다. 개인은 외적 현실로서 자극 조건이 아닌 자신의 현상학적에 의존하여 행동한다. 로저스는 개인이 자신의 개별적 경험과 관련하여 그것이 얼마만큼 자신을 유지시키고 증진시키는가에 따라 평가한다고 주장하였으며 이를 유기체적 가치화 과정으로 불렀다. 만약 자신을 유지시키거나 증진시키는 것으로 지각된 경험은 긍정적으로 평가되어 개인으로 하여금 적극적으로 추구하도록 하나, 자신을 유지시키거나 증진시키는 것을 방해하는 것으로 지각된 개념은 부정적으로 평가되어 이를 회피하게 된다.

2) 현상학적 장(Phenomenal Field)

경험적 세계 또는 주관적 경험으로도 불리는 개념으로 특정 순간에 개인이 지각하고 경험하는 모든 것을 의미한다. 로저스는 개인의 객관적인 현실이 무엇이든 그것이 문제가 아니라 개인 현실을 지각하는 방식이 문제라는 것을 믿었다. 개인의 행동을 이해하려면 그 개인이 자기 자신과 존재하는 세계에 대해 어떤 주관적 인식을 지니고 있는지 알아야 한다는 것이다. 개인의 주관적 경험이 비록 다른 사람에게는 기괴하고 오인될 소지가 있더라도 가장 깊이 존중될 가치가 있다는 것이다(박외숙 외 역, 2017).

로저스는 동일한 현상이라도 개인에 따라 다르게 지각하고 경험하기 때문에 이 세상에는 개인적 현실, 즉 현상학적 장만이 존재한다고 보았다. 현상학적 장에는 개인이 의식적으로 지각한 것과 지각하지 못한 것까지 포함되지만, 개인은 객관적 현실이 아닌 자신의 현상학적 장에 따라 재구성된 현실에 반응한다. 동일한 사건을 경험한 두 사람이 각각 다르게 행동할 수 있으며, 따라서 모든 개인은 서로 다른 독특한 특성을 보이게 된다.

현상학적 장은 의식의 장과 다르다. 현상학적 장은 상징화 과정을 거치는 의식적 경험은 물론 상징화 과정을 거치지 않는 무의식적 경험으로 구성되기 때문이다. 이를 통해서 개인은 상징화되지 않은 어떤 경험을 변별하고 그러한 경험에 반응할 수 있다.

3) 자기실현 경향성(Actualizing Tendency)

로저스는 사람들이 그들이 그 자신의 충분한 잠재력에 도달하게 하는 자기실현 경향성을 지닌 존재로 태어난다고 믿었다. 개인이 이러한 타고난 과정을 지지하는 환경에 놓여있다고 한다면(Neukrug & Hay, 2023), 로저스(Roges)는 모든 인간은 성장과 자기 증진을 위해 끊임없이 노력하며, 생활 속에서 직면하게 되는 고통이나 성장 방해 요인을 극복할 수 있는 성장지향적 유기체라고 보았다. 인간뿐만 아니라 우주 내의 모든 유기체는 좀 더 나은 방향으로 형성되고자 하는 경향성이 있다. 이는 더욱 질서정연하고 정교한 방향으로 나아가고자 하는 진화적인 경향성이라고 할 수 있다.

특히, 이러한 자기실현 동기는 성장과 퇴행 중에 어느 하나를 선택해야 하는 상황에 처하게 되면 더욱 강하게 작용한다. 모든 인간이 퇴행적 동기를 지니고 있지만 그보다는 성장지향적 동기, 즉 자기실현 욕구가 기본적인 행동 동기라고 보았다. 그러나 현실 지각이 왜곡되어 있거나 자아 분화 수준이 낮은 개인은 퇴행적 동기가 더 강하게 작용하여 유아적 수준의 행동을 나타내는 경우도 있다. 그렇지만 자기실현의 과정은 자신을 창조하는 과정이기 때문에 이러한 과정을 통하여 모든 인간은 삶의 의미를 찾고 주관적인 자유를 실천해 나감으로써 완성되어 간다.

4) 충분히 기능하는 사람(Fully Functioning Person)

충분히 기능하는 사람은 현재 진행되는 자신의 자아를 완전히 자각하는 사람을 말한다. 로저스에 따르면, 충분히 기능하는 사람을 최적의 심리적 적응, 최적의 심리적 성숙, 완전한 일치, 경험에 완전히 개방되어 있는 사람이다. 이러한 사람의 특성은 정적이지 않고, 과정지향적이다. 즉, 충분히 기능하는 사람은 계속적으로 변화하는 과정 중에 있는 사람이다.

로저스가 제안하였던 충분히 기능하는 사람의 몇 가지 특성을 살펴보면 다음과 같다(박외숙 외 역, 2017). 첫째, 충분히 기능하는 사람의 가장 중요한 특성은 경험에 대한 개방성의 증가이다. 둘째, 충분히 기능하는 사람의 특성은 현재에 충실히 살 수 있고, 자신이 사는 매 순간에 주의를 기울이는 능력이 있다. 셋째, 충분히 기능하는 사람의 특성은 유기체에 대한 신뢰이다.

라. 상담의 목표

인간중심 상담이론은 비지시적이다. 그래서 다른 이론들과는 달리 치료의 목적, 초점, 방향을 정하지 않는다(Reeves, 2022). 또한 로저스는 상담의 목표가 오직 문제를 해결하는 것이라고 믿지 않았다. 오히려 상담의 목표는 내담자가 더 높은 수준의 독립과 통합을 이루도록 도움으로써 그들이 인지한 문제가 있을 때 더 잘 극복하도록 하는 것이다(Bohart & Watson, 2020: Corey, 2024에서 재인용).

첫째, 내담자의 자기 개념과 유기체적 경험 간의 불일치를 제거하여 충분히 기능하는 사람이 되도록 돕는다.

둘째, 자신의 잠재력을 최대한 발휘하여 자기 실현의 방향으로 나아가게 한다.

셋째, 상담의 궁극적 목표는 내담자가 가진 문제 해결에 그치지 않고 내담자의 성장 과정을 도와 앞으로의 문제까지 잘 다룰 수 있도록 돕는 것이다.

마. 상담자의 역할

내담자들이 목표로 향해 나아가기 전에 먼저 할 일은 사회화 과정에서 그들이 썼던 가면을 벗어야 한다. 내담자들은 자신의 실제 감정이나 성격을 숨기는 행동 더 사용해 왔기 때문에 그들 자신과의 진실한 만남을 잃어 왔다는 것을 깨닫게 된다. 또 상담할 때의 안전한 환경에서 그들은 더 진짜인 삶의 방식이 있다는 것을 깨닫게 된다(Bohart & Watson, 2020: Corey, 2024에서 재인용).

또한 인간은 과거에 얽매인 존재가 아니라 현재를 살고 미래를 추구하는 존재이다. 즉, 과거의 경험을 통해 이미 형성되었다기보다는 자신의 가능성과 잠재력을 발견하고 실현할 수 있는, 따라서 그 무엇이든 될 수 있는 형성 과정 중에 있는 존재이다.

인간의 잠재 능력과 가능성에 대한 이러한 믿음은 인간중심상담 이론의 핵심을 이룬다. 이러한 믿음이 상담에서 내담자를 향해 발휘될 때 내담자 중심 상담이 되며, 한 걸음 더 나아가 인간 전반에 대한 믿음으로 확대될 때 인간중심 삶의 철학이 되는 것이다.

인간에 대한 이러한 믿음은 상담 이론을 관계없이 모든 상담자가 지녀야 할 기본적인 믿음이다. 따라서 인간중심 상담이론은 단순히 여러 개의 상담 이론 중의 하나가 아니라 모든 상담에서 상담자가 지녀야 할 기본적인 태도를 보여준다. 이런 점에서 상담에 관심을 가진 모든 사람들은 인간중심 상담 이론의 기본 철학을 더 철저하게 이해하는 것이 필요하다.

마. 상담의 기법

인간중심 상담에서는 기법보다는 상담자의 인간성, 신념, 태도와 상담 관계가 상담의 성패를 좌우하는 요소라고 본다. 따라서 인간중심 상담에서 상담자는 기법의 의식적인 사용을 최대한 억제하고, 수용, 존중, 이해를 표현하고 전달하며, 생각하고 느끼고 탐색함으로써 내담자의 내적 준거의 틀을 발달시킬 수 있도록 돕는다.

상담자가 진솔하고 투명하여 그의 말이 감정과 일치하고, 상담자가 내담자를 무조건적으로 존중하고, 상담자가 내담자의 핵심 감정을 이해한다면, 효율적으로 도움을 주는 관계가 강하게 있을 가능성이 있다(로저스, 1961).

인간중심 상담과 같은 인본주의적 접근은 공감, 무조건적 긍정적 존중, 진솔성을 강조한다(Muatta, 2024). 이러한 상담자의 세 가지 속성이 인간을 앞으로 전진하게 하고, 잠재력을 실현하게 하는 성장 촉진적 분위기를 만든다고 본다. 상담자는 내담자와의 관계에서 진실해지려고 노력해야 한다. 진실한 보살핌, 존중, 수용, 이해의 태도로 내담자를 대할 때 내담자들의 방어와 경직된 지각을 느슨하게 할 수 있고, 개인적 기능을 높일 수 있다.

1) 일치성 또는 진솔성(Congruence 또는 Genuineness)

심리상담자의 세 가지 특성 중에서 일치성이 가장 중요하다. 일치성은 심리상담자가 진실하다는 의미이며, 심리상담 시간에 진실하고 통합되어 있고 솔직하다는 뜻이다. 인간중심 상담에서 내담자의 변화를 가져오기 위한 조건으로서 상담자와 내담자 간의 신뢰 관계 형성이 중요하다. 신뢰 관계를 형성하기 위해서는 상담자는 긍정적이든 부정적이든 자신의 행동이나 감정에 솔직해야 한다. 진솔성 또는 일치성이란 상담자가 내담자를 대할 때에 가식이나 왜곡, 겉치레기 없는 것을 말한다. 즉, 진실하고 솔직하다는 뜻이다. 일치한다는 것은 분노, 좌절, 호감, 매력, 관심, 지루함, 성가심 등 관계 내에서 경험하게 되는 감정들을 표현한다는 뜻이다. 진솔성으로 심리상담자는 진실을 향해 노력하는 인간의 모델이 된다.

인간중심 상담이론은 사람들이 기본적으로 착하다고 생각하는 믿음, 그 비현실적인 믿음 때문에 종종 비난받아 왔다. 이것은 이론에 대한 오해이다. 사람들은 의심할 바 없이 그들 자신이나 다른 사람들에게 해로운 일을 한다. 우리는 자기 경험의 부정이나 뒤틀림에서 생기는 이러한 종류의 행동들을 볼 수 있을 것이다. 이러한 행동은 그 자신의 진짜 욕구들을 만나려고 하는 개인의 부분에 대한 시도이다. 그러나 그의 욕구들을 정확하게 경험할 수 없기 때문에 그 사람은 바른 방식으로 그 욕구들을 만나는 시도를 할 수 없다. 우리의 이러한 가정은 더 진솔한 사람일수록 그가 할 수 있는 한 다른 사람을 더 받아들인다는 것이다. 진솔성은 유기체의 경험하기를 부정이나 뒤틀림 없이 완전하게 하여 알아차리는 능력이다(Tolan, 2012).

2) 무조건적 긍정적 존중과 수용(Unconditional positive regard)

인간중심 상담에서 내담자의 변화를 가져오기 위한 조건으로서 심리상담자가 내담자에게 전달해야 하는 두 번째 태도는 내담자를 한 인간으로서 진정으로 깊이 있게 관심을 가지는 것이다. 이러한 관심은 상담자의 내담자에 대한 무조건적 긍정적 존중과 수용하는 태도이다.

이 개념은 다른 사람을 따스하게 인정하고 비판단적으로 높여주는 것을 의미한다. 치료자는 내담자의 사고 감정, 바람, 의도, 이론, 귀인 등을 독특하고 인간적이며 내담자의 현재 경험에 적합한 것으로 수용한다(김정희 외 역, 2017). 즉 내담자의 행동, 감정, 생각 자체에 대하여 어떤 판단이나 평가도 하지 않고, 내담자를 하나의 인격체로 무조건적으로 존중하고 있는 그대로의 모습을 따뜻하게 수용하여야 한다. 상담자는 내담자를 존중하고 조건을 달지 않고 따뜻하게 수용해야 한다. 이것은 "나는 ~할 때에만 당신을 존중하겠습니다."라는 태도가 아니라 "나는 당신을 있는 그대로 존중하겠습니다."라는 태도이다. 수용은 내담자가 자신만의 신념과 감정을 가질 권리를 승인하는 것이다.

무조건적 긍정적 존중은 상담자의 부분으로서 그의 태도, 즉 어떤 내담자가 그 자신이 발견한 환경 안에서 최선을 다하고 있다고 믿는 너그러운 마음이기 때문에 판단하기 어렵다. 무조건적 긍정적 존중은 인내를 포함한다(Tolan, 2012).

3) 공감적 이해(Empathetic Understanding)

심리상담자의 주요 과제 중 하나는 심리상담 회기 동안 모든 순간의 상호작용에서 드러나는 내담자의 경험과 감정을 민감하게 정확하게 이해하는 것이다. 공감적 이해란 상담자가 내담자의 감정에 빠져들지 않으면서 내담자의 감정을 자신의 감정인처럼 느끼는 것을 의미한다. 상담자가 내담자의 내면세계에 대하여 이해한 바를 전달하는 것으로 상담 초기에는 언어적 전달 내용에 근거하여 가장 두드러지게 생각과 감정을 반영하나, 상담자가 내담자를 더 잘 알게 될수록 내담자가 인식하지 못하고 있는 감정들을 인식하고 전달하는 것도 가능하여 정서적 변화를 잘 포착하고 깊은 교감이 이루어질 수 있게 된다.

가장 초보적인 방법에서 공감은 상담자가 듣고 이해하고 있다는 것을 보여주기 위해 단지 내담자의 말을 재진술하는 것이다. 그러나 더 나아가면 공감은 내담자의 내면 세계, 즉 말하지 않는 것의 의미와 육체적 고통과 정신적 고통, 그리고 수치심에 관해 동정심을 가지고 말하기, 또 짓궂은 행동이나 즐거움에 관해 느낌에 관한 두려움 없는 탐색을 포함한다. 충분한 공감은 금지하거나 차별하지 않는다. 내담자 보는 것을 세계 전체로 보고, 그 세계를 온전히 받아들인다(Tolan, 2012).

바. 공헌과 한계

로저스의 인간중심 상담이론은 상담과 심리치료 분야에 큰 영향을 미치고 있다. 그는 상담자의 권위에 바탕을 둔 상담기법과 상담자 의존에 대한 강조에서 상담 관계의 힘에 대한 강조로 옮긴 개척자였다(Corey, 2024). 즉, 상담의 초점을 기법 중심에서 상담 관계 중심으로 돌려놓았다. 그리고 로저스가 심리치료에 기여한 것 중 하나는 그가 자신의 개념을 검증 가능한 가설들로 기술하고 가설을 연구로 증명한 것이다. 그는 연구 분야를 개척하였다. 상담 회기의 축어록을 비판적으로 검토하고 상담자-내담자 대화를 연구 기법으로 분석하기를 주장한 진정한 개척자이다(Corey, 2024).

또 개인상담, 집단상담, 가족상담의 발전에 큰 영향을 미쳤고, 잘 훈련된 전문가들의 독점물이었던 상담을 모든 사람이 이해할 수 있고 활용할 수 있는 방향으로 발전시키는 데 많은 공헌을 하였다. 인간에 대한 진솔성, 무조건적 긍정적 존중과 수용, 공감적 이해는 누구나 이해할 수 있는 효과적인 기법이다. 그래서 이러한 기법은 기업, 병원, 임상과 정부 기관 따위의 다양한 상황과 장면에서 폭넓게 적용되고 있다(천성문 외, 2006).

그러나 인간중심 상담이론은 다음의 몇 가지 점에서 비판을 받고 있다. 먼저, 내담자의 행동 변화를 가져오는 기법의 역할을 강조하지 않는다. 효과가 증명된 기법과 전략에 관심을 보이지 않는 것이 심각한 한계라고 생각한다(Corey, 2024). 로저스가 제시한 상담의 기법이 공감, 경청 등 상담에서 사용하고 있는 가장 기본적인 기법으로 자리 잡았음에도 불구하고 경험적 접근이나 검증된 기법이 없다(장성화 외, 2016).

상담자가 내담자에 대해 도전보다는 무조건 지지해 주는 경향이 있다는 점이다. 내담자의 말을 경청하고 반영하고 이해한 바를 전달하는 것도 가치가 있지만, 때때로 치료는 그 이상을 필요로 하기 때문에 상담자의 기본적 태도를 기반으로 하여 치료적 중재 기술을 만들어야 할 수 있다(장성화 외, 2016).

이러한 비판들이 있지만 오늘날 로저스의 인간중심상담이론은 개인상담이나 집단상담 또는 심리치료 분야뿐만 아니라 교육, 사업, 결혼, 가정생활, 국제관계에서 인간의 문제를 해결하고 그 성장을 돕기 위한 접근 방법으로 확대되고 발전해 나가고 있다(천성문 외, 2006).

⑤ 인지행동적 상담

학습목표

가. 엘리스의 합리·정서 행동 상담 기법을 실제 상담에서 올바르게 적용할 수 있다.
나. 벡의 인지행동 상담의 공헌과 한계를 두 가지 이상 열거할 수 있다.
다. 최근의 인지행동치료 세 가지를 열거할 수 있다.

엘리스(Ellis, A.)

- 사람이 사랑, 인정, 성공에 대한 욕망 등을 개인의 삶에 없어서는 안 될 필수 불가결한 요소라 믿을 때 정서적·행동적 장애를 경험하게 된다고 보았다.
- 사람들이 정서적 문제를 겪는 이유는 일상생활에서 겪는 구체적인 사건들 때문이 아니라 그 사건을 합리적이지 못한 방식으로 지각하고 받아들이기 때문이다.

가. 엘리스(Ellis)의 합리·정서 행동 상담

1) 주요 개념

[그림 4-7] 엘리스

엘리스의 합리·정서·행동상담의 주요 개념은 다음과 같다.

첫째, 인간은 합리적이고 이성적인 사고나 신념을 가질 수도 있고 비이성적 사고나 신념을 가질 수도 있는 복합적인 존재로 본다.

둘째, 인간 본성에 대한 긍정적 시각을 가지고 스스로 선택할 수 있고 긍정적 변화와 성취를 향해 적극적이고 끊임없이 나아갈 수 있다(Ellis & Dryden, 1997).

2) 상담목표

첫째, 내담자의 증상을 제거하는 것이 아니라 문제를 일으키는 가장 기본적인 가치관 일부를 변화시키는 것이다.

둘째, 자기 관심, 사회적 관심, 자기 지향, 관용, 융통성, 불확실성의 수용, 창조적 일의 실행, 과학적 사고, 자기 수용, 모험 실행, 미래 지향적 즐거움, 공상가가 되지 않기, 좌절에 대한 참을성, 자기 책임감 등이다.

3) 상담자의 역할

상담자는 과학적인 질문, 도전, 논쟁 등의 논리적이고 경험적인 방법을 사용하여 내담자들이 논리적이고 과학적인 방식으로 자신의 비합리적 신념을 발견하고 논박하는 방법을 세우도록 가르치는 역할을 한다(조붕환 외, 2021).

4) 상담의 기법

가) 인지적 기법: 비합리적 신념 논박하기(ABCDEF모형)

A 선행사건: 입학시험에 떨어졌다.

B 비합리적인 신념: 시험에 떨어진 나는 인생 패배자다.

C 결과: 우울과 불안, 원망과 비판, 죄책감과 자괴감 등 부정 감정

D 논박: 나 혼자만 떨어진 것은 아니다. 시험에 떨어졌다고 인생 패배자라고 생각
하는 것이 앞으로의 삶에 도움이 되는가?

E 효과: 시험에 떨어졌다고 해서 인생 패배자는 아니다. 시험에 떨어져서 힘들고
실망스러운 것은 사실이지만 그렇다고 나의 삶이 무너질 만큼 심하게 우울하고
불안한 것은 아니다.

F 새로운 감정: 기대했던 시험에 떨어져서 아쉽고 속상한 것은 사실이지만 이번 경
험을 계기로 다시 시험을 준비할 수 있는 자극을 받아 할 수 있다는 자신감이 생
겠다. 예를 들면 수정이는 부모님이 이혼하셔서 우울해하고 힘들어 한다. 수정이
를 우울하게 만드는 것은 부모의 이혼 자체(A)가 아니라 부모님의 이혼에 대한
수정이의 생각이다. 즉, 우울증(C)을 일으키는 것은 부모의 이혼이라는 실제적
사건이 아니라 주로 거부나 실패에 대한 수정이의 신념(B)이다. 수정이는 부모가
이혼한 것(A)이 자기가 항상 운이 없는 나쁜 아이이기 때문에 생긴 일이라고 생
각하거나 앞으로 친구들의 놀림감이 되거나 부모 모두가 자기를 버릴 것이라는
생각을 하면서(B) 비행을 저지르거나 자기 비난과 우울증을 겪게 될 수 있다(C).
상담자는 논박 과정(D)을 통해 수정이가 가지고 있는 잘못된 신념체계를 버리고
새로운 사고(E)를 갖도록 도와줄 수 있다. 이 과정이 잘 이루어지면 수정이의 심
한 불안이나 우울에서 벗어나 적절한 느낌이 들게 되고(F) 새로운 관점에서 자기
에게 주어진 삶을 받아들이고 바라볼 수 있게 될 것이다.

나) 정서적 기법: 합리적 정서 상상

새로운 정서 패턴을 만드는 데 도움이 되도록 설계된 강력한 정신적 실행
방법이다. 상담자는 내담자가 그들에게 일어날 수 있는 최악의 상황 중 하나
를 상상하게 하여 상황이 맞지 않는 부적절한 감정이 적절한 감정으로 변화
될 수 있도록 한다. 이 기법은 문제가 될 수 있는 대인관계 상황에 유용하게
적용될 수 있다. 엘리스는 합리적 정서 상상 기법을 시행하게 되면 개인은 이
제는 비합리적 신념들 때문에 혼란을 느끼지 않을 것이라고 했다(천성문 외,
2024).

다) 행동적 기법: 보상기법

바람직한 행동의 빈도를 증가시키는 자극(보상)은 바람직한 행동을 수반하게 된다. TV 보기, 수영하기 등과 같이 발생 확률이 높은 행동은 공부하기, 논문 쓰기 등과 같이 일어날 확률이 낮은 행동의 발생 가능성을 증가시키기 위한 보상 또는 강화로 사용할 수 있다(천성문 외, 2024).

5) 공헌과 한계

합리·정서 행동 상담은 상담 및 심리치료에 많은 공헌을 했다(강진령 외, 2009). 첫째, 누구든지 쉽게 배울 수 있고 상담의 효과성이 크다는 점이다. 둘째, 상담 기간이 비교적 짧다는 점이다. 셋째, 절충적 접근을 강조한다는 점이다.

합리·정서 행동 상담의 한계점은 첫째, 심각한 장애가 있는 사람에게는 적용하는 데 어려움이 있다. 둘째, 상담자의 철학적 관점이나 가치가 내담자에게 강요될 수 있다는 점이다. 셋째, 과거의 경험, 전이, 미해결 과제 등 인간 행동에 영향을 주는 중요한 측면을 경시한다는 점이다. 넷째, 상담자와 내담자 사이의 치료적 관계를 경시한다는 점이다.

나. 벡(Beck)의 인지행동 상담

1) 주요 개념

[그림 4-8] 벡

벡의 인지행동상담의 주요 개념은 다음과 같다.

첫째, 자동적 사고는 사람들이 경험하는 심리적 문제로 스트레스 사건을 경험했을 때 자동으로 떠오르는 부정적인 생각들이다.

둘째, 역기능적 인지 도식은 특정한 시간에 의해서 촉발되어 활성화될 때까지 드러나지 않은 채 잠복 상태로 있게 된다.

셋째, 인지적 오류는 잘못된 사고, 부적절한 정보에 근거한 잘못된 추론 등으로부터 오는 부적절한 가정 혹은 개념을 의미하며, 인지적 오류가 빈번하게 발생할 때 심리장애가 발생할 수 있다.

2) 상담목표

내담자의 자동적 사고를 변화시키고 인지 도식을 재구성하여 새로운 사고를 하도록 하는 것이다. 이 상담에서는 내담자의 잘못된 정보처리를 수정하고 부적응적 행동과 정서를 유지하는 가정들을 수정하도록 내담자를 돕는다.

> **상담자:** 사건에 관한 생각이나 해석방식이 그의 느낌이나 행동에 영향을 줍니다. 예를 들어 어느 날 밤 혼자 집에 있다가 다른 방에서 무슨 소리가 나는 걸 들었다고 해요. 만일 그가 "그 방에 도둑이 들었다"라고 생각했다면 어떻게 느낄 것 같나요?
>
> **내담자:** 매우 불안하고 공포에 질렸겠죠.
>
> **상담자:** 그리고 어떻게 행동했을까요?
>
> **내담자:** 숨으려고 애쓰거나 좀 용기 있다면 경찰에 전화할 겁니다.
>
> **상담자:** 좋아요. 도둑이 소리를 냈다는 생각으로 그 사람은 불안하게 느꼈고 자신을 보호하려고 행동했을 거예요. 자 그러면 그 소리를 듣고 '문이 반쯤 열려 있어 바람에 무엇이 떨어졌다'라고 생각했다고 해요. 그는 어떻게 느낄까요?
>
> **내담자:** 음, 두려워하진 않겠죠. 뭔가 값진 것이 깨졌다고 생각하면 슬퍼졌거나 문을 열어 놓은 애들에게 화가 났겠지요.
>
> **상담자:** 이런 생각 뒤에 그는 달리 행동했을까요?
>
> **내담자:** 물론이지요. 나가서 보았을 겁니다. 분명 경찰에 전화도 안 했을 테고.
>
> **상담자:** 좋아요. 이 예에서 보여 주는 것은 어떤 상황에 대한 해석은 여러 가지가 있다는 거예요. 그리고 그 상황을 해석하는 방식에 따라서 감정이나 행동이 영향을 받게 된다는 거지요.

3) 상담의 기법

가) 인지적 기법

인지적 기법에는 탈파국화와 탈중심화가 있다.

첫째, 탈파국화: 파국화에서 벗어나도록 돕는 기법이다. 내담자가 걱정하고 염려하여 사건을 지나치게 파국화 시키는 경우 내담자가 두려워하는 일이 실제로 어느 정도 발생할 수 있을지를 생각하게 하는 것이다. 이를 통해 내담자는 자신의 염려, 두려움, 불안 등이 지나치게 확대되어 있었다는 것을 깨닫도록 한다.

둘째, 탈중심화: 타인의 관심이 자신에게 집중되어 있다는 잘못된 신념으로 불안해하는 내담자를 상담하는 데 사용되는 기법이다. 왜 타인이 자신을 응시하고 자신의 마음을 읽고 있다고 생각하는지에 대하여 검토를 한 후에 이러한 특정 신념을 검증하도록 행동적 실험을 실시한다.

나) 행동적 기법

행동적 기법에는 사고중지와 행동적 시연과 역할연기가 있다.

첫째, 사고중지: 지속되는 해로운 생각들을 없애는 데 어려움을 경험하는 경우 원치 않은 생각이 떠오를 때마다 "멈춰!"라고 크게 혹은 목소리를 거의 내지 않고 말하는 것, 더 나아가 그것을 보다 긍정적인 생각으로 대체하는 것을 말한다. 이를 통해 왜곡된 생각이나 감정의 빈도와 강도가 점점 줄어들게 된다(천성문 외, 2024).

둘째, 행동적 시연과 역할연기: 현실 생활에 적용되는 기술과 기법을 연습함으로써 개인이 자신에 대해 갖는 새로운 생각들을 현실화하는 것을 가능하게 한다. 객관적인 정보의 근원이 수행을 평가하는 데 이용될 수 있도록 역할연기는 종종 비디오로 녹화되기도 한다.

4) 공헌과 한계

벡(Beck)의 인지행동 상담은 상담 및 심리치료에 많은 공헌을 했다(천성문 외, 2024). 첫째, 우울, 불안, 공포지료, 외상후스트레스장애, 조현병, 망상장애, 양극성장애 등 다양한 성격장애와 광범위한 임상적 문제에 대한 효율성을 제공하였다. 둘째, 검사 도구들의 사용으로 세상을 보는 자신의 방식을 객관적으로 이해하는 데 도움을 주었다.

벡(Beck)의 인지행동 상담의 한계점은 첫째, 긍정적 사고의 힘을 지나치게 강조하고 지나치게 피상적이며 극단적으로 단순하다는 것, 과거의 중요성을 부정하고 지나치게 기법에 의존하였다. 둘째, 상담 관계를 제대로 활용하지 못하고 증상 제거에 관한 관심에 그침으로써 문제의 근원을 탐색하지 않고 무의식적인 요인의 역할을 무시했다는 점과 감정의 역할을 부정했다.

다. 바이켄바움(Meichenbaum) 인지행동수정

1) 주요 개념

[그림 4-9] 바이켄바움

바이켄바움의 인지행동수정의 주요 개념은 다음과 같다.

첫째, 사람들이 부적응을 경험하는 이유는 문제 상황에 부적절한 방식으로 반응하기 때문이다. 따라서 문제 상황에 대한 적절한 대처 행동을 가르치고 훈련함으로써 심리적 부적응 문제를 해결할 수 있도록 해야 한다는 것이다.

둘째, 상담자는 구체적이며 구조화된 내담자의 문제에 대한 제한된 시간 안에 교육적인 치료가 이루어진다. 일반적으로 인지행동 상담은 구조화된 심리 교육적 모형으로 숙제의 기능을 강조하고 치료하기 또는 일상생활에서 적극적으로 역할을 수행하는 내담자의 책임을 강조하는 한편 사고 및 행동의 변화를 이끌어 내기 위해 다양한 인지행동적 전략을 사용한다.

2) 상담의 인지적 기법

가) 자기 교시 훈련

내담자의 자기 언어를 변화시키는 데 초점을 두고 자기 언어(자신의 다짐, 마음속의 독백 등)를 바꾸도록 하는 상담자의 능력이 가장 중요한 요인이다. 상담 과정은 내담자들이 당면한 문제에 좀 더 효과적으로 대처할 수 있도록 자신에게 스스로 하는 교시(자기 언어)를 수정하는 훈련으로 이루어진다(여광응 외, 1995).

준희는 공부 시간에 가만히 앉아있지 않고 주어지는 과제를 끝까지 해내지 못한다. 상담교사는 소리 내어 생각하면서 그림을 보고 따라 그리게 시킨다. "자 지금 나는 뭘 해야 하지? 나는 천천히 주의해서 이 글씨를 보고 따라 써야 해. 응, 그래. 좋아. 잘하고 있어. 이 부분은 조금 삐뚤어졌네. 다시 잘해보자. 잘 안되더라도 천천히 계속해서 하면 돼"

나) 대처기술 프로그램

인지적 경향을 수정하는 방법을 배우면 스트레스 상황을 다루는 데 보다 효과적인 전략을 획득할 수 있다는 것이다. 대처기술 프로그램은 연설 불안과 시험불안, 공포, 분노, 사회적무능, 마약중독, 알코올중독, 성기능장애, 아동의 사회적 위축 등의 문제에 효과적이며 스트레스 예방 훈련에 특히 효과적이다.

3) 공헌과 한계

바이켄바움의 인지행동수정은 상담에 많은 공헌을 했다(천성문 외, 2024). 첫째, 기법들을 행동치료에 단순히 부가하는 것 이상으로 자기 대화의 중요성에 대한 설명을 통해 이론적 기초를 확대하였다. 둘째, 스트레스가 내적 대화를 통해 어떻게 유발되는가를 이해하는 데 이바지하였다.

바이켄바움의 인지행동수정 한계점은 내담자의 내적 변화를 변화시킬 수 있는 제일 나은 방법을 발견하는 것으로 "내담자를 직접적으로 가르치는 것이 효과적인 접근인가? 자기 발견으로 배우는 것이 상담자가 가르치는 것보다 더 효과적이고 오래 지속되는가?"와 같은 질문에 대한 명확한 답을 내리지 못하였다.

라. 최근의 인지행동치료

1) 수용전념치료(Acceptance and Commitment Therapy: ACT)

수용전념치료는 고통 완화를 위한 내담자의 언어 사용을 강조하는 기법으로, 여기에서 수용은 불안을 회피하고 통제하려는 의도를 포기하는 것이다.

가령, '어떤 ○○를 생각하지 말아야지.'라고 생각하는 것은 이미 ○○에 주의를 기울이고 있다는 것을 의미하며, 결국 ○○에 대한 생각을 불러일으킨다. ACT에서는 내담자의 병리적 특징을 불안이나 걱정으로부터의 회피나 통제로 보기 때문에 최우선으로 감정적인 통제나 회피의 패턴 및 방식을 탐색하고, 그것들에 대해 자발적인 수용을 학습시킴으로써 내담자가 부정적인 정서를 피하지 않고 느낌, 사건, 상황을 있는 그대로 받아들여 자신의 생각과 느낌을 그 자체로서 바라볼 수 있도록 돕는다.

2) 마음챙김 기반 인지치료(Mindfulness-Based Cognitive Therapy: MBCT)

기존의 인지치료는 우울증 환자들의 역기능적 태도와 사고를 합리적으로 바꾸는 것이 핵심이었으나 마음챙김 기반 인지치료는 부정적인 자동적인 사고에 주목하기보다 사고에 대한 탈중심적인 접근을 강조한다. 즉, 의식 차원에서 생각이나 신념을 발견하고 교정하려 하기보다는 평상시 감지하지 못하던 심신의 느낌에 주목하고 집중하여 자신의 상태를 인식하고 있는 그대로의 자신을 받아들이는 수용을 강조한다.

3) 변증법적 행동치료(Dialectical Behavior Therapy: DBT)

변증법적 행동치료는 다루기 힘들고 복잡한 정신장애 치료를 위한 통합적인 인지행동치료로서 1980년대에 자살 의도를 가진 내담자를 치료하기 위해 미샤 리네한(Marsha Linehan)에 의해 개발되었으나 이후에 경계선 성격장애로 진단받은 내담자에게 적용하기 위한 심리치료법으로 발전하였다(Linehan, 1993). 변증법적 행동치료는 논쟁 속 하나의 주장과 이에 대한 반대 견해가 존재하고 있음을 의미한다. 따라서 논쟁을 해결하기 위해서는 자기주장과 반대 견해의 통합이 선행되어야 한다(Spiegler & Guveremont, 2010).

마. 인지행동 상담 사례

호소 문제

종환이(10세, 남)는 수업 시간에 거의 앉아있지 않고 돌아다니거나 다른 곳을 쳐다보고 말을 시키며 주어진 과제를 끝내는 일이 거의 없다. 아이들과 잘 어울리기는 하는데 자주 주먹다짐하며 싸우는 일이 많고 매우 충동적으로 화를 내거나 행동으로 옮긴다. 과제를 주면 관심을 두고 몰두하는 데 많은 시간이 걸리며, 몰두하는 시간도 매우 짧아서 학습 부진이 나타나는 어린이다. 부모가 늦게 얻은 외동아들로 거의 하고 싶은 일은 마음대로 하고 자라났기 때문에 어머니도 아이를 다루는 데 애를 먹고 있다고 하였다. 숙제하려면 어머니가 같이 앉아서 계속 지키고 있어야 하며 같은 이야기를 여러 번 반복해야 문제가 무엇인지 관심을 가진다고 한다. 어머니는 아기 다루듯이 따라다니며 하나하나를 다 살펴서 해주며 책가방도 어머니가 챙겨주지 않으면 제대로 책을 챙겨 오는 날이 거의 없다.

상담 과정 2회기

-상략-

상담자: 종환이는 하기만 하면 잘할 수 있는데 끝까지 못 해서 야단을 맞는 일이 많잖아? 그래서 오늘은 선생님이 종환이 하고 그림 끝까지 그리기 연습을 해 보려고 하는데, 어때?

종환: 어떻게 하는 건데요? 무슨 그림이요?

상담자: 오늘은 처음 연습이니까 여기에 있는 그림을 선생님이 하는 걸 보고서 그대로 따라 해 보는 거야. 아주 천천히 선생님이 하는 말과 똑같이 하면서 선을 따라 그리면 돼. 쉽겠지? (네.)

상담자: 잘 들어 보렴. 그리고 선생님이 어떻게 그리는지 잘 봐. 자, 이제부터는 나는 로봇 그림을 완성해야 하는데. 응, 그런데 선이 삐져 나가네. 그러면 안 되지. 이 부분은 지우고 다시 여기서부터 시작해야지. 그래 이번에는 잘 그려졌네. 입이랑 머리 위에 삐죽한 것도 그려야지. 삐쳐서 나오지 않고 선을 따라 그리려니까 힘드네. 아이, 지겨운데 대충 그려 버릴까. 아니지, 그래도 끝까지 그려야 해. 지겹지만 좀 참아야 해. 이제 어깨랑 팔을 그려야지. 좀 구불구불해지기는 했지만 그래도 이만하면 잘 된 것 같다. 지금 선생님이 한 것처럼 종환이가 생각하는 것을 계속 말을 하면서 계속해서 선을 따라 그림을 그려서 먼저 선생님이 그린 이 부분까지만 완성하는 거야. 이제 종환이가 해 볼까?

종환: 좀 시시한 것 같은데. 한번 해 보죠. 뭐, (비슷하게 따라서 말을 하면서, 그리기 시작한다. 대체로 비슷하게 그렸는데 시간이 지나면서 자꾸 속도가 빨라지고 선이 삐뚤어지기 시작한다.)

상담자: 말이 조금 빨라지네. 그리고 선이 밖으로 나가는걸. 천천히, 아주 천천히 생각하는 대로 말하면서 바르게 그려 보렴. 시간은 좀 더 걸려도 괜찮으니까. 오늘은 끝까지 침착하게 선 밖으로 나가지 않도록 하는 거야.

종환: 생각보다 힘드네요.

상담자: 그렇지? 그래도 처음 하는 건데 참 잘하는구나. 종환이가 이 정도로 참을성이 있는 줄은 몰랐는걸. 앞으로 아주 잘될 것 같은 생각이 드는구나. 이제 나머지 다른 부분도 지금처럼 말하면서 끝까지 완성해 보자. 엄마와 선생님이 들을 수 있도록 소리를 내서 말하면서 완성해 보는 거야. (종환이는 계속 이런 식으로 말을 하면서 그림을 완성하였다. 아주 꼼꼼하게 된 것은 아니지만 끝까지 완성하였다).

상담자: 자. 너무 훌륭하게 잘했네. 아주 좋아. 그림 말고 다른 일도 이렇게 하면 끝까지 잘 완성해 볼 수 있을걸. 종환아. 오늘부터 말이야 지금처럼 생각하는 것을 말로 하면서 하루에 한 가지 일을 해보도록 하자. 숙제하거나 책을 읽을 때, 그리고 종환이가 끝까지 잘하지 못하거나 계속 딴짓해서 제대로 못하는 일들을 이렇게 연습하는 거야. 예를 들면 "나는 지금 일기를 써야 해. 일기부터 쓰고 나서 자리에서 엉덩이를 들어야 하는데. 뭐부터 준비해야

하지? 응, 연필하고 오늘 무슨 일이 있었지? 그래. 학교에서 선생님하고 그리기 연습을 했는데 그걸로 써 볼까? 응, 날짜 쓰고, 제목 쓰고, 응, 처음에 무슨 말부터 쓸까?" 이렇게 말이야. 어때?

종환: 네.

상담자: 종환이 어머니도 종환이 옆에서 종환이가 말하고 직접 하는 것을 하루에 한 가지씩 들으면서 잘하는지 보아주셔야 하는데요. 어떠세요? 하실 수 있으시겠어요?

어머니: 네. 그렇게 하지요.

상담자: 그럼 오늘부터 어떤 일을 가지고 연습해 볼 건지 학교에서 할 것과 집에서 할 것을 한 가지씩 정했으면 좋겠는데. 어머니와 종환이는 어떤 걸로 연습을 했으면 좋을 것 같아요? 지금은 시작이니까 너무 힘들지 않고 잘 해낼 수 있는 걸로 정했으면 하는데. 뭐가 좋을까? 선생님은 아침 자습을 끝내는 걸로 연습을 했으면 좋겠는데.

어머니: 저는 끝까지 자리에 앉아서 밥을 먹는 거로 연습을 했으면 좋겠어요. 종환이는 앉아서 끝까지 밥을 먹지 않고 돌아다니다가 먹거나 딴짓을 하느라고 너무 오랫동안 먹거나 안 먹는 일이 많아서 제가 따라다니면서 먹여 주는 날이 많거든요.

상담자: 종환이 생각은 어떠니?

종환: 좋아요. 그렇게 하겠어요. 하지만 잘 안 되면 다른 걸로 바꿔 주세요.

—하략—

(조붕환 외, 2019).

6 개인심리학 상담

학습목표

가. 개인심리학 상담이론의 상담목표를 설명할 수 있다.

나. 개인심리학 상담이론의 주요 개념을 설명할 수 있다.

다. 개인심리학 상담이론의 주요 기법을 실제 상담에서 올바르게 적용할 수 있다.

👤 알프레드 아들러(Alfred Adler)

- 인간이 행하기에 가장 어려운 일은 자신을 알고 자신을 변화시키는 것이다.

- "사회적 관심은 상대방의 눈으로 보고, 상대방의 귀로 듣고, 그리고 상대방의 마음으로 느끼는 것이다."라고 했다. 이런 점에서 사회적 관심을 역지사지(易地思之), 즉 상대방의 입장에서 생각하고 이해하려고 노력하는 공감적 태도라고 할 수 있다.

가. 개요

[그림 4-10] 아들러

출처: 위키백과

개인심리학은 알프레드 아들러(Alfred Adler, 1870~1937)에 의해 개발된 성격이론과 심리치료 이론체계로서, 인간을 그 자신의 현상학적인 장 내에서 가공적 목표를 향해 움직이는 창조적이고 책임이 있으며 형성되어 가는 총체적인 존재로 본다.

인간은 성적 동기보다 사회적 충동에 의해 동기화되는 사회적인 존재이다. 부적응 행동은 개인의 '열등감'에서 비롯되므로 내담자의 인생목표, 성격, 자아개념 문제 대처방식 등의 '생활양식'과 사회적 상황을 이해하도록 돕고 사회적 관심과 용기를 북돋아 바람직한 삶을 살아가도록 도와야 한다고 주장한다.

인간이 사회적 존재라는 기본전제하에 사회 속에서 더불어 사는 지혜로서 아들러는 사회적 관심의 중요성을 강조한다. 그가 지적한 사회적 관심은 다른 사람을 배려하고 공감하는 태도이다. 또한 아들러는 인간을 목적론적 존재로서 보고 열등감 극복을 통해 자기완성을 이룰 것을 강조한다.

나. 인간관

1) 목적론적 존재

인간의 모든 행동에는 목적이 있다는 기본 전제를 바탕으로 개인의 행동을 이해하려고 한다. 즉, 개인의 행동은 자신의 목적을 달성하기 위한 표현이다. 따라서 개인의 행동을 이해하기 위해서는 행동 이면에 있는 목적을 파악하는 것이 중요하다.

2) 사회적 존재

인간은 전체로서 사회 속에서 의미를 부여하며 살아간다. 자신이 경험하는 현재의 상태에서 매 순간 선택을 하고, 사회적 관심을 주고받기 위해 노력하는 존재다. 개인심리학에서 인간의 적응과 부적응의 핵심적 근거는 그가 사회적 존재로서 사회적 관심 혹은 이익을 위해 행동하는가의 여부다.

3) 창조적 존재

아들러는 성격형성에 있어서 유전과 환경의 중요성을 인정하면서도, 개인은 분명히 이 두 요인 이상의 산물이라고 하였다. 그래서 사람들이란 창조적인 힘을 가지고 자기 인생을 좌우할 수 있는 존재로 묘사한다. 즉, 자유롭고 의식적인 활동이 인간을 정의하는 특징이다.

4) 통합적 존재

'개인(individual)'은 그 어원이 '나누어질 수 없는(in + dividual)'으로 통합적인 존재다. 개인을 이해하는 데 부분적인 입장이 아니라 전체적 입장에서 이루어질 것을 강조한다. 개인은 나누어질 수 없는 독특한 존재다. 인간은 전체로서 어떤 단일 목표달성에 지향되어 있는 존재다.

다. 주요 개념

1) 열등감과 보상

인간은 특정 신체기관이 다른 신체기관에 비해서 더 약한 상태로 태어날 수 있는데 이때 그 신체기관이 병에 걸리기가 쉽다. 그래서 사람들은 이러한 신체적 열등성을 극복하려고 훈련과 연습을 통한 보상적 노력을 하게 된다. 이러한 노력은 한 개인에 있어 괄목할 성공을 가져다주기도 하는데, 이러한 시도가 성공적으로 이루어지지 못했을 경우 병적 열등감에 머물게 된다.

2) 우월성의 추구

여기서 열등감에 대한 보상의 노력은 결국 우월성의 추구라는 개념으로 연결된다. 아들러는 인간이 추구하는 궁극적인 목적을 바로 우월성의 추구라고 보았는데, 이는 단지 열등감을 극복한다는 소극적인 입장에서 한 단계 넘어서서 보다 적극적으로 향상과 완성으로 나아가는 것이라고 하였다. 아들러는 그 본질에 대하여 몇 가지로 정리하였다. 첫째, 인간의 기본동기이다. 둘째, 모두가 공통적으로 가지고 있다. 셋째, 우월의 목표가 부정적인 경향이나 긍정적인 경향을 취할 수 있다. 넷째, 완성을 위한 노력은 상당한 정력과 노력을 요구한다. 다섯째, 우월에 대한 추구는 개인과 사회 두가지 수준에서 일어나는데 개인으로서 완성을 위해서 노력하고, 사회의 일원으로서 우리의 문화를 완성하기 위해 노력한다는 것이다.

3) 생활양식

생활양식은 개인의 성격을 움직이는 체계적 원리로서 부분에 명령을 내리는 전체의 역할을 한다. 개인의 독특성, 즉 삶의 목적, 자아개념, 가치, 태도 등을 포함하는 것으로 삶의 목적을 달성하는 독특한 방법들이다. 이러한 생활양식은 우리의 독특한 열등감을 극복하기 위한 노력을 나타내며, 4~5세경에 틀이 형성되어 그 후에는 거의 변화하지 않는다. 따라서 우리의 모든 심리적 과정의 의미는 개인의 생활양식의 내용을 보아야만 비로소 알 수 있다. 아들러는 생활양식의 진정한 형태는 생활과제에 접근하고 이를 해결하는 태도에 따라 구별된다고 하였다.

아들러는 생활양식을 사회적 관심과 활동수준이라는 두 가지 차원을 중심으로 다음과 같은 네 가지 유형으로 구분하였다.

첫째, 지배형은 사회적 관심이 거의 없으면서 활동수준이 높아 공격적이고 주장적인 형이다.

둘째, 기생형은 이러한 사람들은 기생적인 방법으로 외부세계와 관계를 맺으며, 다른 사람에게 의존하여 욕구를 충족하는 형이다.

셋째, 회피형은 사회적 관심도 적고 활동도 적다. 이들의 목표는 인생의 모든 문제를 회피함으로써 한치의 실패 가능성도 모면하려는 것이다.

넷째, 사회적 유용형은 심리적으로 건강한 사람의 표본이 된다. 활동수준과 사회적 관심이 높아 자신의 욕구는 물론 다른 사람의 복지를 위해서 협력하려는 의지를 가진다.

4) 인생과제

아들러는 인간은 최소한 세 가지의 주요 인생과제를 해결해야 한다고 하였다. 일과 여가(work & leisure), 우정(friendship), 사랑(love)이 그것이다.

모삭과 드리커스(1967)는 아들러에 의해 암시되기만 했던 인생과제를 확인했는데 네 번째 인생과제는 영성(spirituality)으로서 우주, 신과 관련된 개인의 영적 자아를 다루는 것이며, 다섯 번째 과제는 자기지향성(self-direction)으로서, 주체로서의 나와 객체로서의 나를 다루는 데 있어 개인의 성공을 다루고 있다.

5) 가족 구도 및 출생순위

가정에서 부모를 중심으로 자녀와의 가족관계가 어떠한 가족 구도를 형성하고 있는가는 자녀의 생활양식을 형성하는 데 중요하다.

출생순위는 중요한 의미를 가지며 각 출생순위에 수반되는 상황에 대한 지각이 중요하다. 출생순위와 가족 내 위치에 대한 해석은 어른이 되었을 때 세상과 상호작용하는 방식에 큰 영향을 미친다.

① 첫째: 맏이는 잠시 동안 부모의 사랑을 독차지 하지만 동생이 태어나면서 사랑을 빼앗기게 되고 그것을 되찾으려고 노력하나 실패한다. 그 결과 그

는 스스로 고립해서 적응해 나가며 다른 사람의 애정이나 인정을 얻고자 하는 욕구에 초연해 혼자 생존해가는 전략을 습득해 간다. 일반적으로 다른 성인들과 좋은 관계를 맺으며 타인의 기대에 쉽게 순응하고 사회적인 책임을 잘 감당하는 특징을 보인다.

② 둘째: 둘째 아이는 날 때부터 형이나 누나라는 경쟁자를 가지고 있으므로 그들의 장점을 능가하기 위한 자극과 도전을 받는다. 이러한 이유로 첫째보다 훨씬 빠른 발전을 보이기도 한다. 그 결과 경쟁심이 아주 강하고 대단한 야망을 가진 성격이 되기 쉽다. 그의 생활양식은 자신이 형보다 낫다는 것을 증명하기 위해 노력하는 것이다.

③ 막내: 막내는 동생에게 자리를 빼앗기는 자리를 경험하지 않고 귀염둥이로 자라게 될 수도 있지만 때로는 전혀 관심을 받지 못할 수도 있다. 또한 자기보다 크고 힘이 세고 특권이 있는 형들에게 둘러싸여 독립심의 부족과 함께 강한 열등감을 경험하기 쉽다.

④ 외동: 외동 아이는 경쟁할 형제가 없으므로 응석받이가 되기 쉬우며 이러한 생활양식으로 인해 의존심과 자기중심성이 현저하게 나타난다.

6) 가상적 목표론

아들러는 우리의 궁극적인 목표는 현실에서 검증되거나 확인될 수 없는 가상의 목표라고 하였다. 가상적 목표는 미래에 실재할 것이라기보다는 주관적으로 또는 정신적으로 현재의 행동에 영향을 주는 이상으로 지금, 여기에 존재한다. 인간의 모든 심리 현상은 가공적 목적을 이해함으로써 설명될 수 있다. 이는 결국 우월성의 추구 및 생활양식의 지침이 된다.

7) 용기와 격려

아들러는 용기의 중요성과 낙담된 사람들에게 용기를 불어넣는 격려를 강조하였다. 아들러는 사회적으로 부적응적이거나 심리적으로 문제가 있는 대부분의 사람들은 용기를 잃고 낙담된 상태에 있다고 보았다. 격려(encouragement)라는 말은 일반적으로 타인에게 용기(courage)를 북돋워 주는 것으로 사용되어 왔다.

성장에 있어 역동적인 힘은 용기이다. 개인이 먼저 자신의 능력을 믿지 않으면 누구도 능숙하게 될 수 없다(노안영 외, 2021).

라. 상담목표

1) 자존감 향상

낙담한 사람은 낮은 자기존중감을 가지고 있다. 자존감이 낮은 사람은 책임감 있게 행동하지 않으며, 필요할 때 용기 있게 행동하지 않고 변명으로 상황을 일시적으로 모면하는 경향성을 가지고 있다. 또 실패할까 두려워 인생의 과업을 회피하고 이기적인 행동을 하며 낮은 사회적 관심을 가지고 있다. 아들러 상담은 격려를 통해서 내담자의 자산, 강점, 자원 그리고 잠재력에 초점을 맞춤으로써 궁극적으로는 내담자의 자존감을 향상시키는 것이다.

2) 열등감 해소

낙담한 사람들의 대표적인 정서는 열등감이다. 생애 초기에 형제 간의 비교를 통해 한계들을 과장하거나 과잉보호적 양육환경에서 존경과 신뢰가 결여된 반응을 경험하게 되면, 낙담하게 되어 자신의 능력이 부족하다고 생각하거나 열등감을 갖게 된다(Sweeney, 2005). 아들러의 개인심리학 상담은 격려를 통하여 낙담한 내담자의 이러한 과장된 열등감을 극복하도록 돕는다.

3) 생활양식의 수정

생활양식은 개인이 자신의 목표를 추구하기 위해서 선택하는 독특한 삶의 방식이다. 아들러 학파는 개인의 생활양식이 전생애를 통하여 개인의 활동수준을 촉진시키는 독특하고 무의식적이고 인지적인 '지도'라고 생각한다.

아들러의 개인심리학 상담의 목표는 잘못된 생활양식과 관련하여 내담자가 수정하거나 극복해야 할 과제는, 우선 자신의 기본적 오류를 파악한 후 개인의 권력추구에 의거한 잘못된 목표를 발견하고 그것으로부터 유래된 잘못된 생활양식을 변화 또는 재구조화 하도록 하는 것이다. 이때 사용하는 심층 심리적 기법은 초기회상, 꿈, 가족구도의 분석 작업을 통해 내담자가 지닌 갈등을 작업하게 된다. 즉, 내담자의 역동성을 탐색하여 신념과 감정, 동기와 목표를 이해하게 된다(노안영 외, 2011).

4) 공동체 정신의 함양

아들러는 인간이 전체 사회의 일부분이 될 기본적인 경향성, 소속감의 추구, 인류의 개선을 위한 더 큰 이익을 위해 기여할 의지를 가졌다고 믿었다. 아들러는 이를 '공동사회지향성(Gemeinchaftsgefuhl)', '사회적 관심(social interest)'이라고 불렀다.

사회적 관심은 바로 정신건강의 척도이다. 모든 형태의 부적응과 비정상은 사회적 관심의 결여와 타인과 협동하지 못하는 데서 기인한다.

아들러 개인심리학 상담의 목표는 내담자의 사회적 관심을 향상시킴으로써 자기패배적이고 무익한 행동을 사회적으로 기여하고 건설적이며 유용한 행동으로 전환시키는데 있다. 공동체 정신을 자존감과 함께 우리가 정신적으로 건강한 생활을 하는 데 있어 필수적인 요인이라고 할 수 있다(노안영 외, 2021).

마. 상담기법

개인심리학에서는 내담자에게 스스로 변화할 수 있는 능력이 있다고 믿기 때문에 그러한 믿음을 그에게 보여줄 수 있는 상담 기법을 사용한다.

첫째, 격려(encouragement)이다. 불행, 우울, 분노, 불안의 심리 상태에 있는 사람은, 성장할 수 있고 보다 자기 충족적인 방향으로 모험을 감행할 수 있는 스스로의 능력에 대한 신뢰가 없기 때문이라고 생각한다. 따라서 이런 사람들의 내적 자원(resource)의 개발을 촉진하고 긍정적인 방향으로 나아갈 수 있는 용기를 북돋아 주는 것이 필요한데 그것이 곧 격려이다.

둘째, 가족구도 탐색이다. 가족 내에서 개인이 차지하는 위치를 확인하고 그가 어린 시절 생활양식의 확신을 형성하는 과정에서 어떤 영향을 받았는가를 알아보는 것이다. 첫 번째는 부모와의 관계를 탐색하고, 두 번째는 아동기의 상황을 파악하는 것으로 형제 간의 서열과 그 속에서 느끼는 심리적 경험을 탐색한다.

셋째, 이미지 창조(creating images)이다. 적절하고 긍정적이며 작동할 일을 상상하는 것을 의미한다. 이미지는 실제적이어야 하며 단순한 '공상'이 아니어야 한다.

넷째, 단추 누르기 기법(pushbutton technique)이다. 개인은 자신이 소망하는 어떤 감정을 창조할 수 있고 자기가 원하는 결정을 한다. 상황은 마치 개인이 자신의 손안에 단추를 가지고 갈망하는 어떤 정서를 창조하기 위해 단추를 누르는 것처럼 설정한다.

다섯째, 마치~처럼 행동하기(acting as if)이다. 내담자가 바라는 행동을 실제 장면이 아닌 가상 장면에서 마치~인 것처럼(as if) 해 보게 하는 것으로 삶속에서 다른 역할을 하는 것이다.

여섯째, 타인을 즐겁게 하기이다. 사회적 관심의 상실은 내담자를 실망시키는 주요 요인 중의 하나이기 때문에 상담자는 내담자에게 밖으로 나가 다른 사람을 위해 좋은 일을 하라고 지시한다. 이 방식은 내담자를 사회적인 주흐름으로 되돌아오도록 촉진한다.

일곱째, '아하' 경험('a-ha'experience)이다. 일종의 통찰로 그것은 문제처리 작업을 할 때 갑작스럽게 해결을 발견하는 것을 의미한다. 이것이 일어날 때 자신감, 격려, 밖으로 나가 긍정적 방식으로 삶의 문제를 직면할 의지가 생성된다.

여덟째, 수프에 침 뱉기이다. 내담자가 자신의 증상의 목적을 이해하게 된다면 여전히 증상을 이용할 수는 있지만, 바라는 효과는 상당히 상실하게 될 것이다. 즉, 내담자가 자기패배적 행동(수프)의 감추어진 동기를 인정하게 함(침 뱉기)으로써 그 유용성을 감소시켜 행동을 제거하는 기법이다.

바. 상담의 과정

아들러의 개인심리학에서는 내담자를 정서적으로 아픈 사람이라기보다는 낙담한 사람이라고 본다. 그래서 개인심리학 상담은 내담자를 병든 존재나 치료받아야 할 존재로 보지 않고 격려를 통해 용기를 줌으로써 자존감을 회복시키고, 바람직한 방향으로 생활양식을 변화시키며, 사회적 상황에서 타인들과의 사회적 상호작용을 증가시켜 공동체적 유대감을 갖도록 재교육과 재정향을 목표로 한다.

아들러의 상담의 개략적인 과정은, ① 내담자와 좋은 상담관계를 형성하고, ② 내담자의 생활양식을 평가하며, ③ 이를 통해 내담자가 자기이해와 통찰을 하도록 촉진하여, ④ 대안적인 신념과 행동을 취하여 새로운 방향으로 나아가도록 하는 것이다(노안영 외, 2011).

사. 아들러 상담 사례개념화

1) 사례개념화의 필요성

오늘날 사례개념화는 상담자의 핵심 능력으로 간주하며, 상담현장에서 필수적으로 요구된다. 증거기반상담(evidence-based counseling)의 핵심으로서 '사례개념화'는 마치 나침반, 이정표, 청사진, 틀과 같다.

2) 사례개념화 8단계 모델

① 1단계: 호소문제와 촉발요인 그리고 둘 사이 관련성을 찾아라
② 2단계: 부적응적 패턴을 통찰하라
③ 3단계: 기저요인과 유지요인을 탐색하라
④ 4단계: 문화적 요인을 찾으라
⑤ 5단계: 보호요인(강점, 자원)을 찾으라
⑥ 6단계: 상담목표와 개입을 작성하라
⑦ 7단계: 치료 방해물과 촉진제 목록을 작성하라
⑧ 8단계: 설명력과 예측력을 평가하라

아. 공헌과 한계

개인심리학의 공헌점은 첫째, 의학적 모델이 아닌 성장모델에 기초하므로 부모-아동 상담, 부부상담, 가족상담, 집단상담, 문화적 갈등 등 다양한 영역에서 채택 가능하다. 둘째, 융통성이 있는 이론적 접근으로, 다양한 이론들을 통합, 절충하였다. 셋째, 여성 평등, 문화 및 종교의 다양성 존중, 소수 집단에 대한 배려 등 '개인차'를 존중할 것을 강조하였다. 즉, 중다문화적 관점에 기여하였다. 넷째, 성격발달에서 사회적 요인들의 중요성을 강조하였다는 점

에서 공로가 있다.

　개인심리학의 한계점은 첫째, 성격에 대하여 지나치게 단순한 해석을 하고 있다. 둘째, 이 이론에서 전제하는 개념들이 충분하고 명확하게 정의되어 있지 않다. 셋째, 성격 형성에서 심리, 사회적인 측면만 지나치게 강조하고, 생물, 유전적 측면에 대해서는 무시하였다. 넷째, 인간의 본성을 지나치게 낙관적으로 바라보는 경향이 있다. 다섯째, 치료가 급한 경우, 이 이론에 따른 치료법은 도움이 되기 어렵다. 여섯째, 열등감과 성격형성에서 사회적 요인들의 중요성을 지나치게 강조하였다. 일곱째, 이론의 경험적 검증 미흡, 아들러 이론가들의 연구 및 훈련 부족, 이론에 대한 홍보 부족의 문제이다.

⑦ 현실치료 상담

🎯 학습목표

가. 현실치료 상담이론의 상담목표를 설명할 수 있다.
나. 현실치료 상담이론의 주요 개념을 예를 들어 설명할 수 있다.
다. 현실치료 상담이론의 주요 기법을 실제상담에서 올바르게 적용할 수 있다.

👤 윌리엄 글래써(William Glasser)

- 우리는 거의 언제나 선택권을 가지고 있고 그 선택이 훌륭할수록 우리는 좀 더 스스로의 인생을 통제할 수 있다.
- 우리가 행하는 모든 것은 행동이다. 서의 모든 행동은 선택된 것이다. 그리고 선택된 행동은 우리의 5가지 기본적인 욕구(생존, 사랑과 소속, 힘과 성취, 자유, 즐거움)를 충족시키려는 유전자에 의해 이끌리게 된다.

가. 개요

윌리엄 글래써(William Glasser:1925~2013)의 현실치료 상담이론은 개인의 책임감과 행동 선택의 중요성을 강조하는 상담 접근법으로 내담자가 자신의 욕구를 충족하기 위해 스스로 선택한 행동을 인식하고, 그 선택에 대한 책임을 지며 욕구충족을 위한 더 나은 행동을 선택하도록 돕는다.

현실치료 상담의 인간관은 인간을 기본적으로 자율적이며 자신의 목표를 스스로 선택하고, 자신의 행동에 책임을 지는 존재로 본다. 인간은 자신의 삶을 통제할 수 있는 힘을 지니고 있으며 자신의 욕구(사랑과 소속, 성취, 자유, 즐거움, 생존)를 충족하기 위해 적극적으로 선택한다. 더 나은 선택을 통해 현재의 삶을 변화시킬 수 있는 능력을 지닌 존재로서 인간은 끊임없이 자신의 행동을 평가하고 더 나은 행동을 선택하는 과정 속에서 성장하며 특히 타인과의 관계 속에서 건강한 삶을 영위한다.

나. 주요 개념

1) 선택이론

선택이론은 현실치료의 핵심 이론으로, 인간의 모든 행동은 자발적인 선택이며 외부 요인보다는 내부의 동기와 욕구에 의해 결정된다고 본다 (Glasser, 1998). 우리가 어떻게 느끼고 생각하고 행동하는 것은 타인이나 외부상황에 의해서 좌우되는 것이 아니라 우리 스스로가 선택하는 것으로 적절한 선택을 통하여 자신을 통제하는 방법을 배우게 되면 문제를 비난하는 대신에 문제를 해결하기 위해서 긍정적으로 에너지를 사용하게 될 것이라고 가정한다. 즉, 선택이론은 내담자가 현재의 행동을 인식하고 그 행동이 욕구를 얼마나 충족시키는지 평가하는 과정을 통해 자기결정력을 높이는 데 기여하므로, 상담자는 내담자가 자신의 욕구를 충족시키기 위한 더 나은 선택을 모색하도록 돕는다.

2) 인간의 기본적 욕구

우리의 행동은 인간의 기본적 욕구를 충족시키기 위해 행해진다. 글래써는 신뇌(new brain)에 위치한 사랑과 소속, 성취, 자유, 즐거움의 심리적 욕구와 구뇌(old brain)에 위치한 생존이라는 생리적 욕구를 기본적 욕구라고 했다.

가) 사랑과 소속의 욕구(belonging need)

타인과의 정서적 유대와 관계 형성을 통해 충족되는 욕구이다. 인간은 사랑을 받고 타인에게 소속감을 느끼며 건강한 관계를 통해 안정과 행복을 추구한다. 사회집단에 소속하고 싶은 욕구, 일에 소속하고 싶은 욕구, 가족에 소속하고 싶은 욕구 등 사랑과 소속의 욕구가 충족되지 않으면 외로움이나 소외감을 느끼게 되며, 인간의 정신적 건강에 영향을 미친다.

나) 힘과 성취에 대한 욕구(power need)

인간은 자신의 목표를 이루고 싶어 하며, 인정받고 존중받는 것을 통해 자신의 능력을 입증하고 자부심을 느낀다. 이 욕구는 통제, 성취, 성공, 영향력을 포함하며 자신이 삶을 주도하고 있다는 느낌을 주는 중요한 욕구로서 성취감과 자기효능감을 통해 충족된다. 주위 사람과 경쟁을 통해서 또는 혼자서 무엇인가를 이루었을 때, 어떤 일을 계획하고 실천에 옮기는 것도 힘에 대한 욕구를 채우는 데 도움이 된다.

다) 자유에 대한 욕구(freedom need)

인간은 자신의 삶을 통제하고 싶어 하며 자신이 원하는 방식으로 행동할 수 있기를 원한다. 이동하고 선택하는 것을 마음대로 하고 싶어 하는 속성이자 내적으로 자유롭고 싶은 욕구이다. 각자가 원하는 곳에서 살고 대인관계, 종교활동 등을 포함한 모든 삶의 영역에서 어떠한 방법으로 삶을 영위해 나갈지를 스스로가 선택하고 자신의 의사를 마음대로 표현하고 싶어 하는 욕구까지도 포함한다. 따라서 자기 욕구 충족을 하는데 있어서 다른 사람의 자유를 침범하지 않고 타협을 통해 이웃과 함께 살 수 있는 절충안을 찾아야 한다.

라) 즐거움에 대한 욕구(fun need)

즐거움의 욕구는 기쁨과 만족을 느끼기 위한 욕구로 놀이나 학습, 새로운 경험을 통해 충족된다. 인간은 단순히 생존만을 위해 사는 것이 아니라 배우며 삶을 풍요롭게 하는 활동을 통해 기쁨을 얻기도 한다. 때로는 즐거움의 욕구를 충족시키기 위해 생명의 위험도 감수하면서 자신의 생활방식을 과감히 바꾸는 선택을 한다. 이에 생명을 걸고 암벽을 타거나 자동차 경주를 하려는 것과 같은 위험한 활동을 선택하기도 한다.

마) 생존에 대한 욕구(survival need)

인간의 기본적인 안전과 생명 유지에 관련된 욕구이다. 의식주와 건강, 신체적 안전을 포함한 모든 물리적 요소가 이 욕구에 포함된다. 이는 인간이 본능적으로 추구하는 생물학적 욕구로 다른 욕구와 함께 모든 인간 행동의 기본 동기이다. 생존에 대한 욕구는 척추 바로 위에 위치한 구뇌로부터 생성된 것으로서 호흡, 소화, 땀, 혈압 조절 등 신체구조를 움직이고 건강하게 유지하도록 하는 중요한 과업을 수행하고 있다.

이 다섯 가지 욕구는 모든 인간이 공유하는 공통된 욕구이지만, 각 개인이 어떤 욕구를 더 중요하게 여기는지는 다를 수 있다. 사람마다 특정 욕구가 더 강하게 작용할 수 있으며 현실치료 상담을 통해 내담자가 자신의 주된 욕구가 무엇인지 탐색하고 그 욕구를 충족하기 위한 구체적인 행동을 계획하도록 돕는다.

3) 전행동(Total Behavior)

전행동은 활동하기(doing, acting), 생각하기(thing)와 느끼기(feeling), 신체 반응하기(physiology)등의 네 가지 요소로 구성되어 있으며 이 요소들이 모두 모여 하나의 행동으로 나타나기 때문에 모든 행동에는 이 네 요소가 반드시 포함되어 있다고 본다. 글래써는 우리가 기능하는 방법과 자동차가 기능하는 방법을 비교하여 우리의 전행동을 설명한다. 우리들의 욕구는 자동차의 엔진에 해당되고 바람은 핸들이 되어 전행동이라는 자동차가 되어 가고 싶은 방향으로 가게 되어 있다. 전행동은 자동차의 앞바퀴에 해당되는 활동(말과 행동)과 생각(자동적 사고나 자기진술), 뒷바퀴에 해당되는 느낌(분노나 불안)과 신체반응(생리작용)의 네 가지 요소들이 모여 하나의 행동으로 나타난다. 우리가 전행동을 변화시키고자 할 때, 활동과 사고를 먼저 변화시킴으로서 감정이나 신체 현상도 따라오게 되므로 적극적인 활동과 긍정적인 사고에 많이 관여할수록 좋은 생각과 유쾌한 감정, 그리고 더욱 쾌적한 신체적 편안함을 경험한다. 예를 들어, 내담자가 스트레스를 많이 받는 상황에 처했을 때 상담자는 내담자가 그 스트레스를 일으키는 행동과 사고를 바꾸어 신체적 긴장과 불안한 감정이 줄어들 수 있도록 돕는다.

4) 지각체계(Perceptual System)

개인이 인지하는 현실세계는 감각체계와 지각체계를 통해 인식하게 된다. 지각체계는 사물을 객관적이고 있는 그대로 바라보는 지식여과기(knowledge filter)와 우리들 각자가 가지고 있는 가치를 부여하는 가치여과기(valuing filter)로 구성되어 있다는데, 이를 통해 각자가 이상적이라고 믿고 또한 욕구를 즉시 채워줄 수 있는 수단들을 지각체계의 부분인 자기내면 혹은 좋은세계(quality world)에 보관하는 작업을 한다. 그런데 이렇게 지각된 세계(perceived world)가 우리가 원하는 좋은세계(quality world)와 맞지 않을 때 우리는 비교장소의 저울(comparing place)에 올려놓고 비교하게 되고, 저울의 기울어진 차이를 줄이려는 욕구에 의해 다시 행동하게 된다.

5) 행동체계(Behavior System)

행동체계는 내담자가 자신의 욕구를 충족하기 위해 선택한 행동이 얼마나 효과적인지를 평가하는 개념으로 조직화된 행동을 포함하고 있다. 끊임없이 조직 또는 재조직하는 행동의 행동단위로 구성되어 있으며 이런 행동단위들은 독립된 별개의 행동들을 생각해 내는 즉 조직, 재조직 과정을 통해 유용한 하나의 행동을 조직화 한다. 끊임없이 진행되는 창의적 재조직화는 가끔 잘 조직된 새로운 행동을 유발시키는데, 그러한 행동들이 삶의 통제력을 얻는 데 도움을 준다고 판단되면 개인은 즉시 그 행동을 시도한다. 재조직 체계가 창조해내어 제공한 행동들이 지금 현재 가지고 있는 행동들보다 효과적이지 않을 경우에는 자기 파괴적인 행동들을 유발하기도 하며 다시 더 나은 행동을 재조직하여 선택할 수 있다.

다. 상담의 특징

현실치료는 몇 가지 중요한 특징을 가지고 있다. 첫째, 내담자가 자신의 행동에 대해 책임감을 가지게 한다. 내담자는 자신의 문제를 외부 요인 탓으로 돌리는 대신, 자신의 선택을 통해 문제를 해결할 수 있다는 인식을 가지게 된다(Glasser, 1998). 이에 내담자가 정신질환을 앓고 있다는 개념 또한 용납하지 않는다. 둘째, 내담자의 과거나 미래보다는 현재에 초점을 둔다. 과거의 상처나 문제보다는 지금 이 순간 내담자가 어떤 행동을 하고 있으며, 그 행동이 욕구를 충족시키고 있는지를 탐구한다. 셋째, 무의식적인 행동의 원인을 배제하며 행동의 진단보다는 욕구와 바람을 비교하여 그 행동선택을 평가하는 데 초점을 맞춘다. 마지막으로 상담자는 전이의 대상 인물이 아니라 따뜻한 인간적인 위치에서 내담자와 친밀한 관계를 맺는다.

라. 상담의 기법

현실치료는 내담자가 자신의 욕구를 인식하고, 현재의 행동을 분석하며, 더 나은 선택을 할 수 있도록 다양한 기법을 사용한다.

1) 유머(Humor)

유머는 상담에서 긴장을 풀고, 내담자가 자신을 지나치게 심각하게 바라보지 않도록 돕는 데 사용될 수 있다. 현실치료에서는 유머가 상담자와 내담자 간의 긍정적인 관계 형성에 기여할 수 있으며, 내담자가 자신의 문제를 좀 더 가볍게 바라보고 새로운 관점에서 문제를 볼 수 있도록 한다.

2) 역설적 기법(Paradoxical Techniques)

역설적 기법은 내담자가 변화하고자 하는 문제를 일부러 과장하거나 역으로 강조함으로써, 그 문제를 재평가하고 더 나은 선택을 할 수 있도록 하는 방법이다. 불안을 자주 느끼는 내담자에게 상담자가 "내일 학교 정문에 가는 순간까지 아주 강하게 불안을 느껴보세요"라고 지시한다. 이 과정에서 내담자는 자신의 불안을 인식하는 것 자체가 불안을 감소시키고 있음을 깨닫게 될 수 있다. 역설적 기법은 내담자가 문제를 새롭게 바라보고, 자신의 행동을 재조정하는 데 도움을 주며 내담자는 문제 상황에 대한 불필요한 집착을 줄이고, 자신이 그 상황을 통제할 수 있음을 깨닫는다.

3) 직면(Confrontation)

직면은 상담자가 내담자의 행동과 사고를 직접적으로 도전하거나 의문을 제기하는 기법이다. 내담자가 자신이 하고 있는 비합리적이거나 모순된 행동을 인식하고 이를 재평가하도록 돕는 것이 목적이며 이 기법은 내담자가 자신의 행동과 사고를 명확하게 인식하여 내담자가 자신의 문제에 대한 책임을 더 잘 지도록 유도한다.

4) 긍정적 피드백과 강화(Positive Feedback and Reinforcement)

상담자는 내담자가 작은 성공을 이루었을 때 긍정적 피드백을 통해 이를 강화한다. 이는 내담자는 자신의 작은 성공을 통해 자신감을 얻고, 점진적으로 더 큰 목표를 달성하기 위한 동기와 자극을 받을 수 있다.

5) 비판 없는 경청(Nonjudgmental Listening)

상담자가 내담자의 이야기를 비판 없이 경청하여, 내담자가 자신을 안전하게 느끼고 자신의 문제를 자유롭게 탐구할 수 있는 지지하는 환경을 조성합니다. 내담자가 자신이 안전한 공간에서 이야기하고 있다는 느낌은 자신을 솔직하게 표현할 수 있게 만들며 상담자와 내담자 간의 신뢰 관계를 강화시킨다.

6) 실제적 해결방안 제시(Realistic Solutions)

내담자가 실현 가능한 해결책을 찾도록 추상적이거나 너무 큰 목표를 설정하기보다는, 현실적이고 실현 가능한 작은 목표를 설정하여 내담자가 성취감을 느낄 수 있도록 한다. 내담자는 구체적이고 실현 가능한 목표를 설정함으로써 실패에 대한 두려움을 줄이고, 지속적인 성취감을 얻을 수 있다. 이는 내담자가 점진적으로 더 큰 목표를 달성할 수 있는 동기를 제공한다.

마. 상담 과정(RWDEP)

현실치료 상담의 과정은 글래서가 제안한 선택이론에 기초하여 내담자가 자신의 행동을 선택하고 그 행동에 대한 책임을 지며 더 나은 선택을 통해 삶의 문제를 해결하도록 돕는 구조화된 접근 RWDEP 체제(Relationship, Wants, Doing, Evaluation, Planning)를 중심으로 이루어진다. 행동 변화를 위한 현실치료 상담 과정을 다음의 RWDEP 체계로 설명하면 다음과 같다 (Wubbolding, 2011).

1) 관계 형성(Relationship)

상담 과정의 첫 번째 단계는 상담자와 내담자 간의 신뢰 관계를 형성하는 것으로 내담자가 안전하고 비판받지 않는 환경에서 자신의 문제를 솔직하게 이야기할 수 있도록 돕는다. 상담자는 내담자의 이야기를 비판 없이 경청하고, 내담자가 편안하게 자신의 감정과 생각을 표현할 수 있도록 유도하며, 공감과 지지를 통해 상담자와 내담자 간의 신뢰를 형성한다.

2) 욕구와 바람, 지각의 탐색(Want)

내담자의 좋은 세계를 탐색하기 위해 내담자가 주변 사람이나 자기 자신에게 원하는 것을 알아보고 자신의 심리적 욕구 중 충족된 것과 충족되지 않은 것을 구분한다. 또한 내담자가 주위 사람이나 세상을 어떻게 보는지를 질문을 통해 알아본다.

질문 ① "무엇을 원하는가?"

내담자가 자신의 좋은 세계를 탐색하고, 이제까지 희미하게 알았던 자신의 바람을 확실하게 알게 한다. 내담자 마음속의 사진들이 분명하면 할수록 내담자 자신이 원하는 것을 얻을 수 있는 가능성은 더욱 높아진다.

질문 ② "진정으로 원하는 것이 무엇인가?"

내담자의 바람을 가장 원하는 바람과 별로 중요하지 않은 바람까지 수직으로 나열해 보게 한다. 내담자의 '진정한 바람'이 무엇인지를 알아낼 때 그들이 충족하고자 하는 욕구가 드러나게 된다.

질문 ③ "사람들이 당신에게 원하는 것이 무엇이라고 생각하는가?"

내담자에게 영향을 끼치는 세상을 어떻게 보는가를 질문한다. 가족, 친구, 학교, 동료, 상사, 사회 등에 대한 기대에 대한 지각을 알아본다.

질문 ④ "당신은 어떤 시각으로 바라보는가?"

내담자의 지각체계를 탐색, 즉 외부세계로부터 여과된 것을 점검하는 단계이다. 내담자가 1차 수준의 지각(지식여과기)으로 현실상황을 보는지 혹은 2차 수준의 지각(가치여과기)으로 보는지를 묘사해 보도록 하는 동시에, 내담자가 자신의 삶의 방향을 바꿀 것인지에 관해 질문을 할 수 있게 된다.

3) 전행동 탐색(Doing)

전행동 탐색하기는 내담자가 현재 하고 있는 행동을 탐색한다. 내담자는 자신이 욕구를 충족하기 위해 어떤 행동을 하고 있으며 그 행동이 욕구 충족에 얼마나 효과적인지를 분석한다. 과거의 행동보다는 현재에 집중하며, 현재 행동이 어떻게 내담자의 삶에 영향을 미치는지를 중심으로 평가하며 변화를 모색한다. 상담 초기에 내담자가 어디로 가고 있는가를 알 수 있도록 도와주는 절차이며 내담자가 통제할 수 있는 활동을 스스로 탐색할 것을 강조한다.

질문 ① "당신은 지금 무엇을 하고 있습니까?"
질문 ② "지금 당신이 하고 있는 행동이 당신이 원하는 것을 얻는 데 얼마나 도움이 되고 있나요?"
질문 ③ "만약 그 행동을 바꾼다면 어떤 결과가 나올 수 있을까요?"
질문 ④ "지금 이 순간에 당신이 할 수 있는 가장 좋은 선택은 무잇인가요?"

4) 내담자에게 자신의 행동을 평가하도록 요청하기(Evaluation)

내담자가 현재 자신의 행동이 목표나 욕구 충족에 얼마나 효과적인지를 스스로 평가하는 과정으로 이 단계에서 상담자는 내담자가 현재 취하고 있는 행동이 실제로 원하는 결과를 가져오고 있는지 탐구하게 하며, 행동이 효과적이지 않다면 새로운 선택을 모색할 수 있도록 돕는다. 상담자는 내담자의 필요, 지각, 전체 행동에 대해 질문함으로서 가치 판단을 내릴 수 있도록 내담자를 격려할 수도 있다. 내담자가 자신의 행동 결과를 직면하도록 하고 활동을 판단하도록 하는 것이 상담자의 과제이며 이러한 과정은 내담자의 책임 능력 내에서 이루어져야 한다. 또한 상담자는 내담자에게 대답에 대한 책임을 묻지 않도록 조심해야 한다.

행동분석 질문

① "당신의 지금의 행동이 당신에게 도움이 됩니까?"

② "그 행동이 당신의 욕구를 충족시키고 있나요?"

③ "당신이 지금 하고 있는 것은 당신이 진정으로 원하는 것을 얻는 데 도움이 됩니까?"

결과평가 질문

① "다른 방식으로 행동했다면 더 나은 결과를 얻었을까요?"

② "그 행동을 선택한 결과는 어떤가요? 원하는 결과를 얻고 있나요?"

③ "지금의 행동이 충분히 효과적이지 않다면, 어떤 변화를 시도할 수 있을까요?"

---

5) 계획과 실행(Planning)

내담자가 더 나은 선택을 하기 위해 구체적인 행동 계획을 수립하고, 그 계획을 실행하도록 돕는다. 대부분의 내담자들은 예전에 계획하기에서 실패한 경험이 있기 때문에 새로운 계획을 세우고 실행하는 데 커다란 두려움을 느끼고 있으므로 상담자는 내담자의 가능성을 신뢰하면서 용기를 북돋아 주어야 한다. 행동 계획은 단순하고, 내담자가 통제할 수 있으며, 실현 가능한 목표로 설정되어야 하며 작은 성공 경험을 쌓을 수 있도록 돕는 것이 매우 중요하다. 상담자는 내담자가 자신의 선택이나 활동에 대해 책임 능력이 있다는 사실을 인정하도록 돕는다.

특히, 우볼딩은 SAMIC3/P 원칙을 통해 내담자가 실현 가능한 행동 계획을 수립하고, 자신의 행동을 평가하며, 더 나은 선택을 할 수 있도록 돕는 체계적인 상담 방법을 제시하였다. SAMIC3/P 원칙의 구성요소는 다음

과 같다. 행동 계획(SAMIC)은 단순하고(S), 성취 가능(A), 측정 가능(M), 즉
각적 실천(I), 통제 가능(C)해야 하며, 그 계획(C3)은 헌신적(Committed), 지
속적(Continuous), 일관성(Consistent) 있게 이루어져야 한다. 또한 P는 끈기
(Perseverance)로서 내담자가 어려움 속에서도 계획을 포기하지 않고 실행할
수 있도록 돕는 것을 강조하고 있다.

S (Simple): 단순성

행동 계획은 단순하고 구체적이어야 한다. 단순한 계획은 내담자가 쉽게 실천할 수 있
는 목표로 설정해야 한다.

A (Attainable): 성취 가능

목표는 성취 가능한 것이어야 한다. 지나치게 크고 비현실적인 목표는 내담자를 좌절
시킬 수 있기 때문에 내담자의 상황에 맞는 작은 단계의 계획을 통해 성공 경험을 얻
을 수 있도록 도와야 한다.

M (Measurable): 측정 가능

내담자가 계획이 얼마나 효과적인지 평가할 수 있는 기준이 필요한다. 측정 가능한 목
표는 내담자가 성과를 평가하고, 성공 여부를 명확하게 확인할 수 있도록 돕는다.

M (Measurable): 측정 가능

내담자가 계획이 얼마나 효과적인지 평가할 수 있는 기준이 필요하다. 측정 가능한 목
표는 내담자가 성과를 평가하고, 성공 여부를 명확하게 확인할 수 있도록 돕는다.

I (Immediate/Imminent): 즉각적 실천

계획은 즉시 실행 가능한 것이어야 한다. 당장 실천할 수 있는 구체적인 행동 계획을
세움으로써 내담자가 변화의 동기를 느끼고, 작은 성공을 통해 점진석인 변화를 이루
게 된다.

C (Controlled): 통제 가능

계획은 내담자가 직접 통제할 수 있는 행동을 중심으로 구성되어야 한다. 외부 상
황에 의존하지 않고, 내담자가 자신의 행동을 선택하고 책임질 수 있도록 하는 것
이 중요한다.

C1 (Committed): 열성

내담자는 행동 계획을 실천하는 데 열정적이어야 한다. 계획을 세웠다면 그 계획을 충실히 이행하려는 결심이 있어야 하며, 상담자는 내담자가 자신의 계획에 대한 책임을 가지고 실천하도록 지원한다.

C2 (Continuous): 지속성

계획은 한 번에 끝나는 것이 아니라 지속적으로 실행될 수 있는 것이어야 한다. 내담자는 변화가 지속될 수 있도록 장기적인 계획을 염두에 두고 실천하며, 상담자는 이러한 지속성을 유지하도록 돕는다.

C3 (Consistent): 일관성

계획은 일관되게 실천되어야 한다. 내담자는 목표를 달성하기 위해 일관성 있게 행동을 취해야 하며, 상담자는 내담자가 꾸준히 목표를 추구하도록 격려한다.

P (Perseverance): 끈기

내담자가 어려움이 있을 때에도 포기하지 않고 계획을 계속해서 실천하는 태도를 강조한다. 때로는 계획한 행동이 예상대로 성과를 내지 않을 수 있지만, 내담자는 실패를 경험하더라도 좌절하지 않고 계획을 수정하여 계속해서 노력해야 한다.

바. 공헌과 한계

현실치료 상담은 내담자가 자신의 삶에서 일어나는 일들에 대해 책임을 지고 변화할 수 있는 힘이 자신에게 있다는 점을 인식하도록 돕는다. 이는 문제 해결에 있어 자신의 선택과 행동에 더 집중하고 자신의 삶을 책임감 있게 주체적으로 살아가도록 한다. 또한 내담자가 과거의 문제에 얽매이지 않고, 현재에 집중할 수 있도록 하여 더 나은 행동을 선택하도록 한다. 단기상담이나 빠른 행동 변화가 필요한 상황에서 특히 효과적이다.

반면, 내담자의 과거 경험이 현재의 행동에 영향을 미칠 수 있는데, 이를 충분히 다루지 않고 행동 변화만을 중시할 경우 내담자 문제의 근본 원인을 이해하지 못할 수 있다. 또한 일부 문제는 개인의 선택 외에도 외부적 요인에 의해 발생할 수 있는데 이를 무시하고 내담자에게 모든 책임을 부과하여 내담자에게 부담을 준다는 한계점도 가진다.

8 교류분석 상담

학습목표

가. 교류분석 상담이론의 인간관에 대해 설명할 수 있다.

나. 교류분석 상담이론의 주요 개념들을 설명할 수 있다.

다. 교류분석 상담이론의 주요 기법들을 실제 상담에서 올바르게 적용할 수 있다.

에릭 번(Eric Berne)

우리는 왜곡된 내면의 표출인 게임보다는 친밀한 교류를 반복해야 한다.

[그림 4-12] 에릭 번

출처: 상담학 사전

교류분석(TA: Transactional Analysis)은 미국의 정신의학자 에릭 번(Eric Berne, 1910~1970)에 의해 개발된 임상심리학에 기초를 둔 인간 행동에 관한 분석 체계 이론이다. 교류분석은 성격의 인지적, 합리적, 행동적 측면을 모두 강조하며 내담자가 새로운 결정을 통해 삶의 과정을 바꿀 수 있도록 자각을 증대시키는 경향이 있다.

또한 자신의 성격이 어떤지, 어떤 자아 상태에 있는지, 어떤 생활 자세를 가지고 있는지를 깨달아 부모의 잘못된 메시지와 부정적인 영향력들로부터 자유로워져서 현재 가지고 있는 생활양식을 보다 적절한 것으로 다시 선택하고 결정할 수 있게 도와주는 것을 목적으로 한다(조봉환 외, 2013).

가. 인간관

인간은 현실 세계에 대한 인식, 정서를 표현할 수 있는 자발성, 다른 사람과 사랑을 나누고 친근한 관계를 형성·유지할 수 있는 친밀감 등을 갖고 있다는 점에서 완전한 자유는 아니더라도 많은 자유를 가진 자율적인 존재이며, 사회의 영향에서 완전히 벗어날 수는 없지만 전적으로 사회 환경이나 어린 시절 경험에 의해 결정되지 않는 자유스러운 존재이다.

인간은 어려서부터 중요한 타인의 기대나 요구에 영향을 받으며 자란다. 다른 사람들에게 의존적인 상황에서 초기 결정을 내리지만 이러한 초기 결정은 재검토 되고 수정될 수 있으며 새로운 결정도 내릴 수 있다. 궁극적으로 인간은 선택하고 새로운 결정을 내릴 수 있으며, 실천 능력이 있는 인간은 자신의 삶에 책임을 질 수 있는 존재이다(천성문 외, 2017).

나. 주요 개념

1) 자아상태

특정 순간에 자신의 성격 일부를 드러내는 방법과 관련된 행동, 사고, 감정을 자아상태(ego-state)라 말한다. 에릭 번은 모든 사람에게 세 가지 자아상태가 있다고 하였다. 자아상태는 어버이 자아(P: parent ego), 어른 자아(A: adult ego), 어린이 자아(C: child ego) 상태로 구성되어 있다.

첫째, 어버이 자아는 프로이드의 초자아와 유사한 개념으로 5세 이전에 부모를 포함한 의미 있는 연장자들의 말이나 행동을 무비판적으로 받아들여 내면화시킨 학습된 생활개념이다. 어버이 자아는 양육적 부모 자아와 비판적 부모 자아로 나뉜다. 양육적 부모 자아(Nuturing Parent: NP)는 남을 사랑으로 돌보고 보호하거나 자신에게 칭찬과 인정을 베푸는 경향을 보인다. 비판적 부모 자아(Critical Parent: CP)는 자신과 남을 고려하지 않고 고집하거나 무시해 버리며, 자신을 비판하고 나무라하거나 남의 행동을 비난하고 질책하는 경향을 보인다.

둘째, 어른 자아는 프로이드가 말하는 자아와 유사한 개념으로 생후 10개월부터 자신에 대한 자각과 독창적 사고가 가능해지면서부터 점진적으로 나타난다. 합리적, 분석적, 논리적인 특징을 가지며 객관적으로 현실을 파악하고자 하는 사고적 생활개념이다. 어른 자아는 외부 세계, 개인의 내적 세계, 다른 자아상태의 모든 원천에서 유용한 정보를 수집하고 현실을 합리적으로 판단하여 의사결정을 한다.

셋째, 어린이 자아는 프로이드의 원초아 개념에 해당되며, 인간 내에서 생득적으로 자연히 일어나는 모든 충동과 감정, 자발적 행위로 구성된다. 5세 이전의 경험, 특히 부모와의 관계에서 경험한 감정과 그에 대한 반응 양식이 내면화된 감정적 생활개념이다. 어린이 자아는 순응적 어린이 자아(Adapted Child: AC)와 자유분방한 어린이 자아(Natural or Free Child: NC or FC)로 나뉜다. 순응적 어린이 자아는 감정이나 욕구를 억제하고 부모나 교사에 기대에 순응하려는 성격이며 윗사람들로부터 관심을 얻기 위하여 눈치 보는 행동할 때 작용한다. 자유분방한 어린이 자아는 부모의 습관화된 영향을 받지 않는 본능적, 자기중심적, 적극적인 성격의 부분으로 윗사람들의 반응에 구애받지 않고 자유롭게 자신을 나타낸다.

2) 의사교류

의사교류는 어버이 자아, 어른 자아, 어린이 자아의 이해를 바탕으로 대인관계에서 나타나는 상호작용을 관찰, 분석함으로써 개인의 행동을 이해하고 예견하는 방법이다.

자극과 반응을 어떻게 주고받는가에 따라 상보적 교류, 교차적 교류, 암시적 교류로 나눌 수 있다.

첫째, 상보적 교류는 평행적 교류이며, 두 사람이 동일한 자아상태에서 작동되거나 상호 보완적인 자아상태에서 자극과 반응을 주고 받는 것이다. 예를 들면 철수가(어른 자아상태) "눈이 오네."라고 말하면 영희도(어른 자아상태) "정말 오랜만에 오는 것 같아."라고 말하는 경우이다.

둘째, 교차적 교류는 상대방에게 기대한 반응과는 다른 자아 상태의 반응이 되돌아오는 경우를 말한다. 교차적 교류는 의사소통이 제대로 이루어지지 않는 느낌이 들게 하여 의사소통이 중단될 가능성이 높다. 예를 들면 철수가(어른 자아상태) "눈이 오네"라고 말하는데 영희가(부모 자아상태) "또 나가서 놀 생각이야? 딴 생각 말고 공부나 해."라고 말하는 경우이다.

셋째, 암시적 교류는 두 가지 자아상태가 동시에 포함되어 한 가지 메시지가 다른 메시지를 위장하는 복잡한 상호작용을 말한다. 예를 들면 철수가 "눈이 오네. 너는 (공부밖에 모르니까) 눈에는 관심 없지?"라고 영희에게 말하는 경우, 철수는 어른 자아에서 말하고 있지만 속으로는 어린이 자아상태에서 영희를 비아냥거리고 있다. 영희는 "놀고 싶은가 보네?(그러니까 공부를 못하지)"라고 대답하는 경우, 영희는 어른 자아에서 말하고 있지만 부모 자아상태로 철수를 비난하고 있다(윤순임 외, 1995).

의사교류는 자신이 대인관계에서 사용하는 대화법, 타인이 자신에게 사용하는 관계방식 등을 알아차리게 함으로써 스스로 자아상태에 대해 자각하게 하고 상황에 따라 자아상태를 적절하게 통제할 수 있게 한다.

3) 스트로크

스트로크(stroke)는 사회적 행동의 동기를 제공하는 요인으로서 타인으로부터 얻어지는 인정 자극을 말한다. 주로 포옹, 머리 쓰다듬기 등 신체적 접촉을 통해 제공되며 성장하면서 언어, 표정, 관심 등의 심리적 스트로크로 대체 된다.

스트로크는 여러 가지 종류로 나눌 수 있지만 크게 긍정적 스트로크와 부정적 스트로크로 나누어 볼 수 있다.

긍정적 스트로크(positive strokes)는 포옹, 칭찬, 만져 주거나 표정이나 몸짓으로 표현하는 것, 경청해 주는 것 등과 같은 행동들이 포함된다. 긍정적 스트로크를 충분히 받은 사람은 타인의 칭찬이나 인정을 기꺼이 받아들이고 건강하게 성장을 한다.

부정적 스트로크(negative strokes)는 관심부족, 걷어차기, 미워하기 등 상대방을 곤란하고 불쾌하게 만들거나 상처를 입히는 행동 등을 포함한다. 부정적 스트로크는 개인의 자아형성에 부정적인 영향을 주지만 전혀 없이 방치되는 것보다는 부정적 스트로크라도 얻기를 원한다.

인간은 누구나 타인과의 스트로크를 주고 받으면서 자신이 어떤 사람인지 인식하고 원만한 대인관계를 갖고자 한다.

4) 게임

게임은 표면적으로는 합리적이고 친밀한 대화로서 동기화되고 상보적인 것처럼 보이지만 그 이면에는 정형화된 함정이나 속임수가 내포되어 있다. 또한 의사교류를 하는 두 사람 모두 또는 한 사람에게 불쾌한 감정을 일으키는 암시적 의사교류의 한 유형이기도 하다.

게임은 겉으로는 친밀감을 주는 것처럼 보일 수 있지만 사실은 참여하는 사람들 사이에 거리감을 조성하며 친밀성을 방해한다. 이러한 게임은 자신도 모르게 진행되고 반복적으로 일어나며 게임에서 벗어나지 않는 한 개인의 변화나 자율성을 기대할 수 없다. 친밀한 인간관계와 자기 성장과 발달을 위해서는 게임에서 자유로워야 한다.

5) 라켓

라켓은 게임을 통해 경험하게 되는 불쾌한 감정들이 누적됨에 따라 형성되는 만성적인 불쾌감정을 말한다. 게임을 통해 습득한 불쾌한 감정으로 억압되었거나 금지된 감정의 대체 감정 또는 타인을 이용하려고 사용하는 감정으로서 스트레스 상황 속에서 경험하게 되며 문제를 해결하는 데는 결코 도움이 되지 않는 부정적인 감정이다.

게임과 마찬가지로 라켓도 개인의 초기결정에 영향을 미치며 그의 생활태도와 인생각본의 형성과도 관계가 깊다. 두 사람 사이에 게임이 반복되고, 그 결과 불쾌감정의 경험은 누적되어 만성적으로 되어버린 불쾌한 감정이 라켓이다(오만록, 2017).

6) 생활자세

생활자세는 어린 시절 부모나 중요한 타인들과의 스트로크를 토대로 조성되는 자기 또는 타인에 대한 기본 반응 태도 및 이에 기인하는 자기상이나 타인상을 말한다. 생활자세는 아동의 욕구와 감정을 표현했을 때 부모의 반응양식에 대한 아동의 반응이자 그 반응에 따른 결정의 결과이며, 개인 인생각본을 구성하는 주요 요소이다.

인간은 네 가지 생활자세, 즉 ① 자기긍정-타인긍정, ② 자기긍정-타인부정, ③ 자기부정-타인긍정, ④ 자기부정-타인부정으로 구분된다.

자기긍정 – 타인긍정 (I'm OK, You're OK)	자기긍정 – 타인부정 (I'm OK, You're not OK)
자기긍정-타인긍정 태도는 상호존중을 나타내는 민주적 방식으로 자신과 타인을 상호 존중하는 입장. "나도 옳고, 너도 옳다. 나도 이만하면 괜찮고 당신도 그만하면 괜찮다."라는 자신과 타인에 대한 인간 존중과 공존의 긍정적 삶의 태도를 갖으며 가장 바람직한 삶의 태도라고 볼 수 있음.	자기긍정-타인부정 태도는 "나는 옳고, 너는 옳지 않다."는 입장. 다른 사람에게 저항적이며 자기아집 태도를 가지기 때문에 자기도취적인 우월감에 사로잡힐 수 있다. 타인에 대한 불신, 증오, 비난을 보이고, 대부분 반사회적인 행동을 하거나 양심부재의 현상이 나타날 수 있음.
자기부정 – 타인긍정 **(I'm not OK, You're OK)**	**자기부정 – 타인부정** **(I'm not OK, You're not OK)**
자기부정-타인긍정 태도는 "나는 옳지 않고, 너는 옳다."하는 입장. 타인을 긍정적으로 평가하고 자기보다 우월하다고 지각하는 자세는 자기비하와 우울증으로 이끌 수 있다. 그러나 개인은 즐겁지 않다 하더라도 생산적인 삶을 이끌어낼 수 있기 때문에 부적응적인 정도는 가장 낮은 유형.	자기부정-타인부정 태도는 "나도 옳지 않고, 너도 옳지 않다."라는 입장으로 절망과 실망으로 특징지어지는 비관론적인 태도. 이러한 사람은 어떤 노력도 기울이지 않으며 만사를 부정적으로 여기게 되며 삶의 의미를 상실하여 자포자기하고, 다른 사람에게 곤란을 일으키지는 않지만, 대체로 지루하고 즐거움이 없는 삶을 살게 됨.

7) 초기결정 및 재결정

인간은 초기 발달과정에서 접하게 되는 부모를 포함한 주변 사람들로부터 받은 자극이나 스트로크 등을 포함한 의사교류양상에 의해 자신의 삶에 대한 나름의 초기 결정을 내리게 된다. 그리고 인간이 일단 초기결정을 하게 되면 그 결정에 부합하는 생활자세를 형성한다. 따라서 이에 근거한 자신의 삶에 대한 기본 도식을 갖게 된다.

또한 인간은 자신의 초기결정이 비현실적이거나 불합리하다는 것을 깨달게 되면 그의 인생 성장에 더 유익한 방향으로 재결정을 내리게 된다. 인간은 자신의 삶을 증진시키는 데 도움이 되는 새로운 결정을 내릴 수 있는 능력을 충분히 가지고 있다고 할 수 있다.

초기결정을 바꾸려면 초기결정을 하였던 아동기 장면으로 돌아가서 그때 느꼈던 감정을 그대로 느끼고 경험해서 아동 자아상태에서 새로운 결정을 하도록 해야 한다.

재결정을 하려면 새로운 행동을 연습할 수 있도록 계획하고 연습을 통해 다른 방식으로 생각하고 행동하고 느끼게 해야 한다.

다. 상담 과정과 상담 기법

1) 상담목표와 상담자의 역할

교류분석 상담의 목표는 자율성을 갖게 하는 것이다. 자율성이란 과거의 경험이 자신에 성격에 어떤 영향을 미쳤는가에 상관없이 현재 자신의 행동과 생활양식을 보다 적절한 것으로 다시 선택하고 결정하는 것이다.

이를 위한 교류분석 상담의 구체적 목표는 다음과 같다. 첫째, 어른 자아가 어린이 자아와 부모 자아의 부정적 영향력으로부터 자유로워지도록 돕는 것이다. 둘째, 부모의 부당한 금지나 명령들로부터 독립적으로 선택할 수 있는 자유를 가질 수 있도록 돕는 것이다. 셋째, 세 가지 자아상태들을 상황에 따라 적절하게 사용할 수 있도록 돕는 것이다. 넷째, 지금까지 선택해 왔던 좋지 않은 생활자세를 포기하고 자기긍정-타인긍정의 생활자세를 선택하고 결정할 수 있도록 돕는 것이다.

교류분석에서 상담자의 역할은 주로 교훈적이고 인지적인 문제에 관심을 기울이는 것이다. 토마스 해리스(Thomas A. Harris)는 상담자의 역할을 교사, 훈련가, 깊이 관여하는 정보 제공자로 보았다. 상담자와 내담자의 서로 동등한 관계를 강조하며, 내담자가 자신의 변화에 필요한 것을 얻도록 도와주며, 상담자는 내담자로 하여금 상담자가 안전하고 효과적으로 계약 목적을 성취할 수 있도록 도와줄 기술을 소유하고 있다는 확고한 믿음을 가지게 하여야 한다.

2) 상담 과정

교류분석 상담의 과정은 ① 동기화 단계, ② 자각 단계, ③ 상담 계약 단계, ④ 자아상태 정리 단계, ⑤ 재결정 단계, ⑥ 재학습 단계, ⑦ 종결 단계로 설명할 수 있다.

첫째, 동기화 단계는 내담자의 현재 행동이 자신의 삶에 어떤 부정적인 영향을 미치는가를 파악하고, 격려와 용기를 북돋아 변화에 대한 동기를 구축하는 단계이다.

둘째, 자각 단계는 치료계획의 수립을 통해 내담자가 원하는 변화를 실제적이고 구체적인 용어로 상담목표를 수립하고 결정하는 단계이다.

셋째, 상담 계약 단계는 상담목표 성취를 위해 내담자와 상담자 간에 동의하는 단계이며 변화에 대해 결정하는 것은 내담자의 책임이다.

넷째, 자아상태 정리 단계는 내담자의 자아상태를 정리하고 내담자의 재결정에 필요한 내적 안정감을 발전시킬 수 있도록 돕는 단계이다. 상담자는 구조분석, 기능분석, 교류분석, 각본분석 등을 사용하여 내담자의 초기 결정을 이해하고 내담자의 자기 탐색을 돕는 역할을 한다.

다섯째, 재결정 단계는 내담자가 각본의 어떤 측면을 변화시키는 것으로 보통 점진적으로 일어나며, 상담자는 내담자가 새로운 것을 발견하거나 깨달을 수 있도록 도와주는 역할을 한다. 재결정 준비가 되지 않은 경우는 이전 단계부터 재탐색해야 한다.

여섯째, 재학습 단계는 내담자에 남아 있는 다른 각본 행동에 직면하게 하고 변화에 필요한 정보와 스트로크를 주면서 유대관계를 지속하는 단계이다.

일곱째, 종결 단계는 내담자가 자신의 문제를 스스로 결정하고 책임지게 되고 자율성을 성취하여 통합된 어른 자아를 확립하게 되는 단계이다. 또한 상담자와 내담자가 상담 목적 달성 여부를 확인하는 단계이기도 하다.

3) 상담 기법

교류분석 상담 기법으로는 상담 분위기 형성과 관련된 세 가지 기법(허용, 보호, 잠재력)과 상담을 원활하게 이끌어가기 위한 일반적 기법이 있다.

첫째, 허용은 내담자의 '어버이 자아'가 내담자에게 해서는 안 된다고 말했던 것을 하도록 허가해 주는 기법이다. 많은 내담자들은 부모의 금지령에 따라 행동하며 내담자의 행동이 제약 받을 수 있다. 따라서 상담자는 내담자의 부모가 내담자에게 '하지 마라'고 한 것을 상담장면에서는 할 수 있도록 허용하는 분위기를 마련해 주어야 한다.

둘째, 보호는 어버이 자아를 포기하는 것을 허가하는 것으로 인한 내담자 속의 어린이 자아의 두려움을 상담자가 지지해 주는 기법이다. 이는 상담자의 어른 자아가 내담자의 어린이 자아를 보호함으로써 보다 안정된 마음으로 상담에 임하게 된다.

셋째, 잠재력은 적절한 시기에 적절한 상담기술을 사용할 수 있는 상담자의 능력을 말한다. 상담자는 이론적 내용 및 기법을 숙지하고 분석하고 이를 바람직한 방향으로 재결정할 수 있는 상담기술을 갖추고 있어야 한다.

상담을 원활하게 이끌어가기 위한 일반적 기법으로는 다음과 같다.

① 질의(interrogation)는 내담자의 행동에서 어른 자아 사용 기능에 어려움이 있다고 판단될 때, 어른 자아의 반응을 유발할 때까지 내담자에게 질문이나 의문을 제기하는 기법이다.

② 명료화(specification)는 교류를 하는 자아상태를 확인하는 기법으로 어른자아 대 어른 자아 수준에서 이루어지며, 내담자는 자신의 세 가지 자아상태를 완전히 이해할 수 있다.

③ 직면(confrontation)은 상담자가 내담자의 모순 또는 일관성 없는 행동이나 말을 지적하는 기법이다.

④ 설명(explanation)은 상담자의 입장에서 교류분석의 특징적인 측면(내담자가 현재 그렇게 행동하고 있는 이유)에 관해 가르치는 기법이다.

⑤ 예증(illustration)은 상담 과정에서 긍정적인 효과를 강화시킬 목적으로 성공적인 기술, 일화, 미소, 비교 등의 방법을 통해 실례를 제시하는 기법이다.

⑥ 확인(confirmation)은 내담자의 특정 행동으로 다시 돌아갔다는 점을 알리고, 더 노력해야 한다는 것을 확인시키는 기법이다.

⑦ 해석(interpretation)은 상담자가 내담자의 행동 이면에 있는 원인을 내담자가 알 수 있도록 도와주는 기법이다.

⑧ 결정화(crystallization)는 내담자가 스트로크를 받기 위해 사용해 왔던

게임을 그만두고 자유로워지도록 내담자에게 설명하는 기법이다.

라. 공헌과 한계

교류분석 상담이론의 공헌점은 첫째, 특수한 계약을 강조하였다는 점이다. 계약적 접근법은 내담자가 자신의 목표에 초점을 두고 이행하려는 기대에 근거하며 상담 작업에서 분업의 관점을 제시하였다. 둘째, 인간은 무한한 성장 가능성을 지닌 존재로 보며 자신의 약점을 변화시킬 수 있다는 희망을 제시하였다. 셋째, 교류분석 상담 이론은 자기 이해, 타인 이해 등으로 구분하여 인간관계에 대해 깊이 이해하게 해 주어서 의사소통 단절 문제를 해결하는데 큰 시사점을 제공하였다. 마지막으로는 실제 생활 장면에서 활용하기 쉽다는 것이다.

교류분석 상담이론의 한계점은 첫째, 상담에서 사용되는 용어를 내담자가 이해하는데 어렵다는 점이다. 둘째, 교류분석 상담에서 내담자는 모든 것을 지적으로 이해할 수 있지만 그것을 느끼거나 체험할 수 없다는 점이다.

⑨ 해결중심 상담

🎯 **학습목표**

가. 해결중심 상담이론의 상담목표를 설명할 수 있다
나. 해결중심 상담이론의 주요 개념을 예를 들어 설명할 수 있다.
다. 해결중심 상담이론의 주요 기법을 실제 상담에서 올바르게 적용할 수 있다.

👤 **스티브드세이저**(Steve De Shazer), **인수 김 버그**(In soo kim Berg)

- 일어날 것으로 기대하는 것은 그 기대만으로도 우리의 행동에 영향을 미친다(De Shazer, 1985).
- 해결중심 상담자는 진지한 낙천주의자로서, 인간의 언어적 힘이 현실을

창조하고 정의하는 데 중요한 역할을 한다고 믿는다(De Shazer, 1994). 이 신념은 구성주의 이론과 깊은 관련이 있으며, 구성주의 이론에 따르면, 인간은 자신의 현실을 스스로 창조며, 본질적으로 건강하고 능력이 있으며 누구나 자신의 문제를 해결할 수 있는 잠재 능력 또한 지니고 있다.

가. 개요

[그림 4-13]
스티브 드 세이저

출처: 지식백과

해결중심 상담은 스티브 드 세이저(Steve De Shazer, 1940-2005)와 배우자 인수 김 버그(In soo kim Berg, 1934~2007)에 의해 창시된 이론으로 헤일리의 전략적 접근과 에릭슨(Erick-son)의 가치, 철학, 기술, 전략, 최면요법 개념을 바탕으로 발전하였다.

[그림 4-14] 인수 김 버그

출처: 지식백과

이 과정에서 전반적인 가족치료 이론과 함께 단기 치료 개념을 발전하게 되었다. 정신건강연구소(MRI)에서 적용한 문제해결 단기 치료 접근법을 근간으로 전략적 치료, 위기 개입모델의 체계론적 치료와 인식론, 정신분석론을 기초로 한 치료 방법을 포함한다.

나. 주요 개념

해결중심적 상담이론은 내담자의 자발적인 의지와 언어가 행동 변화를 유발할 수 있다는 전제하에 내담자의 장점과 자원을 활용하는 것이 주요 특징이다. 이 상담이론은 내담자가 스스로 해결방안을 찾도록 지원하며, 단기적인 해결방안을 구축하는 데 중점을 둔다. 해결중심 상담이론은 내담자가 신속하게 실질적인 변화를 경험하도록 돕는 것을 목표로 하는 해결책 구축 상담이론이다.

1) 개념

해결중심 상담이론은 전통적인 상담이론들이 문제의 원인을 분석하는 데 중점을 두었던 것과 달리, 문제 해결 자체에 초점을 맞추는 접근법이다.

전통적인 상담이론들은 문제의 근본 원인을 밝히는 것이 항상 효과적이지 않을 수 있다는 인식에서 출발하며, 내담자가 이미 가지고 있는 자원과 강점을 활용하여 해결책을 찾는 것을 중요시한다.

이는 다양한 방법을 모색하고, 내담자가 실질적인 변화와 개선을 경험할 수 있도록 돕는 것을 목표로 한다. 해결중심 상담이론은 문제의 원인보다는 현재와 미래의 해결 가능성에 초점을 맞추며, 과거의 문제보다는 내담자가 현재와 미래에 활용할 수 있는 자원과 강점에 중점을 둔다.

또한 상담자의 역할 변화다. 전통적인 상담이론에서 상담자가 문제의 원인을 분석하고 진단하는 역할을 맡았으나, 해결중심 상담이론에서는 상담자가 내담자의 자원과 강점을 활용해 문제 해결을 지원하는 역할을 한다. 이 접근법은 내담자의 자율성을 존중하고, 긍정적인 변화의 가능성을 믿으며, 이를 바탕으로 실질적인 해결책을 모색한다(윤현영, 2011).

표 4-3 **전통적인 상담모델과 해결중심 상담모델**

전통적인 상담모델	해결중심 상담모델
문제와 해결책의 필수적인 관계	내담자가 원하는 바에 초점
문제의 진단에 관심	내담자의 강점, 예외 탐색에 관심
문제의 원인에 초점	문제가 해결된 예외 상황에 초점
문제를 해결하는 전문가는 상담자	문제를 해결하는 전문가는 내담자

(출처: 윤현영, 2011)

또한 Berg와 Steiner(2009)의 해결중심 상담이론은 문제의 원인보다는 해결방안에 중점을 두며, 작은 변화의 중요성을 강조하고, 미래 지향적인 목표

설정을 강조한다고 설명한다. 이들은 내담자가 실제로 개선을 경험하도록 돕기 위해 실질적인 전략을 제시하며, 이러한 접근은 내담자의 긍정적인 변화를 끌어내기 위한 효과적인 방법이 된다.

이와 같은 특징들은 해결중심 상담이론이 보다 실용적이고 변화 지향적인 접근을 취하고 있음을 보여준다.

2) 상담 원리

해결중심 상담이론은 가족치료 및 해결중심 단기치료에 사용되는 이론으로, 내담자와 상담자와 협동적인 관계를 중요시하며, 문제가 아닌 해결에 초점을 두며 내담자의 강점에 관심을 둔다(정문자 외, 2008). 이러한 해결중심 상담이론이 사용될 때 치료의 초점을 문제 중심에서 해결중심으로 전환시키며, 연령이나 문제의 성격에 관계없이 다양한 상황에 사용될 수 있다.

최근에는 다양한 문제를 지닌 개인이나 집단 등에 적용되고 있다. 해결중심 상담이론에 핵심적으로 사용되고 있는 이론은 De Shazer와 Berg 부부의 연구를 바탕으로 발전하였으며, 밀턴 에릭슨(Milton Erickson)의 긍정적인 낙관적인 관점을 기초로 하고 있다(강이화, 2002. 김성자, 2013). Erickson은 인간의 무한한 가능성과 잠재성을 믿었고, 해결중심 상담이론은 내담자가 스스로 문제를 해결할 수 있는 자원과 강점을 이미 가지고 있다고 전제한다. 특히 Erickson의 치료적 접근기법 중 내담자가 이미 가진 강점과 자원을 활용하는 것에 초점을 맞추며, 심리적인 장애의 원인을 찾기보다는 새로운 행동을 구축하거나 해결책을 제시한다는 것으로 해결중심 상담이론의 주요 원리로 사용되고 있다.

따라서 해결중심 상담이론은 내담자의 자원, 즉 내담자가 이미 가지고 있는 강점 혹은 장점을 활용하여 단기간 내에 상담 목표를 달성하려고 한다(이화자, 2001). 이러한 접근은 문제가 어떻게 형성되고 지속되는지 조사 하기보다는 내담자가 원하는 목표와 해결이 집중하고, 목표 달성을 성취할 수 있는 행동과 상호작용을 증가시키는 데 중점을 둔다(Sharry, 2013). 특히 해결중심 상담이론은 과거를 바꿀 수 없다는 점에서 현재와 미래와 목표에 초점을 맞춘다는 점에서 기존 상담과 차별화 된다(Bannink, 2007).

전통적인 상담 모델들은 내담자가 고통을 경험하고 있어도 문제의 원인을 파악하기 위해 많은 시간과 노력을 들이며, 상담자가 주도하는 치료에 의존하는 경향이 있다.

반면, 해결중심 상담이론은 내담자의 자원을 활용하여 해결책을 제시하여 목표 달성에 기여하며, 미래와 목적에 초점을 둔다. 해결중심 상담이론은 내담자와 상담자가 함께 통합적으로 접근하여 실질적인 변화를 이루도록 돕는다(Sharry, 2013).

3) 접근법의 원칙

해결중심 상담이론은 문제의 본질을 분석하기보다는 문제 해결에 중점을 두는 접근법이다. 이 이론의 첫 번째 원칙은 문제보다 해결에 초점을 맞추는 것이다. 상담자는 내담자가 직면한 문제의 세부적인 원인보다는 현재와 미래에서의 해결책에 집중하여, 내담자가 원하는 결과를 달성하기 위한 실질적이고 실행 가능한 방법을 모색한다. 두 번째 원칙은 내담자의 강점과 자원을 발견하고 활용하는 것이다. 해결중심 상담이론 접근법은 내담자의 이미 보유하고 있는 강점, 자원, 성공적인 경험을 강조하며, 상담자는 내담자가 가진 자원과 강점을 인식하고 이를 문제 해결에 활용할 수 있도록 지원한다. 이를 통해 내담자의 잠재력을 최대한 발휘할 수 있도록 돕는다.

세 번째 원칙은 작은 변화와 성공을 강조하는 것으로, 큰 변화를 목표로 하기보다는 작은 성공과 변화를 인식하고 축하한다. 이러한 작은 성취가 점진적으로 큰 변화를 이끌어 내는 기초가 되며, 상담자는 내담자의 중요한 작은 성공을 통해 동기부여를 지속할 수 있도록 한다. 네 번째 원칙은 미래 지향적인 목표 설정이다. 상담은 과거의 문제보다는 내담자가 바라는 미래의 모습과 목표를 설정하는데, 상담자는 내담자가 원하는 미래를 구체화하고, 실현을 위한 실질적인 계획을 수립하여 긍정적인 방향으로 나아갈 수 있도록 지원한다. 다섯 번째 원칙은 내담자의 주도권과 자율성을 존중하는 것이다. 해결중심 상담이론 접근법은 내담자가 문제 해결의 주체가 되도록 지원하며, 상담자는 내담자의 자율성을 존중하고, 스스로 문제를 정의하고 해결책을 찾아가도록 유도한다. 여섯 번째 원칙은 협력적인 관계를 구축하는 것으로, 상담자와 내담자 간의 협력적 관계는 해결중심 접근법의 핵심이다. 상담자는 내담자의 의견을 적극적으로 반영하여 상담 과정을 공동으로 만들어 간다. 마지막으로, 긍정적 변화의 가능성을 강조하는 것이 일곱 번째 원칙이다. 해결중심 상담이론 접근법은 내담자 스스로 긍정적인 변화를 이끌어낼 수 있는 가능성을 강조하며, 내담자 역량을 발견하고 이를 바탕으로 긍정적인 변화를 실현할 수 있도록 지원한다. 이 모든 원칙들은 해결중심 상담이론이 가족 상담과 치료에서 실질적이고 긍정적인 변화를 이끌어내는 데 중점을 두고 있다 (송성자. 2003. pp. 372-382).

다. 상담목표

해결중심 상담이론에서는 목표 설정의 중요성을 강조하며, 내담자와의 협상과 협동을 통해 목표를 명확한 목표를 설정하는 것이 핵심이다. 구체적이고 명확한 목표는 상담의 효과성과 상담기간을 단축할 수 있다. 그러나 내담자는 불안과 스트레스로 인해 상담 초기에는 목표가 막연하고 구체적이지 않을 수 있으며, 상담자는 내담자와의 전문적 관계를 통해 목표를 명확히 설정하고, 성취를 확인하여 상담을 종결하게 된다(Berg&Miller, 1992, pp3-44: Berg, 1991, pp 58-63). Berg가 제안한 일곱 가지 원칙을 반영하면 치료과정이 더 효과적이고 능률적으로 진행될 수 있다.

첫째, 내담자에게 중요한 것을 목표로 설정하고 구체적이며 행동 가능한 목표를 설정해야 한다. 예를 들어, 내담자가 자녀의 학교 적응 문제를 중요하게 여긴다면, 가정폭력 문제가 심각하더라도 자녀의 학교 적응 문제를 우선적으로 다루는 것이 좋다.

둘째, 작은 것을 목표로 하여 내담자가 쉽게 성공을 경험하도록 돕는다. 예를 들어, 알코올 중독의 경우 음주량을 1회 소주 5병에서 3병으로 줄이고, 1주일에 음주하지 않는 날을 2일에서 3일로 늘린다.

셋째, 목표는 구체적이고 행동적인 형태로 설정하여 실천 가능성을 높인다. 예를 들어, 귀가 시간이 9시 이후가 될 때 전화하기, 아침에 일어나면 인사하기, 아침 7시에 혼자 일어나는 것이 불가능할 때 2개의 자명종 시계를 사용하기 등 구체적인 행동 목표를 설정할 수 있다.

넷째, 문제를 없애는 것보다는 있는 긍정적인 행동에 집중하는 것이 중요하다. Berg(1991, pp. 38)는 오랜 경험을 통하여 문제시되는 것을 없애는 것보다, 긍정적이고 구체적인 목표를 설정하는 것이 더 효과적이라고 주장했다. 예를 들어, 술을 단숨에 마시는 대신 천천히 마시고, 빈속에 마시는 대신 식후에 마시며, 혼자 마시는 대신 친구와 함께 마시는 것처럼, 문제를 피하기보다는 긍정적인 행동을 설정하는 것이 좋다.

다섯째, 문제를 없애기보다 긍정적인 행동에 집중한다. 예를 들어, 상담자가 "아들이 좋아지는 것을 알 수 있는 가장 처음의 작은 신호는 무엇일까?"라고 묻고, 어머니가 "미소를 띠고, 동생에게 욕하지 않고 잘 지내는 것"이라고 대답하면, 상담자는 그 행동이 현재의 목표인지 확인하는 방식으로 접근하는 것이다.

여섯째, 현실적이고 성취 가능한 목표를 설정하여 내담자의 생활환경을 고려해야 한다. 예를 들어, 6개월 전에 가출한 아내가 집에 돌아오도록 도와달라고 하는 것은 현실적으로 불가능한 것이다. 내담자의 상황을 이해하고, 경청하며, 내담자가 자신의 요구가 현실적으로 불가능한 것을 인식하도록 돕고, 상담자에 대한 신뢰를 구축한 후 현실적으로 목표를 협상하게 된다.

마지막으로, 목표수행은 어렵다는 것을 인식하게 하여 내담자가 새로운 변화를 시도할 때의 어려움을 이해하도록 돕는다. 이러한 원칙들은 내담자가 긍정적인 변화를 이끌어낼 수 있는 기초를 마련하고, 상담자가 이를 지원함으로써 실질적이고 지속적인 변화를 이루는 데 기여한다(송성자, 2003, pp. 372-382).

라. 상담자의 역할

해결중심 상담이론 상담자는 내담자가 자신의 힘과 자원을 활용하여 문제를 해결할 수 있도록 돕는 역할을 한다. 이 과정에서 내담자의 지각과 의견을 존중하며, 함께 목표를 설정하고 해결책을 구상하며 실행하는 것이 특징이다.

상담자는 내담자를 전문가로 존중하고, '알지 못하는(not-knowing)' 자세를 취한다.

즉, 내담자의 삶, 경험, 지각에 대해 가장 잘 아는 사람으로 존중하며, 선입

견이나 자신의 전략 없이 내담자의 행동, 말, 문제의 특성, 문제 해결 노력 및 성공과 실패 경험, 원하는 것, 잠재력, 해결책 등을 존중하고 탐색하는 자세를 유지해야 한다.

상담자의 역할을 단순한 문제 해결을 넘어 내담자가 문제를 다른 시각에서 바라보도록 돕는 것이다. 상담자는 내담자가 일상생활에서 성공적이었던 경험을 바탕으로 현재의 문제를 해결할 수 있는 잠재 능력을 발견하고, 인정하며, 강화하고 확대하여 스스로 문제 해결을 위해 작은 변화를 시작하도록 지원한다. 해결중심 대화로 상담자는 내담자가 자신의 문제를 다양한 각도에서 바라볼 수 있도록 도와 예외적인 상황을 발견하게 한다. 이를 위해 내담자가 문제를 인식하는 방식을 파악하고, 한 발짝 뒤에서 인도 한다. 상담자가 가져야 할 기본자세는 다양한 질문기법과 호기심을 활용하는 것이다. 질문기법을 활용하여 문제 해결과 변화 유도하되, 내담자에게 문제를 해결하려는 느낌이 들지 않도록 한다. 언어적 및 비언어적 행동을 통해 풍부하고 진실한 호기심을 전달하며, 내담자가 스스로 해결책을 찾아가도록 지원한다(최규련. 2012. pp. 237-238).

마. 상담기법

해결중심 상담이론은 De Shazer와 Insoo Kim Berg에 의해 발전한 단기적이고 전략적인 접근법으로 밀워키에서 해결중심 접근법을 발전시키며 정확한 해결책 구축에 초점을 맞추고 있다. 1984년에는 여러 가지 질문기법이 개발되었으며, 치료 면담 이전 변화에 관한 질문, 예외 질문, 기적 질문, 척도 질문, 대처 질문을 포함된다(노길희, 2023, pp. 202-205). 또한 관계성 질문, 보람 질문, 악몽 질문, 간접적인 칭찬, 질문, 기법들이 적절히 활용되어 내담자의 참여와 반응을 유도하는 데 중요한 역할을 한다는 점이 강조된다(한국단기가족치료연구소, 2014). 이러한 질문 과정은 내담자가 자신의 강점과 자원을 발견하고 이를 활용하여 스스로 해결책을 구축하는 성장 과정을 경험하도록 돕는다. 해결중심 상담에서 질문은 구조화되어 있으며, 그 자체가 치료적 기능을 갖고 성취를 지원하는 역할을 한다(Berg & Miller, 1992). 해결중심 상담이론은 병리적인 것보다 건강한 것, 작은 변화, 협력적 관계의 중요성을 강조하며, 이러한 기본 원리를 실천하는 기술로 작용한다. 유용한 질문들은 상담 대화를 더욱 풍성하게 만들고, 상담의 결과에 긍정적인 시각을 제시한다.

1) 상담 실시 이전 변화에 관한 질문(Pre-session Change question)

내담자가 전화로 또는 주변 사람들에게 도움을 요청하는 시기가 문제의 심각 정도가 가장 높은 경향이 있음을 반영한다. 따라서 1주 후 또는 며칠 후에 약속한 시각에 치료받으러 왔을 때는 긴장이나 불안이 감소하거나 문제의 심각 정도가 완화된 것을 발견할 수 있다. De Shazer와 Insoo Kim Berg는 치료 이전의 변화를 매우 관심 있게 관찰하고, 이를 통해 내담자의 잠재 능력을 발견하며, 내담자가 의식하고 있지 못하는 해결방안을 찾아내는 데 활용한다. 상담자는 내담자가 문제의 심각 정도가 어떻게 완화되었는지 파악할 수 있도록 질문하고, 의식적 또는 무의식적으로 실시한 방법에 관하여 인정하고 칭찬한다. 또한, 내담자가 누구의 도움 없이 스스로 노력한 것과 해결 능력을 인정하고, 그러한 사실을 강하고 확대할 수 있도록 격려한다(노길희. 2023. pp. 202).

2) 예외 질문(Exception Question)

가족이 현재 가지고 있는 문제가 발생하지 않는 '예외' 상황을 탐색하고, 이를 예외를 확장하기 위해 내담자가 무엇을 해야 할지에 대한 단서를 찾기 위한 질문이다. 예외 질문은 문제가 있는 상황에서 일반적으로 정상적인 것을 예외적으로 인식해야 한다는 개념에 기반하고 있으며, 내담자의 자원을 활용하여 자아존중감을 강화한다. 또한, 예외 질문은 내담자가 문제 해결에 집중하도록 유도하고, 주로 부정적인 사고방식에서 벗어나 긍정적인 해결책을 모색하게 한다. 일상생활에서 성공적인 행동을 의식하지 못하거나 가치를 두지 않는 경우가 많기 때문에, 예외 질문을 통해 그러한 행동을 발견하고 의식적으로 강화할 수 있도록 돕는 기법이다(노길희. 2023. pp. 202).

표 4-4 **예외 질문**

💬 **예시**

- 문제가 발생하지 않았다는 것을 어떻게 아는가?
- 문제가 발생하는 상황과 발생하지 않는 상황에 차이점은 무엇인가?
- 문제가 발생하지 않을 때 무엇을 하는가?
- 문제가 해결된다면 어떻게 알 수 있겠는가?

(노길희. 2023. pp. 203).

3) 기적 질문(Miracle Question)

해결중심 상담모델에서 가장 핵심적인 역할을 하는 중요한 질문이다. 내담자가 현실적인 변화를 구축하고, 가능성에 대한 자기 이미지를 형성하도록 돕는다. 이 질문은 문제가 해결된 상태를 상상하게 하고, 내담자가 원하는 변화를 구체화하며 명료화하는 데 도움을 준다. 1984년 De Shazer와 Insoo Kim Berg의 내담자들이 "기적이 일어난다면 문제 해결이 될 것이다."라는 표현을 자주 사용하는 것을 관찰하여 발전시킨 것이다. 기적 질문을 통해 내담자는 문제 해결 심리를 갖게 될 뿐만 아니라, 기적이 일어났을 때 달라질 수 있는 상황들을 상상하고 실제로 수행함으로써 문제를 해결하기 위해 노력하게 된다. 결국 기적 질문은 내담자가 미래에 초점을 맞추고 문제 해결의 가능성에 대해 생각하고 유도하며, 구체적이고 명료화 목표를 설정에 도움을 준다.

표 4-5 **기적 질문**

💬 **예시**

- 당신은 처음에 무엇을 보면 기적이 일어났다고 생각하겠는가?
- 당신의 변화에 대해 어떻게 알 수 있을까?
- 기적이 이미 발생하고 있는 것을 알 수 있는 아주 작은 신호가 무엇인가?

(노길희. 2023. pp. 203-204).

4) 척도 질문(Scaling Question)

문제 해결, 관계, 자아존중감, 동기 등의 수준을 수치로 표현하도록 함으로써 다음 단계로 발전하기 위해 무엇을 해야 할지를 구체적으로 탐색하기 위한 질문이다. 내담자가 현재 상태를 구체적으로 평가하고, 다음 단계로 나아가기 위해 필요한 조치를 탐색하는 데 도움을 준다. 이러한 질문은 내담자 변화의 정도를 명확하게 설명하고, 문제 해결 가능성에 대한 확신을 얻으며, 동기를 강화하게 된다. 내담자가 구체적으로 표현하고, 진행하는데 변화 정도를 사실적으로 설명하는 데 도움을 준다.

표 4-6 **척도 질문**

💬 **예시**

① 문제 해결에 관한 전망에 관련된 척도 질문
- 1부터 10까지 있는 척도에서 10은 문제가 해결되었다고 확신하는 것을 말하고 1은 문제가 가장 심각할 때를 말한다. 오늘은 몇 점에 해당하는가?

② 동기에 관련된 척도 질문
- 같은 척도에서, 이 문제를 해결하기 위해 어느 정도 노력할 수 있는가?
- 1점을 높이기 위해 무엇이 필요하다고 말할까?

③ 자기 존중 감정에 관련된 질문
- 1점이 향상되었을 때 어머니는 당신에게 무엇이 달라졌다고 할까?
- 당신이 1점을 향상된 것을 어머니가 안다면, 어떻게 다르게 반응할까?

④ 진전상태를 평가하는 척도 질문
- 10을 치료목표가 성취된 상태라고 하고, 1을 치료받으러 왔을 때의 당신의 상태라고 한다면, 오늘의 상태는 몇 점인가?
- 1점이 올라간다면 누가 변화를 가장 먼저 알 수 있을까?

⑤ 관계를 평가하는 척도 질문
- 당신이 결혼을 지속하기 원하는 것은 몇 점인가?
- 당신은 점수가 남편보다 높다면, 더 원하는 것이 몇 점이라고 보는가?

(노길희. 2023. pp. 204-205).

5) 대처 질문(Instead Question)

내담자에게 경험을 활용하게 하고, 새로운 힘을 얻으며, 내담자가 자신의 자원과 강점을 발견하도록 돕는 데 유용하다. 이 질문은 어려운 상황에서 견디며 상황이 더 나빠지지 않은 것을 강조하고, 위기에서 살아남기 위해 해온 노력을 발견하여 그것을 인식하고 강화하며 확대하는 데 근거로 활용된다.

표 4-7 **대처 질문**

💬 **예시**

- 매우 어려운 상황인데 지금까지 어떻게 견뎠는가?
- 어떻게 모든 것을 포기하지 않고 지탱해 왔는가?
- 자살을 시도한 것이 어떻게 도움이 되었는가?

(노길희. 2023. pp. 206).

6) 관계성 질문(Relationship Question)

내담자와 중요한 관계에 있는 사람을 활용하는 질문이다. 사람이 자신의 희망, 힘, 한계, 가능성 등을 지각하는 방식은 자신에게 중요한 타인이 자신을 어떻게 보고 있을 것이라는 생각과 밀접한 관계가 있다. 때때로 내담자는 문제가 해결되었을 때 자신의 생활에 무엇이 달라질 것인지에 대하여 전혀 예측하지 못하는 경우도 있다. 그러나 내담자가 자기 자신을 중요한 타인의 눈으로 보게 되면 이전에는 없었던 가능성을 만들어 낼 수도 있다.

표 4-8 **관계성 질문**

💬 **예시**

- 아들이 귀가가 늦는다고 엄마에게 전화를 하면 아들은 엄마에게 어떻게 반응하기를 바라는가?
- 최근에 당신의 관계에서 작은 긍정적인 변화가 있었던 순간을 기억하는가? 그 변화가 당신에게 어떤 영향을 미쳤는가?
- 부부 사이가 좋아지면 자녀들이 어떻게 반응할까?

(한국단기가족치료연구소, 2013; 한국단기가족치료연구소, 2014).

7) 보람 질문(Meaningful Question)

상담의 결과로 긍정적인 상황이 발생했을 때, 상담에 온 것이 보람이 있었음을 내담자가 탐색하도록 유도하여 목표를 설정하는 질문이다. 이 질문은 내담자가 상담에 대한 기대를 통해 욕구를 분명하게 파악할 수 있게 하고, 구체적으로 목표를 설정할 수 있게 해준다(한국단기가족치료연구소, 2013; 한국단기가족치료연구소, 2014).

8) 악몽 질문(Nightmare question)

악몽을 꾸었다는 상황을 가정함으로써 내담자가 무언가를 시도하게 하기 위한 도구로 사용하는 문제 중심적 질문이다. 해결중심 상담이론의 원리에는 반대되는 접근이지만, 내담자에게 뭔가 더 나쁜 결과를 피하기 위한 해결책을 찾게 된다는 논리가 설명되며, 상담자를 믿을 때 사용한다(한국단기가족치료연구소, 2013; 한국단기가족치료연구소, 2014).

9) 간접적인 칭찬(Indirect praise)

내담자가 긍정적인 대처 방법을 발견하게 하는 질문이 잘 설명되어 있다. "어떻게 그렇게 할 수 있었습니까?"라는 질문이 내담자가 그동안 해 왔던 대처 방법이 긍정적임을 암시하는 질문이다. 내담자가 스스로 자신의 강점이나 자원을 발견하게 하므로 간접적인 칭찬보다 더 효과적이다(한국단기가족치료연구소, 2013; 한국단기가족치료연구소, 2014).

10) 질문(What else question)

내담자의 긍정적인 측면, 즉 장점, 성공적인 경험, 자원 등을 이끌어내고, 예외를 더 발견하려는 질문입니다. "그 외에 또 무엇이 있습니까?"라는 질문은 내담자가 자신이 가진 자원이나 긍정적인 경험을 다시 생각하게 하여, 문제 해결의 실마리를 이끌어 내고, 예외를 더 발견 하려는 질문이다(한국단기가족치료연구소, 2013; 한국단기가족치료연구소, 2014).

바. 공헌과 한계

해결중심 상담이론의 공헌과 한계는 다음과 같다. 먼저, 해결중심 상담이론의 공헌은 내담자의 과거 문제 해결에만 집중하지 않고, 일상생활에서 성공 경험을 바탕으로 문제에 직면하고 해결에 집중한다. 이 접근법은 내담자의 잠재 능력을 발견하고 인정하며 강화하고 확대하는 데 중점을 둔다.

둘째, 상담목표 설정을 중시하여, 문제 해결에 주체적으로 참여하도록 유도한다. 목표 설정을 통해 내담자는 자신이 원하는 변화에 대한 명확한 방향성을 갖게 된다.

셋째, 모델과 기법의 설명이 간단하고 명료하여 핵심에 집중할 수 있다. 상담 과정에서 복잡성을 줄이고 핵심적인 요소에 주목할 수 있게 한다.

마지막으로, 해결중심 상담은 실제 단기 치료 접근 방법으로서, 계획된 방법을 실행하고 평가를 확인할 수 있으며, 내담자가 스스로 문제 해결을 위해 작은 변화를 시작하도록 도움을 준다. 이는 효과적인 단기 치료가 가능하게 한다.

해결중심 상담이론의 한계는 다음과 같다 첫째, 표면적인 해결로 문제 해결에 초점을 맞추기 때문에 근본적인 원인을 파악하지 못할 수 있는 한계가 있다. 이론이 문제의 깊은 원인보다는 눈에 보이는 해결책에 집중하는 경향이 있다. 둘째, 단시간 효과적인 문제 해결이 가능할 것이라 기대할 수 있지만, 실제로는 많은 시간과 노력이 필요할 수 있다. 장기적인 접근과 지속적인 노력이 요구된다(송성자. 2003. pp. 401).

연습 문제

01 다음의 상담자는 정신분석 이론으로 내담자와 상담을 진행하고 있다. 상담자가 사용한 상담기법은 무엇인가?

> **보기**
>
> 내담자: 꿈에서 어떤 사람이 건물을 무너뜨리려 해요. (중략) 그런데 그 사람도 누군가에게 고용된 것 같아요.
> 상담자: 꿈에 등장한 어떤 사람에 대해 어떤 생각이 떠오르나요?

정답 자유연상

02 다음 중 정신분석상담에서의 상담자역할로 적절하지 <u>않은</u> 것은 ?

① 내담자 스스로가 직면할 수 없는 불안과 두려움에 대한 상담자의 이해를 적절한 순간에 적합한 방법으로 공감해 준다.

② 내담자가 스스로 이해하기 어려운 무의식적 갈등에 대한 통찰을 하도록 해석을 해준다.

③ 변화에 대한 두려움으로 내담자가 보일 수 있는 저항을 적절히 다루어 줌으로써 자신의 행동을 이해하도록 하는 책임을 가지게 해준다.

④ 내담자의 과거 보다 현재와 미래에 초점을 맞춘다.

⑤ 내담자가 자기통찰을 통해 이해한 것을 일상생활에 일반화할 수 있도록 격려해준다.

정답 ④

03 보기에 해당하는 방어기제로 옳은 것은?

보기

　　어린시절 충격적인 사건을 겪은 후, 사건과 관련된 외상경험을 기억하지 못한다.

① 승화　　② 퇴행　　③ 취소　　④ 투사　　⑤ 억압

정답　⑤

04 정신분석이론에 관한 설명으로 적절하지 <u>않은</u> 것은?

① 무의식이 인간행동을 결정한다.
② 자아는 본능적 욕구가 현실적으로 만족될 것을 추구한다.
③ 방어기제는 무의식적인 자아의 과정으로 건강한 사람에게도 나타날 수 있다.
④ 인간의 정신에너지 체계는 폐쇄체계이다.
⑤ 초자아, 자아, 원초아가 출생부터 형성된다.

정답　⑤

05 정신분석상담에서 전이분석이 중요한 이유로 가장 적합한 것은?

① 내담자에 대한 상담자의 감정이 나온다.
② 상담자의 감정을 드러내지 않게 해준다.
③ 무의식의 내용을 알 수 있는 최선의 길이다.
④ 내담자에게 현재 관계에 대한 과거의 영향을 깨닫게 해준다.
⑤ 내담자를 이완시키고 자신의 감정에 집중하도록 도와준다.

정답　④

06 시험불안 증세를 보이는 학생에게 적용할 수 있는 행동주의 상담기법은 무엇입니까? (2006 초등)

① 시험불안과 관련된 내담자의 방어기제를 해석한다.
② 불안위계목록을 작성하고 단계적으로 둔감화시킨다.
③ 내담자가 말하는 내용 속에 다른 숨은 의도가 있는지 분석한다.
④ 내담자에 대한 상담자의 생각과 감정을 솔직하게 이야기해 준다.
⑤ 바람직한 행동에 대한 목록을 정해놓고 보상을 주어 행동변화를 유도한다.

정답 ②

07 보기는 수업에서 활용한 상담기법이다. 옳게 설명한 것은 무엇입니까? (2008 중등)

> 선생님은 수학 시간에 (㉠) 일차방정식을 푸는 과정을 보여주고 학생들에게 그 방법을 적용하여 문제를 따라서 풀어보도록 하였다. 그리고 (㉡) 학생들이 문제를 맞게 풀 때마다 칭찬을 하고 스티커 한 장을 주며 네 장 이상 모으면 자기가 하고 싶은 활동을 해도 좋다고 하였다. (㉢) 문제를 풀지 않고 떠들거나 다른 행동을 하는 학생에게는 교실 뒤편에 서서 선생님이 풀어놓은 방정식을 보도록 하였다.

	㉠	㉡	㉢
①	모델링	부적강화	자극통제
②	모델링	부적강화	타임아웃
③	모델링	토큰강화	자극통제
④	모델링	부적강화	타임아웃
⑤	모델링	토큰강화	타임아웃

정답 ⑤

08 다음 빈칸에 들어갈 상담 기법을 순서대로 쓰시오.

> (㉠)는 보상을 제공하여 행동에 대한 반응을 높인다. (㉠)는 반응을 높이기 위해 자극을 제공하는 것으로 성적이 오르면 용돈을 올려주는 것과 같다.
> (㉡)는 바람직한 행동이 나타나면 위협적인 것을 면제해주는 것으로 수업태도가 좋으면 과제를 면제해주는 것이다.

정답 ㉠ 정적강화, ㉡ 부적강화

09 행동주의 상담에서 상담 과정을 쓰시오.

정답 상담 관계 형성, 문제행동 규명, 내담자의 현재 상태 파악, 상담목표의 설정, 상담 기술의 적용, 상담 결과의 평가, 상담 종결의 단계

10 다음 보기 가 설명하고 있는 형태주의 상담의 개념을 쓰시오.

보기

> '전체, 형상, 형태, 모습' 등의 뜻을 지닌 독일어로, '개인에 의해 지각된 자신의 행동 동기'를 의미한다. 즉, 개체는 자신의 욕구나 감정을 하나의 의미 있는 행동 동기로 조직화하여 지각하는 것을 말한다.

정답 게슈탈트(Gestalt)

11 다음 보기 가 설명하고 있는 형태주의 상담의 개념을 쓰시오.

보기

　인간은 어떤 대상을 지각할 때 관심 있는 부분은 지각의 중심 부분으로 떠올리고, 관심 밖의 부분은 배경으로 물러나는 것을 알 수 있다. 이처럼 어느 한 순간에 관심의 초점이 되는 부분을 (　①　)이라 하고, 관심 밖으로 물러나는 부분을 (　②　)이라고 한다.

정답　① 전경, ② 배경

12 다음 보기 가 설명하고 있는 형태주의 상담의 개념을 쓰시오.

보기

　개체가 자신의 유기체 욕구나 감정을 지각하여 형태로 형성하여 전경으로 떠올리는 행위를 말한다. 알아차림은 생리, 감각, 감정, 인지, 지각, 행동 등의 모든 영역에서 일어날 수 있으며, 누구에게나 자연적으로 갖추어져 있는 능력이다.

정답　알아차림(awareness)

13 다음 보기 가 설명하고 있는 형태주의 상담기법을 쓰시오.

보기

　형태주의 상담에서 가장 많이 쓰는 기법 가운데 하나로서, 흔히 현재 상담 장면에 와 있지 않은 사람과 관련된 사건을 다룰 때 사용한다. 내담자가 현재 함께 없는 사람과의 상호작용이 필요할 때 사용하는 기법이다.

정답　빈 의자 기법

14 다음 보기 가 설명하고 있는 형태주의 상담기법을 쓰시오.

> **보기**
>
> 내담자가 한 말을 반복하게 하거나 혹은 큰 소리로 말하게 함으로써 혹은 작은 목소리를 더욱 작은 소리로 표현하도록 요구함으로써 내담자의 감정 자각을 도와줄 수 있는 기법이다.

정답 과장하기

15 다음 보기 가 설명하고 있는 형태주의 상담기법을 쓰시오.

> **보기**
>
> '그것, 우리' 대신에 '나는'으로, '무엇을 해야 한다' 대신에 '나는 무엇을 하고 싶다'로 변경하여 표현해야 한다. "~해서는 안 될 것이다." 등 객관적인 어투로 말하는 경우에 "나는 ~하고 싶다.", "나는 ~하기 싫다." 등으로 바꾸어 말하게 하여 내담자가 자신의 욕구나 감정에 대한 책임 의식을 갖게 한다.

정답 언어 자각

16 다음 보기 에서 설명하고 있는 상담이론의 개념을 주장한 사람을 쓰시오.

> **보기**
>
> 내담자의 변화를 가져오기 위한 조건으로서 상담자와 내담자 간의 신뢰 관계 형성이 중요하다. 신뢰 관계를 형성하기 위해서는 상담자는 긍정적이든 부정적이든 자신의 행동이나 감정에 솔직해야 한다. 진솔성 또는 일치성이란 상담자기 내담자를 대할 때에 가식이나 왜곡, 겉치레기 없는 것을 말한다. 즉, 진실하고 솔직하다는 뜻이다.

정답 로저스

17 다음 `보기`가 설명하고 상담의 기법을 쓰시오.

`보기`

　상담자가 내담자의 감정에 빠져들지 않으면서 내담자의 감정을 자신의 감정인처럼 느끼는 것을 의미한다. 상담자가 내담자의 내면세계에 대하여 이해한 바를 전달하는 것으로 상담 초기에는 언어적 전달 내용에 근거하여 가장 두드러지게 생각과 감정을 반영하나, 상담자가 내담자를 더 잘 알게 될수록 내담자가 인식하지 못하고 있는 감정들을 인식하고 전달하는 것도 가능하여 정서적 변화를 잘 포착하고 깊은 교감이 이루어질 수 있게 된다.

정답 일치성 또는 진솔성

18 다음 `보기`와 같은 상담목표를 가진 상담이론을 쓰시오.

`보기`

- 내담자의 자기 개념과 유기체적 경험 간의 불일치를 제거하여 충분히 기능하는 사람이 되도록 돕는다.
- 자신의 잠재력을 최대한 발휘하여 자기 실현의 방향으로 나아가게 한다.
- 상담의 궁극적 목표는 내담자가 가진 문제 해결에 그치지 않고 내담자의 성장 과정을 도와 앞으로의 문제까지 잘 다룰 수 있도록 돕는 것이다.

정답 인간중심 상담이론

19 다음 `보기`가 설명하고 상담의 기법을 쓰시오.

`보기`

　내담자의 행동, 감정, 생각 자체에 대하여 어떤 판단이나 평가도 하지 않고, 내담자를 하나의 인격체로 무조건적으로 존중하고 있는 그대로의 모습을 따뜻하게 수용하여야 한다.

정답 무조건적 긍정적 존중

20 다음 보기와 같은 공헌과 한계를 설명하는 상담 이론을 쓰시오.

> 상담의 초점을 기법 중심에서 상담 관계 중심으로 돌려놓았다. 또 개인 상담, 집단상담, 가족상담의 발전에 큰 영향을 미쳤고, 잘 훈련된 전문가들의 독점물이었던 상담을 모든 사람이 이해할 수 있고 활용할 수 있는 방향으로 발전시키는 데 많은 공헌을 하였다.

정답 인간중심 상담이론

21 다음의 보기가 설명하고 있는 상담의 개념을 주장한 사람을 쓰시오.

보기

> • 자동적 사고는 사람들이 경험하는 심리적 문제는 스트레스 사건을 경험했을 때 자동으로 떠오르는 부정적인 생각들이다.
> • 역기능적 인지 도식은 특정한 시간에 의해서 촉발되어 활성화될 때까지 드러나지 않은 채 잠복 상태로 있게 된다.

정답 벡(Beck)

22 다음 보기가 설명하고 상담의 기법을 쓰시오.

보기

> 수정이는 부모님이 이혼하셔서 우울해하고 힘들어한다. 수정이를 우울하게 만드는 것은 부모의 이혼 자체(A)가 아니라 부모님의 이혼에 대한 수정이의 생각이다. 즉, 우울증(C)을 일으키는 것은 부모의 이혼이라는 실제적 사건이 아니라 주로 거부나 실패에 대한 수정이의 신념(B)이다. 수정이는 부모가 이혼한 것(A)이 자기가 항상 운이 없는 나쁜 아이이기 때문에 생긴 일이라고 생각하거나 앞으로 친구들의 놀림감이 되거나 부모 모두가 자기를 버릴 것이라는 생각을 하면서(irB) 비행을 저지르거나 자기 비난과 우울증을 겪게 될 수 있다(C). 상담자는 논박 과정(D)을 통해 수정이가 가지고 있는 잘못된 신념체계를 버리고 새로운 사고(E)를

갖도록 도와줄 수 있다. 이 과정이 잘 이루어지면 수정이의 심한 불안이나 우울에서 벗어나 적절한 느낌이 들게 되고(F) 새로운 관점에서 자기에게 주어진 삶을 받아들이고 바라볼 수 있게 될 것이다.

정답 비합리적 신념 논박하기(ABCDEF)모형

23 다음 보기가 설명하고 상담의 기법을 쓰시오.

보기

준희는 공부 시간에 가만히 앉아있지 않고 주어지는 과제를 끝까지 해내지 못한다. 상담교사는 소리 내어 생각하면서 그림을 보고 따라 그리게 시킨다. "자, 지금 나는 뭘 해야 하지? 나는 천천히 주의해서 이 글씨를 보고 따라 써야 해. 응, 그래. 좋아. 잘하고 있어. 이 부분은 조금 삐뚤어졌네. 다시 잘해보자. 잘 안되더라도 천천히 계속해서 하면 돼."

정답 자기 교시 훈련

24 다음 보기가 설명하는 최근의 인지행동 치료를 쓰시오.

보기

기존의 인지치료는 우울증 환자들의 역기능적 태도와 사고를 합리적으로 바꾸는 것이 핵심이었으나, (   )는 부정적인 자동적인 사고에 주목하기보다 사고에 대한 탈중심적인 접근을 강조한다. 즉, 의식 차원에서의 생각이나 신념을 발견하고 교정하려 하기보다는, 평상시 감지하지 못하던 심신의 느낌에 주목하고 집중하여 자신의 상태를 인식하고, 있는 그대로의 자신을 받아들이는 수용을 강조한다.

정답 마음챙김 기반 인지치료(Mindfulness-Based Cognitive Therapy: MBCT)

25 다음 보기 에서 상담의 공헌과 한계점을 설명하는 상담이론을 각각 쓰시오.

보기

　　（　　　）상담의 공헌은 첫째, 누구든지 쉽게 배울 수 있고 상담의 효과성이 크다는 점이다. 둘째, 상담 기간이 비교적 짧다는 점이다. 셋째, 절충적 접근을 강조한다는 점이다.

　　（　　　）상담의 한계점은 첫째, 심각한 장애가 있는 사람에게는 적용하는 데 어려움이 있다. 둘째, 상담자의 철학적 관점이나 가치가 내담자에게 강요될 수 있다는 점이다. 셋째, 과거의 경험, 전이, 미해결 과제 등 인간 행동에 영향을 주는 중요한 측면을 경시한다는 점이다. 넷째, 상담자와 내담자 사이의 치료적 관계를 경시한다는 점이다.

　　상담의 공헌점은 첫째, 우울, 불안, 공포 치료, 외상후 스트레스 장애, 조현병, 망상장애, 양극성 장애 등 다양한 성격장애와 광범위한 임상적 문제에 대한 효율성을 제공하였다. 둘째, 검사 도구들의 사용으로 세상을 보는 자신의 방식을 객관적으로 이해하는 데 도움을 주었다. （　）상담의 한계점은 첫째, 긍정적 사고의 힘을 지나치게 강조하고 지나치게 피상적이며 극단적으로 단순하다는 것, 과거의 중요성을 부정하고 지나치게 기법에 의존하였다. 둘째, 상담 관계를 제대로 활용하지 못하고 증상 제거에 관한 관심에 그침으로써 문제의 근원을 탐색하지 않고 무의식적인 요인의 역할을 무시했다는 점과 감정의 역할을 부정했다.

정답 합리·정서 행동, 벡(Beck)의 인지행동 상담

26 아들러의 개인심리학 상담이론에 관한 설명으로 옳지 <u>않은</u> 것은?

① 지배형 생활양식은 사회적 관심은 낮으나 활동수준이 높은 유형이다.
② 개인이 궁극적으로 추구하는 목적은 가상적 목표이다.
③ 인간은 목적론적 존재이다.
④ 아동에 대한 방임은 병적 열등감을 초래할 수 있다.
⑤ 사회적 관심은 선천적으로 타고난 것이어서 의식적인 개발과 교육이 필요하지 않다.

정답 ⑤

27 아들러의 생활양식 유형중 '지배형'에 관한 설명으로 옳은 것은?

① 사회적 관심이 적고 활동수준이 높아 독단적이고 공격적이며 자신의 욕구를 충족시킨다.

② 사회적 관심과 활동수준이 높아 자신과 타인의 욕구를 동시에 충족시키며 인생과업을 완수한다.

③ 사회적 관심과 활동수준이 낮은 유형으로 성공보다 실패하는 것을 더 두려워 한다.

④ 기생적인 방법으로 외부세계와 관계를 맺으며 다른 사람에게 의존하여 자신의 욕구를 충족한다.

⑤ 심리적으로 건강한 사람의 표본이 되고 다른 사람의 복지를 위해서 협력하려는 의지를 가진다.

정답 ①

28 아들러의 개인심리학 상담에서 상담목표 4가지를 쓰시오.

정답 자존감 향상, 열등감 해소, 생활 양식의 수정, 공동체 정신의 함양

29 다음 보기 가 설명하고 있는 개인심리학 상담 기법을 쓰시오.

보기

　개인은 자신이 소망하는 어떤 감정을 창조할 수 있고 자기가 원하는 결정을 한다. 상황은 마치 개인이 자신의 손안에 단추를 가지고 갈망하는 어떤 정서를 창조하기 위해 단추를 누르는 것처럼 설정한다.

정답 단추 누르기 기법

30 다음 보기 가 설명하고 있는 개인심리학 상담의 개념을 쓰시오.

보기

　개인의 성격을 움직이는 체계적 원리로서 부분에 명령을 내리는 전체의 역할을 한다. 개인의 독특성, 즉 삶의 목적, 자아개념, 가치, 태도 등을 포함하는 것으로 삶의 목적을 달성하는 독특한 방법들이다.

정답　생활양식

31 다음 보기 가 설명하고 있는 개인심리학 상담 기법을 쓰시오.

보기

　내담자가 자신의 증상의 목적을 이해하게 된다면, 여전히 증상을 이용할 수는 있지만, 바라는 효과는 상당히 상실하게 될 것이다. 즉, 내담자가 자기패배적 행동의 감추어진 동기를 인정하게 함으로써 그 유용성을 감소시켜 행동을 제거하는 기법이다.

정답　수프에 침 뱉기

32 다음 중 현실치료 상담이론에서 제시한 기본적인 욕구에 해당하지 <u>않는</u> 것은 무엇입니까?

① 생존에 대한 욕구
② 자존의 욕구
③ 힘과 성취에 대한 욕구
④ 자유에 대한 욕구
⑤ 즐거움에 대한 욕구

정답　②

33 다음 중 현실치료 상담이론의 특징으로 해당하지 <u>않는</u> 것은 무엇입니까?

① 책임감에 대한 강조
② 자율적이고 합리적인 모습 강조
③ 내담자 스스로 계획수립 및 수행평가
④ 유머의 사용
⑤ 과거 경험에 대한 탐색

정답 ⑤

34 다음 보기 가 설명하고 있는 현실치료 상담의 개념을 쓰시오.

보기

    윌리엄 글래써는 우리가 기능하는 방법과 자동차가 기능하는 방법을 비교하여 (　　　)의 개념을 설명한다. 우리들의 욕구는 자동차의 엔진에 해당되고 바람은 핸들이 되어 자동차가 되어 가고 싶은 방향으로 가게 되어 있다. (　　　)은 자동차의 앞바퀴에 해당되는 활동하기(doing, acting), 생각하기(thing)와 뒷바퀴에 해당되는 느끼기(feeling), 신체반응하기(physiology)등의 네 가지 요소로 구성되어 있으며, 이 요소들이 모두 모여 하나의 행동으로 나타나기 때문에 모든 행동에는 이 네 요소가 반드시 포함되어 있다고 본다.

(　　　　　　　　　　　　　)

정답 전행동(Total Behavior)

35 현실치료 상담의 RWDEP 과정에 대한 설명으로 해당하지 <u>않는</u> 것은 무엇입니까?

① R(Relationship): 상담자와 내담자 간의 신뢰 관계 구축
② W(Wants): 내담자의 욕구와 목표 탐색
③ D(Doing): 현재 행동을 탐색하고 평가

④ E(Evaluation): 내담자가 기대하는 것이 무엇인지 탐색

⑤ P(Planning): 새로운 행동 계획을 세우고 실천하도록 도움

정답 ④

36 다음 중 교류분석 상담이론의 인간관에 해당되는 것은?

① 인간은 선택하고 새로운 결정을 내릴 수 있다.

② 인간은 끊임없이 되어 가는 존재로서 자아실현 경향성을 가지고 있다.

③ 사람은 궁극적으로 자기 결정적이며, 자신의 삶에 대한 책임 능력이 있다.

④ 인간의 행동은 그것을 구성하는 구성 요소, 즉 부분의 합보다 큰 전체이다.

⑤ 인간은 누구나 자신의 삶의 주인이 될 수 있다.

정답 ①

37 다음 중 교류분석 상담이론의 상담기법에 해당하지 <u>않는</u> 것은?

① 허용은 내담자의 '어버이 자아'가 내담자에게 해서는 안 된다고 말했던 것을 하도록 허가해 주는 기법이다.

② 잠재력은 적절한 시기에 적절한 상담기술을 사용할 수 있는 상담자의 능력을 말한다.

③ 보호는 어버이 자아를 포기하는 것을 허가하는 것으로 인한 내담자 속의 어린이 자아의 두려움을 상담자가 지지해 주는 기법이다.

④ 환경 자각은 주위 환경에서 체험되는 자연경관, 풀냄새와 새소리 등을 자각하는 훈련을 통해 내담자의 감정과 욕구의 자각을 돕는 기법이다.

⑤ 결정화(crystallization)는 내담자가 스트로크를 받기 위해 사용해 왔던 게임을 그만 두고 자유로워지도록 내담자에게 설명하는 기법이다.

정답 ④

38 다음 보기 가 설명하고 있는 교류분석 상담의 개념을 쓰시오.

보기

　어린 시절 부모나 중요한 타인들과의 스트로크를 토대로 조성되는 자기 또는 타인에 대한 기본 반응 태도 및 이에 기인하는 자기상이나 타인상을 말한다. 또한 아동의 욕구와 감정을 표현했을 때 부모의 반응양식에 대한 아동의 반응이자 그 반응에 따른 결정의 결과이며, 개인 인생각본을 구성하는 주요 요소이다.

정답 　생활자세

39 다음 보기 가 설명하고 있는 교류분석 상담의 개념을 쓰시오.

보기

　게임을 통해 경험하게 되는 불쾌한 감정들이 누적됨에 따라 형성되는 만성적인 불쾌감정을 말한다. 게임을 통해 습득한 불쾌한 감정으로 억압되었거나 금지된 감정의 대체 감정 또는 타인을 이용하려고 사용하는 감정으로서 스트레스 상황 속에서 경험하게 되며 문제를 해결하는 데는 결코 도움이 되지 않는 부정적인 감정이다.

정답 　라켓

40 다음 보기 가 설명하고 있는 교류분석 상담의 개념을 쓰시오.

보기

　사회적 행동의 동기를 제공하는 요인으로서 타인으로부터 얻어지는 인정 자극을 말한다. 주로 포옹, 머리 쓰다듬기 등 신체적 접촉을 통해 제공되며 성장하면서 언어, 표정, 관심 등으로 대체 된다.

정답 　스트로크(stroke)

41 다음 해결중심 상담이론의 목표 설정에 해당하는 설명으로 옳은 것을 고르시오.

① 내담자가 일상생활에서 성취 가능한 것만 한다.
② 혼자 하기 힘들고 큰 사건만 목표로 잡는다.
③ 구체적이고 명확하며 행동적이어야 한다.
④ 부정적인 행동에 관심을 두고 내담자의 자원에 초점을 둔다
⑤ 문제를 없애기보다는 긍정적인 행동에 집중한다.

정답 ①, ③, ⑤

42 다음 중 해결중심 상담이론의 질문기법으로 <u>아닌</u> 것을 고르시오.

① 예외 질문   ④ 대처 질문
② 기적 질문   ⑤ 종결 시 변화에 관한 질문
③ 척도질문

정답 ⑤

43 다음 〔보기〕에 해결중심 상담이론의 질문기법을 쓰시오.

〔보기〕

　내담자의 마음 상태를 '문제 중심'에서 '해결중심'으로 전환하는 데 도움을 주며, 상담 모델에서 가장 중요한 질문 기법이다.
　예시) 당신은 처음에 무엇을 보면 기적이 일어났다고 생각하겠는가?
　　　　당신의 변화에 어떻게 반응할까?
　　　　기적이 이미 발생하고 있는 것을 알 수 있는 아주 작은 신호가 무엇인가?

정답 기적 질문

쌔 다음 보기 가 설명하고 있는 해결중심 상담이론 질문기법을 쓰시오.

보기

  자신의 문제와 문제의 우선순위, 성공에 관련한 태도와 정서적 관계, 자아존중감, 문제 해결 가능성에 대한 확신, 변화를 위해서 투자할 수 있는 노력, 변화를 위한 동기, 진행에 관한 평가 등의 수준을 수치로 표현하도록 한다.
  예시) 1부터 10까지의 척도에서 10은 만족한 상태이고 1은 낮은 상태를 말한다.
     오늘은 학교생활 만족도를 표현한다면 몇 점에 해당하는가?

정답 척도질문

05

상담의 실제 사례

상담의 실제 사례

　"구슬이 서말이라도 꿰어야 보배"라는 옛말이 있다. 상담자로서의 역량을 갖추기 위해 오랜 시간 갈고 닦은 노력을 상담현장에서 보배로 만들고자 하는 소망은 모두가 가지고 있을 것이다. 그리고 그러한 노력은 마무리가 없고 항상 진행형이다. 상담자로서 이러한 고단한 과정을 기꺼이 감수하는 것은 사람들을 만나고 그들의 삶과 마음을 들여다보고 그들이 짊어진 무게를 더는 데 조금이나마 힘이 되어줄 수 있기 때문일 것이다.

　사회가 점점 더 세분화되고 복잡해지면서 사람들이 겪는 심리 · 정서 · 행동 문제도 그만큼 더 다양해지고 있는 실정이다. 따라서 이에 대처하기 위한 상담자들의 노력도 더 요구되고 있다. 여기에서 모든 문제유형들에 대한 상담 사례 및 한 사례에 대한 다각도의 적용상담기법를 제시할 수는 없지만 이 장에서는 가족 상담 사례, 아동 · 청소년 상담 사례, 특수아 상담 사례, 다문화 상담 사례, 학습 상담 사례, 진로 상담 사례, 중독 상담 사례, 자살 · 자해 상담 사례, 학교폭력 상담 사례, 사이버 상담 사례를 중심으로 살펴보고자 한다.

① 가족상담 사례

가. 가족상담의 개념

　가족상담(Family Counseling)이란 가족의 생활상의 문제, 가족 간의 부적응과 갈등 등의 문제해결을 도움으로써 원만한 가정생활과 가족구성원의 적응 및 성장을 촉진시키는 활동이다. 미국정신의학협회(APA)에서는 가족 중 한 사람 이상을 한 회기에 동시에 상담하며 상담은 지지적, 지시적 또는 해석적일 수 있고 가족 중 한 사람의 정신장애는 다른 가족들에게도 존재할 수 있으며 상호관계와 기능에 영향을 줄 수 있다. 또 가족은 독립적인 존재가 아니라 하나의 체계, 상호교류의 양상에 개입하여 증상이나 행동의 변화를 추구하고 가족구성원은 능동적인 존재고 증상은 역기능적 상호작용의 결과라고 가정한다.

나. 가족상담의 특징

가족구성원 간의 관계를 개선하고 갈등을 해결하기 위해 전문적인 심리적 지원을 제공하는 과정으로 상담자와 내담자 간의 협동적인 관계를 중요시하며 문제 해결을 위한 접근 방식을 채택한다. 가족상담의 핵심은 문제 자체보다는 해결에 초점을 맞추는 것이며 내담자의 개인적 역량, 강점, 경험 등을 자원으로 활용하여 문제를 해결하도록 돕는 데 중점을 두고 있다.

가족상담에서는 가족구성원들이 스스로 문제를 해결할 방법을 모색하도록 지원하면서 가족이 직면한 문제를 실질적으로 해결하는 데 도움을 주며 가족이 설정한 목표를 명확히 하고 이를 달성하기 위한 구체적인 행동계획을 수립하는 데 중점을 둔다. 단순히 개별적인 문제해결을 넘어서 가족 전체의 기능 향상에 기여하며 가족구성원 간의 상호작용을 개선하고 건강한 역할 분담과 의사소통을 촉진함으로써 가족 전체가 더 안정적이게 지원하는 환경을 형성할 수 있도록 돕는다. 즉 내담자의 자원을 활용하여 목표를 달성하고 가족 전체의 기능을 향상하는 데 중점을 두는 것이 가족 상담의 핵심이다.

다. 가족상담 필요성

가족 상담은 가족구성원 간의 갈등을 해결하고 관계를 개선하기 위한 중요한 방법으로 부부 문제, 부모-자녀 관계, 고부갈등 등과 같은 일상적인 가족 문제를 다루며 가족 간의 상호작용을 개선하는 데 중점을 둔다. 가족상담의 핵심 목적 중 하나는 가족 내에서 개인의 적응력을 향상하고 기능을 개선하는 것이고 가족구성원들 모두 각기 다른 역할과 책임을 지고 있으며, 이러한 역할에 효과적으로 적응할 수 있도록 돕는 것이 가족상담의 중요한 역할이다. 그러므로 가족상담 과정에서 개인의 적응력과 문제 해결 능력을 강화하고 가족 내에서 원활한 기능 수행을 지원한다.

또한 가족상담은 건강한 가족 역동성 증진에 기여하며 가족원 간의 상호작용을 개선하여 가족 전체의 기능을 향상시키고, 건강한 가족생활을 유지하도록 돕는다. 이를 통해 가족 구성원들은 더 긍정적이고 지원하는 환경에서 생활할 수 있다.

심리적 지원 역시 가족상담의 중요한 요소로 가족구성원이 겪는 심리적 문제나 스트레스를 다루는 데 도움을 주며 각 개인의 정서적 안정과 성장을 촉진한다. 상담 과정에서는 정서적 어려움을 극복할 수 있는 방법을 모색하고 가족구성원이 서로의 지지를 받을 수 있는 기반을 마련한다.

라. 상담 접근법

가족상담을 위한 다양한 기법 및 접근법을 제시하면 다음과 같다.

첫째, 보웬의 가족체계이론(Bowen Family Systems Theory)은 가족 내에서 개인의 정서적 독립성을 강조하며, 가족 구성원이 자신의 감정적 문제를 분화시킴으로써 건강한 관계를 형성할 수 있다고 주장한다. 세대 간 반복되는 갈등을 해결하기 위한 상담에서 자주 사용된다.

둘째, 구조적 가족상담(Structural Family Therapy)은 살바도르 미누친(Salvador Minuchin)이 제시한 이론으로, 가족 내 상호작용에서의 위계질서와 역할 분배에 초점을 맞춘다. 가족의 하위체계와 경계(boundaries)가 제대로 설정되지 않았을 때 가족 내 문제가 발생할 수 있으며, 상담을 통해 가족 구조를 재구성하는 것을 목표로 한다.

셋째, 해결중심 가족상담(Solution-Focused Family Therapy)은 문제의 원인보다는 해결에 초점을 맞춘 상담 이론으로 가족 내 문제가 아닌 해결책을 찾고 이를 구체적으로 실현할 수 있도록 돕는 데 중점을 둔다. 내담자와 상담자가 함께 목표를 설정하고, 내담자가 이미 가지고 있는 자원과 강점을 활용하여 실질적인 변화를 도모하고자 한다.

넷째, 전략적 가족상담(Strategic Family Therapy)은 제이 헤일리(Jay Haley)에 의해 발전된 이론으로 상담자가 직접적인 지시를 통해 가족 내 문제를 해결하는 데 중점을 둔다. 문제 해결을 위해 가족 구성원들이 기존의 상호작용 패턴을 바꾸도록 유도하는 것이 핵심이며, 상담자는 내담자에게 문제 상황을 더욱 극대화하도록 지시하는 역설적 기법을 통해 변화 동기를 자극한다.

다섯째, 내러티브 가족상담(Narrative Family Therapy)은 가족 내에서 만들어진 이야기를 통해 문제를 재구성하는 과정에 중점을 둔다. 가족 구성원이 겪고 있는 문제를 하나의 이야기로 보고, 그 이야기를 다시 쓰는 과정에서 문제를 재해석하고 극복하는 데 도움을 준다.

마. 가족상담 사례

표 5-1 사례: "평범한 가족처럼 대화하고 싶어요."

1. 내담자 정보

내담자는 알코올문제(매일 소주 2병 정도), 갑작스러운 분노 표출, 폭력적 언행(폭언과 물건 집어 던지기 등) 등 가정폭력을 수년간 지속해 왔다. 이로 인해 부부 간의 원만한 대화가 어려워지고 있으며, 아내는 이혼을 심각하게 고려하면서 항상 긴장 상태에 놓여있다. 가족구성원은 남편(53세, 5형제 중 장남, 고졸, 재혼), 아내(54세, 외동, 고졸, 재혼), 첫째아들(28세, 대학졸업 후 타지역에 거주), 둘째아들(23세, 대학 휴학 중)

2. 상담목표

표 5-2 가족구성원 상담목표

목표	가족구성원 상담목표
공동 목표	가족간의 의사소통을 개선하기(평화롭게 평범한 가족처럼 대화하기)
남편의 목표	자신의 분노를 조절하기. 음주량 조절하기
아내의 목표	음주량 줄이기, 남편과 대화의 양을 늘리고, 질을 향상
아들의 목표	아버지와 마음 편하게 대화나누기

3. 상담 과정

가. 초기상담: 라포형성, 내담자의 강점과 자원찾기, 상담목표 세우기

1회기	• 남편의 분노 관리와 가족 간의 부드러운 의사소통이 공통목표를 설정하고 상담자는 상담내용을 요약하고 부부가 합의한 공통목표를 강조 • 아들과 남편의 어려움에 정서적으로 깊이 관련되어 있다고 판단되어 다음 회기에 함께 참석할 것을 권유 • 전체적으로 부부는 서로의 감정과 상황을 이해하며 건강한 소통의 필요성을 깨닫는 계기가 됨
2회기	• 아들을 포함한 가족원 모두 함께 어려움을 해결하기 위해서 열심히 노력하고 있는 점을 격려 • 가족원의 공통된 욕구는 남편(부)의 분노 관리와 부드러운 의사소통을 확인하고 향후 이 부분에 집중할 것이라고 말함 • 가족 내에서 조금이라도 소통이 평화롭고 원활하게 이루어질 때를 관찰하는 과제를 내줌

나. 중기상담: 가족의 공동 상담목표 확인, 해결중심적 과거 탐색, 내담자의 정서적 표현을 수용함으로써 부정적 감정 해소 및 긍정적 변화를 확인, 확대, 강화하기

3회기	• 가족구성원들은 변화에 대한 노력 정도를 1에서 10까지의 척도로 표현하도록 함 • 각자의 노력과 어려움을 이해하고 상담에서 더 구체적인 목표 설정과 실질적인 변화 전략을 논의 • 가족구성원 모두 많은 어려움 속에서도 변화의 의지가 높은 점을 확인 • 상담자는 분노 관련 호르몬의 작용과 분노 반응이 90초 안에 끝난다는 정보를 제공하며 시간을 잘 관리할 필요성 강조 • 남편에게는 화를 냈을 때 이유 없이 화를 낼 때 용기를 내어 물어 보도록 권장 • 자녀들에게는 부의 분노를 조절하기 위해 노력하는 순간을 관찰하도록 제안 • 문제해결에 앞서 각 가족원 모두 개인상담을 통해 과거 경험을 새롭게 이해하도록 할 계획을 세우고 4회기는 남편을 대상으로 진행하기로 가족이 함께 합의함

4회기	• 힘든 시간을 견뎌 온 것에 대해 감사를 표하고 솔직한 이야기에 대해서 인정과 격려 • 과제로는 분노를 느끼는 특정 상황과 그때 감정을 인식, 내담자가 분노의 징후를 인지하고 대처할 수 있는 호흡 기술, 시간 갖기, 신체 활동 제안 • 변화의 순간을 강화하기 위해 성공적인 사례를 칭찬하고 격려 • 효과적인 의사소통을 위한 나 전달법(I-message)를 활용한 롤플레잉 연습
5회기	• 내담자(아내) 인생 곡선을 그리게 한 후, 어린 시절을 편안하게 이야기할 수 있도록 질문하면서 가계도를 그림 • 내담자는 힘든 시간을 어떻게 견뎌냈는지, 어떤 도움을 받았는지, 친구가 물어본다면 어떻게 답할지에 대한 질문 • 초혼은 남편의 외도로 이혼하게 된 경험과 양육권 상실로 큰 실패감과 우울증으로 자살 시도와 희귀한 난치성 질환의 과거도 언급 • 상담자는 내담자의 강인한 생명력에 감탄하며 대처 질문과 관계 성 질문을 통해 내담자가 자신의 강점과 자원을 스스로 재확인할 수 있도록 도움
6회기	• 성장 과정에서 어려움을 잘 견디고 살아가려고 노력해 온 것에 대해 격려 • 과제로 아버지가 변화하려고 노력을 기울이는 시점과 그로 인해 다른 결과가 나타나는지 관찰하기를 함
7회기	• 상담자는 단기간에 많은 노력을 해온 가족 모두에게 감사를 표하고 내담자들이 보고한 긍정적인 변화에 대한 칭찬 • 과제로는 남편에게는 일주일에 2일 정도 술을 마시지 않고 가족과 시간을 보내는 노력을 해보도록 제안 • 아내에게는 남편이 원하는 바에 따라 하루 1회 정도 전화하여 일상적인 대화를 나누고 주 1일은 평소보다 일찍 퇴근하여 가족과 함께 할 수 있는 취미생활(탁구 등) 및 식사하기 등을 제안

다. 종결상담: 내담자 스스로 세운 상담목표 달성 여부와 긍정적인 변화를 명확하게 인식
하도록 지원하며, 향후 발생할 수 있는 일시적 퇴보를 극복하기 위한 전략 탐색 등

8회기	• 상담자는 아들과 부모가 낯선 기적질문에 잘 반응해 준 것에 대해 고맙다고 말하면서 과제로는 가족이 아들과 함께 그린 기적 그림에 등장하는 작은 일들을 실제 생활 속에서 실천해 보도록 제안
9회기	• 상담자는 내담자 가족의 말을 주의 깊게 경청하며 가족들이 자신이 만든 변화를 명확하게 이해하고 있으며 특히 변화를 유지하는 방법과 퇴보 시 회복 방법을 잘 알고 있다는 점에서 가족의 능력과 의지를 신뢰한다고 강조 • 마지막으로 상담자는 치료 과정 동안 가족원들이 느끼고 생각한 내용을 정리한 편지를 읽어 주도록 함

4. 상담 결과

남편의 분노 관리와 가족 간의 부드러운 의사소통을 목표로 설정한 해결중심 상담에서 가족구성원 모두는 서로 간 변화의 필요성을 인식했다. 남편의 분노 반응 시간을 관리하고 구체적인 대처 전략을 제안하며 가족의 역할을 강조하였다. 남편에게는 음주 습관 조절과 가족과의 시간을 늘릴 것을 권장하고, 아내에게는 일상적인 대화를 통해 소통을 강화하도록 하였다. 가족의 긍정적인 변화와 의지를 인정하고 칭찬하며, 평범한 가족처럼 대화하는 모습을 적극 격려하는 과정 속에 상담 종결시 가족 간의 소통이 더욱 원활해지는 모습을 보였다.

② 아동·청소년상담 사례

가. 아동 · 청소년상담의 개념

상담이란 도움을 필요로 하는 사람이 전문적 훈련을 받은 사람과의 대면 관계에서 생활 과제의 해결과 사고, 행동 및 감정 측면의 인간적 성장을 위해 노력하는 학습과정이다. 이러한 측면에서 아동·청소년 상담의 개념은 아

동과 청소년이 겪는 정서적, 심리적 문제를 이해하고 해결하기 위한 과정으로 감정 관리, 행동 문제, 대인 관계 등 다양한 분야를 포괄하며, 아동·청소년의 전반적인 발달을 지원한다. 즉, 아동·청소년 상담은 아동과 청소년이 정서적, 심리적, 행동적 문제를 해결하고 건강한 발달을 촉진하기 위해 전문가와의 상호작용을 통해 이루어지는 과정이라고 볼 수 있다(Corey, 2016). 아동·청소년 상담의 목적은 주로 문제 해결, 정서적 안정, 자기 이해 증진, 긍정적 대인 관계 형성, 적응력 향상 등을 목표로 하고 있다(Gladding, 2016). 아동·청소년 상담은 발달단계에 맞춰 이루어지며 피아제의 인지발달 이론, 에릭슨의 심리사회적 발달이론과 함께 심리학적 이론으로 행동주의, 인지행동 치료, 정신분석 이론 등 다양한 이론이 아동·청소년 상담의 기초가 된다.

나. 아동·청소년 상담의 필요성

아동·청소년 상담은 원만한 성장과 발달, 그리고 문제행동에 대한 다양한 해결 방안 등을 지원하고 자신에 대한 자아존중감과 정체성을 확립하는 데 있어 필요성이 있다. 이를 구체적으로 살펴보면 다음과 같다.

1) 정서적 지원과 심리적 안정

아동·청소년은 발달 과정에서 다양한 정서적 어려움을 경험할 수 있으며, 이를 적절히 지원하지 않으면 정서적 문제로 이어질 수 있다. 이에 상담을 통해 아동이 자신의 감정을 이해하고 조절할 수 있도록 돕는다(김승복, 2018). 뿐만 아니라 아동·청소년기의 정체성 혼란과 사회적 압박에 대해 전문적인 상담이 필요하다. 즉, 상담을 통해 심리적 안정을 찾고 건강한 정체성을 형성할 수 있다.

2) 문제행동의 해결

학교나 가정에서의 행동 문제는 아동·청소년의 전반적인 발달에 악영향을 미칠 수 있다. 상담은 행동 문제를 이해하고 해결할 수 있는 전략을 제공한다(박정순, 2019). 또한 아동·청소년이 사회적 상황에 적응하도록 돕기 위해 상담이 필요하며, 이는 긍정적인 행동 변화를 유도하게 된다.

3) 학교와 가정 내 갈등 해결

학교 내에서 발생하는 학업 스트레스와 또래 관계의 갈등은 아동·청소년에게 큰 영향을 미친다. 적절한 상담은 이러한 갈등을 해결하고 학교생활의 질을 향상시키는 데 도움을 줄 수 있다. 뿐만 아니라 청소년기로 접어들면서 가정에서의 갈등이 심화되는 경우가 있는데 이러한 상황은 아동·청소년의 정서적 발달에 영향을 미칠 수 있으며, 상담을 통해 가족 간의 의사소통을 개선하고 갈등을 줄이는 방법을 모색할 수 있다(오세은, 2018).

4) 정신 건강 증진

아동·청소년의 정신 건강 증진을 위해 조기 상담이 필요하며, 이는 장기적으로 정신적 문제를 예방하는 데 기여한다(김종우, 2019). 예방적 접근으로 아동·청소년의 정서적 문제나 행동 문제를 조기에 발견하는 것은 매우 중요하므로 상담을 통해 문제를 조기에 파악하고 적절한 개입을 통해 예방적 역할을 할 수 있다(임영신, 2021).

5) 자아 존중감과 자아 발달

아동·청소년은 자아 발달과 자아 존중감 형성에 매우 중요한 시기이므로 자신의 가치와 능력을 인식하고 자아 존중감을 높이는 것이 중요하다. 상담은 자기 이해와 자기 수용을 도울 수 있고(정미경, 2018), 청소년이 자아 정체성을 확립하고 긍정적인 자아 개념을 형성하도록 지원할 수 있다(하은주, 2020).

다. 상담 기법과 접근법

아동·청소년 상담을 위한 다양한 기법 및 접근법을 제시하면 다음과 같다.

첫째, 놀이 치료(Play Therapy)이다. 아동이 자신의 감정과 문제를 놀이를 통해 표현하도록 돕는 방법이다. 아동은 언어보다 놀이를 통해 자신의 내면 세계를 더 쉽게 표현할 수 있으므로 이 기법은 상담자가 아동의 놀이를 관찰하고, 그 속에 담긴 감정과 문제를 이해하여 개입하는 방식이다(김용득, 2018).

둘째, 인지 행동 치료(Cognitive Behavioral Therapy, CBT)이다. 인지 행동

치료는 부정적인 사고 패턴을 인식하고 긍정적인 행동으로 변화시키는 방법으로 아동·청소년이 스스로 문제를 해결할 수 있도록 돕고, 비합리적인 사고를 합리적인 사고로 대체하는 기법이다(이정미, 2019).

셋째, 가족 치료(Family Therapy)이다. 가족 치료는 가족 구성원 간의 상호작용을 개선하고 갈등을 해결하기 위해 접근하기 위한 것으로 가족 전체를 대상으로 하는 상담을 통해 가정 내 문제를 해결하고, 가족의 관계를 강화하는 것을 목적으로 한다(정미경, 2017).

넷째, 미술 치료(Art Therapy)이다. 이 기법은 아동이 그림이나 조각 등의 미술 작업을 통해 감정과 생각을 표현하는 것으로 아동이 자신의 내면을 외부로 표출하는 데 도움을 주며, 치료적인 대화의 시작점이 될 수 있다(박소연, 2018).

다섯째, 게임 치료(Game Therapy)로 이 기법은 아동이 다양한 게임을 통해 사회적 기술을 배우고, 감정을 표현하는 것이다. 게임을 통해 아동은 문제해결 능력과 대인 관계 기술을 증진할 수 있다(최경아, 2020).

여섯째, 상담적 개입(Counseling Interventions)이다. 이는 상담자가 아동의 문제를 해결하기 위해 개별적이고 맞춤형으로 접근하는 기법이다. 이 기법은 아동의 구체적인 필요에 따라 다양한 상담 기법을 조합하여 사용하는 것이다(홍성민, 2019).

라. 상담의 절차

아동·청소년 상담의 절차에 대하여 제시하면 다음과 같다(김승복, 2018; 김은주, 2017; 박정순, 2019; 오세은, 2018; 이성호, 2020).

첫 번째 단계는 초기 평가(Initial Assessment)이다. 상담의 시작 단계로, 아동이나 청소년의 문제를 이해하고 진단하기 위해 다양한 평가 도구와 면담기법을 사용하게 된다. 초기 평가에서는 아동의 발달 역사, 가족 배경, 현재의 문제 상황 등을 파악한다.

두 번째 단계는 상담목표 설정(Goal Setting)이다. 초기 평가 결과를 바탕으로 상담목표를 명확히 설정한다. 이 과정에서는 아동과 청소년의 필요와 문제를 고려하여 구체적이고 실현 가능한 목표를 정의하고, 이를 달성하기 위한 계획을 수립한다.

세 번째 단계는 상담 실시(Counseling Sessions)이다. 설정된 목표를 달성하기 위해 정기적인 상담 세션을 진행한다. 이 단계에서는 상담자가 다양한 상담 기법을 사용하여 아동과 청소년의 문제를 다루고 변화와 성장을 지원한다.

네 번째 단계는 진행 상황 모니터링(Monitoring Progress)으로 상담 과정에서 정기적으로 아동과 청소년의 진행 상황을 평가한다. 상담자는 목표 달성 여부를 점검하고, 상담 계획을 조정하여 계속해서 효과적인 개입을 진행한다.

다섯 번째 단계로 종결(Termination)이다. 상담목표가 달성되었거나, 상담이 종료될 시점에 상담을 종결하며, 이 단계에서는 상담의 성과를 평가하고, 아동과 청소년이 상담 후에도 지속적으로 자기 문제를 해결할 수 있도록 준비한다.

마지막으로 후속 관리(Follow-Up)이다. 이는 상담 종료 후, 아동과 청소년의 상태를 주기적으로 점검하고 필요한 추가 지원을 제공하는 것이다. 후속 관리는 상담 효과를 지속적으로 모니터링하고, 추가적인 문제 발생 시 적절한 조치를 취한다.

이와 함께 상담 시 윤리적 고려사항으로 상담 중 알게 된 정보를 비밀로 유지하며, 아동의 개인정보를 보호하고, 아동의 권리와 안전을 최우선으로 하며, 필요한 자원과 지원을 제공해야 한다.

마. 아동 · 청소년상담 사례

표 5-3 사례1: 학교 부적응 문제를 가진 청소년

1. 상담사례 요약

- 내담자 정보: 중학교 2학년 남학생 A군, 부모와의 갈등이 심하며 학교에서 친구들과의 관계에서 어려움을 겪고 있음
- 문제 배경: A군은 학업 성적이 중하위권으로, 학교에서의 성취감 부족으로 인해 자신감이 떨어져 있음. 친구 관계도 원만하지 않으며, 부모와 의사소통에 어려움이 있음

2. 상담 과정

- 초기 상담: 내담자의 학교 생활과 가정 환경에 대한 이해를 돕기 위해 기초면담을 진행. 부모 면담을 통해 가정 내 스트레스 요인 파악
- 심리 검사: 내담자의 자아존중감, 사회적 기술, 불안 수준 등을 평가하기 위한 심리 검사를 시행
- 상담목표 설정: A군의 학교 적응력 향상과 가정 내 의사소통 개선

3. 개입 전략

- 인지 행동 치료: A군의 부정적인 생각 패턴을 수정하고 긍정적인 자아상을 형성하도록 돕기 위한 인지 재구조화 기법 사용
- 사회 기술 훈련: 친구들과의 관계 개선을 위해 사회적 기술 훈련을 실시
- 부모 교육: 부모에게 효과적인 의사소통 방법과 자녀와의 긍정적 관계 형성 방법에 대한 교육을 제공

4. 상담 결과

- A군은 자신감을 회복하고 친구들과의 관계가 개선됨. 부모와의 갈등도 줄어들었으며, 학교 적응력이 향상됨

출처: 김계현 외(2019). 아동청소년 상담: 이론과 실제. 학지사. 재인용

표 5-4 사례2: 불안장애를 가진 초등학생

1. 상담사례 요약

- 내담자 정보: 초등학교 4학년 여아 B양, 학교에서 발표나 친구들과의 상호작용 시 극심한 불안을 느끼며 신체 증상(두통, 복통)을 호소함
- 문제 배경: B양은 학습 능력이 양호하지만, 발표나 교사와의 상호작용에서 불안이 극심하여 수업 참여에 어려움을 겪고 있음. 이러한 불안은 가정에서도 나타나며, 특히 새로운 상황에 대한 두려움이 큼

2. 상담 과정

- 초기 상담: B양의 불안 증상을 정확히 파악하기 위해 부모 면담과 함께 B양과의 기초 상담을 진행. 부모는 B양이 어린 시절부터 예민하고 낯가림이 심했다고 보고

- 심리 검사: B양의 불안 수준과 정서적 상태를 파악하기 위해 아동용 불안검사, 자아 존중감 검사 등을 시행
- 상담목표 설정: B양의 불안 감소와 자아 존중감 향상을 목표로 설정. 이를 통해 학교 생활에서의 적응력 향상을 도모함

3. 개입 전략

- 노출 치료: B양이 불안을 느끼는 상황에 점진적으로 노출시켜 불안에 대한 내성을 키우도록 함. 처음에는 불안이 적게 느껴지는 상황에서 시작해 점차 난이도를 높임
- 이완 훈련: 불안이 발생할 때 이완 기술을 사용하여 신체적 긴장을 줄이는 방법을 지도함. 이를 통해 발표나 상호작용 상황에서의 불안감을 줄이도록 함
- 부모 상담: 부모에게 B양의 불안을 이해하고 지지할 수 있는 방법에 대해 교육함 부모의 양육 태도와 지지적 상호작용이 B양의 정서 안정에 미치는 영향을 설명

4. 상담 결과

- B양은 점차 학교 생활에서 발표에 대한 불안을 줄이고, 친구들과의 상호작용에서 자신감을 가지게 됨. 또한 신체 증상도 감소하여 학교에 꾸준히 출석할 수 있게 됨

출처: 유미숙, 박정희(2018). 아동정서상담: 이론과 실제. 학지사. 재인용

③ 특수아동상담 사례

가. 특수아동 상담의 개념

1) 특수아동 상담의 정의

특수아동상담은 장애아동이나 영재아동 또는 그에 준하는 아동을 대상으로 상담사와 언어, 놀이, 음악, 미술 등 다양한 매체를 활용한 상호작용을 말한다. 특수아동이라는 명칭에서도 알 수 있듯이 특수아동이란 특수 도움이 필요한 사람이다. 우리나라 교육부에서는 서비스를 제공하는 특수교육대상자를 11가지 범위로 구분하고 있으나 영재아동은 포함되지 않는다. 장애인 등에 대한 특수교육법 제15조에 의하면 교육장 또는 교육감은 특수교육을

필요로 한다고 진단 평가된 〈표 5-5〉의 11가지 중 어느 하나에 해당하는 아동을 의미한다(교육부, 2022).

표 5-5 장애인 등에 대한 특수교육법: 특수교육대상자 기준(제15조)

특수교육대상자

1. 시각장애
2. 청각장애
3. 지적장애
4. 지체장애
5. 정서 행동장애
6. 자폐성장애(이와 관련된 장애를 포함한다)
7. 의사소통장애
8. 학습장애
9. 건강장애
10. 발달지체
11. 그 밖에 두 가지 이상의 장애가 있는 경우 등 대통령령으로 정하는 장애

출처 : 2022년 특수교육 연차보고서

특수아동 상담은 조력을 필요로 하는 장애인 내담자와 상담과 장애에 관한 전문가인 상담자가 직·간접적인 접촉과 보조 수단을 활용하여 내담자의 문제해결, 문제예방 및 해결, 발달과 성장을 위해 함께 노력하는 학습 과정이다(송현종, 2023).

나. 특수아동상담의 목적

특수아동의 상담은 치료상담과 발달상담에 목적을 두었으며 치료상담은 적극적이고 직접적으로 해결해 주려 하는 것이고 발달상담은 교육적 성장을 꾀하는 데 그 목적을 두고 있다. 그러므로 특수아동의 상담은 그 내용에 따라 다음과 같이 구분해 볼 수 있겠다.

① 교육상담: 학업기술 훈련을 주요한 활동으로 한다.

② 치료상담: 특정 증상이나 만성적 문제를 해결하고자 한다.

③ 지지상담: 정서적 지지를 통해 심리적 문제를 돕는다.

④ 문제해결상담: 아동이 접하는 여러 환경에서 발생되는 문제에 대응하여 스스로 해결할 수 있는 능력을 기르도록 돕는다.(강은숙 외, 2013).

다. 특수아동 상담자

1) 특수아동 상담자의 태도

특수아동의 상담자는 장애와 상담에 관한 전문적인 지식을 가진 사람들로 다음과 같은 태도를 지녀야 한다.

첫째, 장애아동에 대한 편견을 갖고 그 아동의 전체를 평가(biased global evaluation) 하려고 해서는 안된다. 이러한 태도는 장애가 그 아동의 다른 측면에까지 널리 퍼져 있다고 생각하는 것으로서, 장애에 기초하여 아동에 대한 전체적인 평가를 하려는 왜곡된 태도이다.

둘째, 장애아동에 대한 연민, 동정의 태도와 '나는 장애가 없어서 다행'이라는 태도는 상담에 도움이 되지 않는다.

셋째, 장애 아동을 지나치게 보호하려는 태도는 상담에 도움이 되지 않는다. 이는 '걱정하지 마, 내가 구해줄게.'라는 메시지를 전달함으로써 장애아동의 의존성을 배양할 가능성이 높다.

넷째, 지나치게 전문가적 태도를 보이지 않는 것이 좋다. 이는 '나는 전문가로서 너보다 더 잘 아니까, 내가 너에게 최선의 것을 해 주마.'라는 메시지를 전달하고, 내담자의 자발적이고 적극적인 대안 탐색과 문제해결 노력을 방해하며, 진로계획에 특히 해롭다.

다섯째, 장애아동을 안심시키려는 태도는 바람직하지 않다. 이는 '네가 장애인이라는 점을 고려하면, 이 정도로도 넌 잘하고 있는 거야.'라는 메시지를 전달하며, 상담자의 낮은 기대 수준을 반영하면서 내담자의 낮은 기대 수준을 더욱 강화할 가능성이 있다.

여섯째, 장애아동에 대한 불안이나 장애아동을 회피하는 태도를 보여서는 안 된다(송현종, 2023).

2) 특수아동 상담자의 자질

특수아동 상담자가 되기 위한 인지적 자질은 다음과 같다.

첫째, 일반 아동에 대한 심리학적, 교육적 배경지식을 필요로 한다. 즉, 아동 및 청소년 발달, 성격, 인지, 학습, 부적응행동, 정신병리 등을 이해해야 한다.

둘째, 상담에 대한 전문 지식을 갖추어야 한다. 특히 치료 및 상담 이론, 상담 방법, 문제 행동의 교정 및 상담 지도 등에 밝아야 한다.

셋째, 특수아에 대한 전문 지식을 갖추어야 한다. 정의와 특성, 원인, 지도 방법 및 교육적 조치에 대한 전문 지식을 가져야 한다.

넷째, 특수아 상담전문인이 되기 위해서는 적절한 수련과 감독 및 평가를 통한 체계적인 훈련과정이 필요하다.

다섯째, 특수아나 특수아 부모가 관심을 갖는 내용이나 지원서비스에 관한 정보를 알고 있어야 한다.

특수아 상담자가 되기 위한 심리적인 자질은 다음과 같다.

첫째, 특수아를 편견없이 긍정적으로 이해하고 수용할 수 있는 인성의 소유자여야 한다.

둘째, 생활방식이나 문화적 배경을 이해할 수 있는 보통 가정의 사람이어야 한다.

셋째, 상담자로서 적합한 성격 패턴-내담자의 반응에 대한 예민성, 객관성, 성숙, 자기 일에 대한 만족감, 책임감 등을 지니고 있어야 한다.

넷째, 정신건강 상태가 건강하고 미래에 낙관적인 시각을 지닌 사람으로 정서적으로 안정되어야 한다.

다섯째, 특수아를 도와줄 수 있는 적극성과 열성을 지닌 사람이어야 한다.

여섯째, 특수아 부모와 가정이 어려움과 힘든 점을 이해하고, 부모의 정서를 존중하는 온유한 마음을 지녀야 한다.

일곱째, 특수아 상담을 지속해 나갈 수 있는 인내심이 있어야 한다.

여덟째, 권위적이지 않으면서 이성적으로 판단할 수 있어야 한다(김영숙 외, 2012).

라. 특수아동상담 사례

표 5-6 사례1: 주의력결핍 및 과잉행동장애(ADHD) 아동의 인지행동치료

1. 사례 요약

가. 내담자 정보: 초등학교 2학년으로 학교에서나 집에서나 집중력이 부족하고 주의가 산만함. 수업 시간에 과제를 하다 말고 금방 딴짓하고 몸을 많이 움직임

- 수행이 느리고 아는 것도 틀림. 수학 학습지를 할 때 많이 틀리고 과제를 주면 딴짓을 하느라 항상 반 아이들 중에 마지막으로 끝냄
- 또래 관계에서 제멋대로 하려 하고 친구들과 놀다가 제 맘대로 되지 않으면 짜증을 냄

2. 상담 과정

가. 심리검사

- BGT, HTP, KFD, SCT, K-WISC-Ⅲ, Rorschach, MMPI-2(모)
- 언어성 지능 119, 동작성 지능 103으로 인지기능상 불균형을 나타내고 주의 집중력과 관련된 소검사들에서 매우 저조한 수행을 보이고 있음. 청각적 주의력이 부족하고 지속적인 주의를 기울이는 데서 매우 큰 어려움을 나타내고 있음
- 진단: 부모와 담임 교사 면담 자료, 행동 관찰 및 심리검사 결과 등을 종합하여 주의력결핍 및 과잉행동 장애로 진단함

나. 상담목표

- 행동: 체계적이고 단계적인 행동 계획을 통해 충동적인 실수를 감소시키기, 정리 정돈하는 습관 들이기
- 정서: 분노와 충동성을 감소시키고 감정 조절 능력을 향상시키기
- 사회: 타인의 입장을 고려할 수 있는 공감 능력과 규칙 준수 등 사회적 기술을 향상시키기
- 가족: 주의력결핍 및 과잉행동 장애에 대한 정보 제공, 효율적인 양육방식과 행동 수정 방법에 대한 교육, 안정된 부모-자녀 관계를 형성하기

다. 상담 전략

- 놀이를 활용한 인지 행동 치료와 사회적 기술 훈련: 놀이, 게임 등에서 인지 기법을 활용해 충동적인 경향을 감소시키고 체계적이고 단계적인 문제해결 방법의 학습, 감정 조절 능력의 향상 및 사회적 기술 향상 등

라. 상담 진행 과정

- 상담 초기에는 상담자와 내담자 아동 간의 긍정적인 관계 형성을 위해 아동중심적 입장에서 놀이치료 접근 방법을 주로 사용함
- 부모교육을 병행하여 긍정적인 부모-자녀 간의 관계 형성과 주의력결핍 및 과잉행동에 대한 정보를 제공하고 내담자에게 적합한 양육 방식에 대해 교육함
- 상담 중기에는 문제 행동을 수정하기 위해 인지 행동적 접근과 아동중심적 놀이치료 접근 방법을 통합하여 사용함
- 보상을 활용한 행동 수정을 지속적으로 실시하고 인지 과제와 사회적 기술연습을 훈련함
- 사회적 기술 훈련에는 멈추고 생각하기, 분노 감정을 조절하기, 효과적인 대화법, 사회 생활의 규범과 규칙 준수하기 등이 포함되었음
- 상담 후반기에는 그동안 습득했던 인지 기법을 다양한 상황에 적용하도록 하여 일반화, 습관화되게 하고 좋은 습관들을 가질 수 있도록 보상을 활용한 행동수정을 지속적으로 실시함

3. 상담 결과

- 정서적으로 밝아지고 안정되었으며 자신감을 갖게 됨.
- 과제 수행 시 주의집중하는 것이 가능해졌고 충동적이고 공격적인 행동도 많이 감소 되었음
- 사회적 기술도 향상되어 전반적으로 자기 통제력과 적응력이 양호해져 학교나 집에서 문제행동이 현저하게 감소함

출처: 신현균(2014). 아동 심리치료의 실제: 심리장애별 치료. 학지사. 재인용

표 5-7 사례2: 학습장애 아동의 학습치료

1. 사례 요약

가. 내담자 정보: 초등학교 4학년으로 전반적으로 성적이 매우 나쁘고 시험 성적 때문에 스트레스를 많이 받음. 공부에 대해 자신감이 없고 조금만 어려우면 쉽게 포기해버림

나. 내담 경위 및 주호소 문제

- 전반적으로 성적이 최하위권이고 특히 국어와 수학을 싫어함

- 수업 시간에 선생님의 지시를 잘 따르지 않고 딴 생각을 하거나 자신이 하고 싶은 것에만 몰두함
- 매사 귀찮아하고 기분이 쉽게 변하며 짜증을 잘 냄. 공부하라고 하거나 사달라는 것을 안 사 주면 소리를 지르고 욕을 하며 신경질을 심하게 부림

2. 상담 과정

가. 심리검사

- BGT, HTP, KFD, SCT, K-WISC-Ⅲ, Rorschach, 기초학습기능검사, MMPI-2(부모)
- 전체 지능지수는 96, 동작성 지능 109, 언어성 지능 85로 평균 하 수준에 속해 언어성 지능의 발달이 매우 지체되어 있음. 주의력, 집중력 및 지속적 주의력은 경계선 수준으로 저조한 수행을 보이고 있음
- 주의집중의 어려움과 언어 능력의 결함으로 인한 학습장애의 가능성이 시사됨
- 진단: 아동 면담과 부의 면담 자료, 행동 관찰 및 심리검사 결과 등을 종합하여 학습장애(읽기장애)로 진단함

나. 상담목표

- 학습: 읽기 이해력과 산수 능력을 향상시켜 학습의 기초를 확립하기, 학습동기 향상시키기, 숙제하기 등의 학습 습관 들이기
- 정서: 정서적인 안정감과 자존감, 자신감 향상 시키기
- 행동: 단계적이고 체계적인 문제 해결 능력 키우기
- 가족: 학습장애에 대한 정보 제공, 안정적이고 지지적인 환경을 제공하고 일관적이고 효율적인 양육방식을 위한 부모교육

다. 상담 전략

- 놀이와 게임을 활용한 학습치료와 인지행동치료: 정서 안정을 도모하고 자존감과 의욕 향싱을 위해 지지적인 놀이치료, 학습장애 교정을 위한 학습치료, 체계적인 문제 해결 방법의 학습을 위한 인지치료, 바람직한 학습습관 형성을 위한 행동수정 등
- 부모 교육:학습장애에 대해 이해하기, 자녀와의 좋은 관계를 맺고 정서적인 지지 제공하기, 효율적이고 일관성 있는 양육 방식, 행동 수정 방법에 대한 교육

- 교사 자문: 학교에서 내담자에게 도움을 줄 수 있는 정보(자신감 향상과 학습동기 향상을 위한 교사의 관심과 행동 수정 등)제공
라. 상담 진행 과정
- 상담 초기에는 학습 및 인지치료로 쉬운 책 읽기와 낱말 퍼즐 등을 도입해 쉽고 재미있는 책을 선정해서 매회기 반복해서 읽기, 조사와 어미 채워 넣기, 낱말 퍼즐을 함
- 상담 중기에는 독해 능력 향상과 수학에 대한 관심과 흥미를 유발하고 기초 능력을 향상시키기 위한 과제를 연습함. 읽으면서 생각하기, 글의 핵심 주제 파악하기, 퍼즐과 놀이를 활용한 수학 공부, 수학에서의 문제점 파악과 기초 학습 훈련함. 놀이치료 시간에 빙고 게임, 주사위 게임, 블루마블 게임 등을 선택해서 함
- 상담 후반기에는 효율적인 읽기 방략과 부주의한 경향을 교정하기 위해 단계적이고 체계적으로 생각하기 훈련을 실시함. 스스로 시간 계획표 짜서 지키기, 스스로 공부와 숙제 계획 짜기 등 책임감과 자율성을 키우도록 격려함

3. 상담 결과
- 학습에 대한 관심과 동기가 향상되고 스스로 공부하고자 하는 자율성을 갖게 됨
- 정서적으로 안정되어 짜증을 내거나 자기중심적인 경향이 감소하고, 부모와 의 관계와 동생과의 관계도 호전됨
- 학습에 대해 자신감이 생겼고 바람직한 학습 습관이 형성되어 지속적인 노력을 할 준비가 됨

출처: 신현균(2014). 아동 심리치료의 실제: 심리장애별 치료. 학지사. 재인용

표 5-8 사례3: 언어발달 문제를 가진 아동의 놀이치료

1. 사례 요약
가. 내담자 정보: 7세 유치원생 남아로 상대방을 쳐다보거나 눈을 마주치지 않는 행동 특성이 있고 부가 미국에서 유학을 마치고 내담자가 만3세 때 한국에 들어옴
나. 내담 경위 및 주호소 문제
- 주변에서 일어나는 상황적인 이야기나 자신이 경험하는 일들에 대해서 전혀 언어적인 표현을 하지 않으며 단어 정도로 의사소통을 함

- 자신이 좋아하는 것에 대한 강한 집착과 유치원에서 친구와 어울려 놀기보다는 혼자서 자기가 흥미 있는 놀이를 하며 지냄
- 학교에 하는데 잘 적응할지 걱정하고 있으며 앞으로 어떻게 해야 할지 막막함

2. 상담 과정

가. 상담목표

- 습관화된 행동 수정
- 일상생활에 관련된 어휘나 문장을 이해하고 바르게 활용하기

나. 상담 전략

- 내담자에게 말에 대한 부담감을 최소화시켜 위축되어 있는 수용언어를 놀이치료를 통하여 단계별로 지도, 언어에 대한 흥미를 높이고 말에 대한 자신감을 갖도록 함

다. 상담 진행 과정

- 내담자의 문제탐색을 위한 초기 면담을 통해 문제 유발요인을 평가: 외국에서 만 3세까지 성장하면서 언어의 혼란이 야기되었고 환경 적응에 대한 어려움으로 더욱 혼자만의 세계에 빠져 수용언어는 가능하나 표현언어의 능력상실로 인해 문제 야기 됨
- 단어 카드로 말하기, 모양 맞추기 퍼즐 놀이
- 간단한 단어를 사용하여 문장을 완성하기
- 적절한 문장으로 간단하게 이야기 나누기
- 습관화된 행동을 바르게 수정하기
- 그림을 보고 적절한 말을 하면서 글로 표현하기

3. 상담 결과

- 언어에 대한 부담감을 최소화시키고 위축되어 있는 수용언어를 놀이치료를 통해 언어에 대한 흥미를 높임
- 말에 대한 자신감을 서서히 회복함

출처: 김경희(2010). 아동생활지도: 사례를 중심으로. 창지사. 재인용

④ 다문화상담 사례

가. 다문화상담의 개념

다문화상담은 다른 문화의 개인이나 부부, 가족의 구성원인 내담자에게 필요한 도움을 주는 과정이다. 가족구성원 간의 문화적 차이로 인한 개인 및 가족관계에서 나타나는 다양한 문제들을 예방하고 해결하는 상담이나 상담 프로그램의 전 과정이라고 할 수 있다.

다문화상담은 상담자의 개인적인 차원뿐만 아니라 상담자가 속해 있는 사회·문화적 차원에서도 내담자의 복지를 최우선으로 해야 하는 상담자의 윤리와 상담의 효율성을 담보할 수 있는 적절한 접근(김춘희 외, 국내 다문화 상담 연구 현황)이다. 현재 우리나라에서 통상적으로 쓰이는 다문화상담은 한국인 상담자가 결혼이주여성이나 중도입국 청소년, 이주노동자와 그 자녀들을 상담하는 것을 의미한다(김수정, 2015).

상담은 다양한 사람들의 심리적 고통을 가장 근거리에서 도와줄 수 있는 분야이고 그중에 다문화상담은 문화적 관점을 통해 부적응, 이상(disorder)의 문제를 개인의 문제로부터 사회·문화적 시각으로 확장하고 통합하여 접근하는 데 도움을 준다(김수정, 2015). 그러므로 다문화상담은 상담자의 문화와 인식의 다름에 대한 깊은 성찰과 개인과 집단의 균형감을 다룰 수 있는 자질이 있어야 하며 가족 안에 상이함과 다양성이 두드러지게 나타남으로 더욱 세심한 관찰과 분석이 필요하다.

나. 다문화상담의 필요성

1) 다문화 인구의 급격한 증가

통계청이 발표한 '2023 인구주택총조사'에 따르면 우리나라 다문화가구원은 41만 6천 가구로 전년 대비 4.1%(1만 6천 가구) 증가한 것으로 집계되었다.

이주배경 가정도 꾸준히 증가해 2015년 29만 9241가구였던 이주배경 가정이 2016년 처음으로 30만 가구를 넘긴 후 2018년 33만 4,856가구, 2024년에는 사상 처음으로 40만 가구를 넘었다. 1년 전보다 1만 6천 가구(4.1%) 늘어난 규모로 지난 2018년과 비교하면 5년새 8만 1천 가구(24.1%)가

늘었다.

다문화가구는 귀화자 등이 있는 가구이거나 외국인이 한국인과 결혼해 이뤄진 가구 또는 그 자녀가 포함된 가구를 의미한다. 형태별로는 귀화자 가구가 17만 9천가구(43.1%)로 가장 많고 결혼이민자 가구(15만 4천 가구, 37.0%), 다문화자녀가구(4만 7천 가구, 11.3%)가 그 뒤를 잇고 있다. 다문화가구의 가구원 중 귀화자 등과 결혼이민자를 의미하는 다문화 대상자는 41만 3천 명으로 집계된 가운데 귀화자 등이 23만 3천 명, 결혼이민자는 18만 명을 기록하고 있다.

다문화가구 증가추세에 따라 다문화 학생 수도 매년 늘어나고 있는 추세다. 이렇게 다문화 학생 수도 양적 팽창을 거듭하고 있지만 일선 교육 현장의 질적 수준은 제자리 걸음이다. 전 세계적으로도 다문화시대에 접어든 만큼 다문화 학생들을 위한 교육 여건의 개선이 시급하다는 지적이다. 2021년도 한국교육개발원 교육통계서비스(KESS)에 따르면 2021년 4월 1일 기준 전국 초·중·고 다문화 학생 수는 총 16만 8,645명으로 집계됐다. 전체 학생 수 527만 5054명 중 3.2%를 차지하는 셈이다. 다문화 학생 수는 약 7년 만에 2배가 됐다. 2015년 8만 2,536명이었던 학생 수는 2017년 10만 9,387명을 기록하며 사상 첫 10만 명을 넘어서더니 2019년 13만 7,225명, 2020년 14만 7,378명, 2021년 16만 56명 등으로 매년 증가세를 보이고 있다.

여성가족부가 최근 발표한 '2021년 전국다문화가족실태조사'에 의하면 지난해 다문화가족 자녀의 학교생활 적응도는 5점 만점에 평균 4.23점으로 나타났다. 2015년 4.53점, 2018년 4.33점이었던 것을 고려하면 다문화 학생의 학교생활 적응도는 점차 낮아지는 추세다. 다문화 학생의 학교생활부적응의 요인으로는 주로 학업과 교우관계로 인한 것으로 조사됐다. 과반수의 학생은 '학교 공부가 어려워서(56.2%)', '친구들과 잘 어울리지 못해서(55.4%)' 어려움을 겪고 있다고 응답했다.

다문화 학생의 학업중단율은 초등 0.68%, 중학생 0.78%, 고등 2.01% 등이었다. 같은 기간 전체 학생의 학업중단율은 초등 0.4%, 중등 0.5%, 고등 1.1%로, 다문화 학생보다 낮은 수준이었다. 특히 다문화 학생 10명 중 7명(69.2%)은 친구로부터 차별을 받거나 무시를 당했으며, 심지어 선생님(20.2%)로부터 차별을 경험하기도 했다. 하지만 절반이 넘는 학생들이 차별을 당할

시 '옳지 않다고 생각했지만 참았다(56.4%)'라고 답했다.

다문화 학생의 학교폭력 피해유형은 집단따돌림(49.1%)이 가장 빈번했고 언어폭력(43.7%)이 뒤를 이었다. 집단따돌림의 경우 2015년 34.1%, 2018년 33.4%으로 6년새 15%포인트나 급증했다. 전문가들은 다문화 학생들이 안정적인 학교생활을 영위할 수 있는 교육 환경을 조성할 것을 강조하고 있다.

2) 다문화가정의 특징 및 문제점 증가

우리는 중국, 베트남, 필리핀 등을 비롯하여 동북아시아와 동남아시아에서 온 결혼이주여성들과 한국인 남편, 그 사이에서 태어난 자녀들로 이루어진 이주 배경 가정들을 자연스럽게 이웃으로, 친구로, 직장동료로 만나며 살고 있다. 국가는 외국인 근로자의 이주와 국제결혼 등으로 다문화 인구가 증가함에 따라 법적·제도적으로 지원정책을 펴고 있으며 이주민 및 이주 배경 가족 자녀의 심리적·정서적 문제를 다루는 상담의 중요성과 요구도 늘어나는 추세다. 한국의 다문화상담 연구는 1993년을 시작으로 하여 2007~2008년도를 기점으로 상당히 증가하고 있는데 이는 한국사회가 다문화사회화 되어가는 흐름과 함께 상담분야에서도 다문화상담에 관한 관심이 증가되고 있음을 알 수 있다. 다문화사회로 통합하는 과정에서 다문화상담은 시대적 요구로 받아들여지고 있다. 가족관계 연구소의 조사에 따르면 이주 배경 가족의 42%가 '가족 상담이 필요하다'라는 욕구를 표현하였고, 이는 갈등과 불화를 겪을 수 있는 다양한 요인이 많은 이주 배경 가족에게 있어 전문상담서비스와 위기 상황을 극복할 수 있는 사회적 차원의 지원이 필요하다는 것을 나타내고 있다.

3) 중도입국자녀와 북한이탈주민 자녀 증가

중도입국자녀는 주로 외국인 부모 출신국에서 성장하다 부모 중 한 명이 한국인과 재혼하면서 중간에 한국으로 따라 들어온 청소년이나 외국인 노동자 부모가 한국에 정착함에 따라 입국하게 된 아이들이다. 이들은 우리나라에서 태어난 이주 배경 자녀들보다 적응하기가 더 어렵다. 이들은 완전한 외국인으로 보통 양부나 양모와의 갈등이 있거나 한국말에 더 서투를 수밖에 없어 학교생활에 적응하기도 어렵다.

또한 북한이탈청소년들은 탈북 과정에서 겪게 되는 극심한 공포와 장기간의 불안한 상황을 겪으면서 남한 입국 후에도 적지 않은 심리 정서적 불안정을 경험하게 된다. 이런 경험 등은 북한이탈청소년이 새로운 환경에서 건전한 정체성을 갖는 데 심각한 장애요인으로 작용한다.

다. 일반상담과 다문화상담의 차이점

일반상담과 다문화상담의 가장 큰 차이점은 상담 대상이 내국인이냐 외국인이냐일 것이다. 단순한 차이라 판단할 수도 있겠지만, 상담 과정에서는 엄청난 차이가 나게 된다. 일반적으로 상담은 공감을 기반으로 하며 공감을 통해 상담자의 심신이 다소 안정화되었을 경우 이를 통해서 계획수립 등을 행한다.

하지만 다문화상담의 경우 상담자가 자신의 문화적 가치나 관점과 다른 내담자와 상담을 해나가야 한다. 즉, 내담자의 문화와 관점을 어느 정도 이해한 상황에서 자신의 문화적 관점을 부분 적용시키며(내담자가 계속 한국에서 살아가기 위해) 상담을 진행해야 한다. 그리고 다문화상담의 경우 대부분 개인-가족관계 혹은 개인-주변인과의 관계로 인해 일어나기에 주로 개인상담인 상담과 차이가 크다고 볼 수 있겠다.

라. 다문화 상담사례

표 5-9 사례1: 학업중단 상담

1. 사례 요약

- 가족관계: 부, 모, 내담자(23세 남성)
- 주호소 문제
  - 불안정한 가정환경으로 인한 경제적 어려움과 학교생활의 부적응으로 또래와의 관계형성에 큰 어려움
  - 피부색이 다르다는 이유로 초등학교 당시 놀림과 구타를 당함으로 인해 극단적인 선택까지 시도
  - 언어의 장벽과 교육기관 부재로 학교에서도 배척 당하고 담임교사도 학생을 방치

- 학업중단에 대한 사례로 한국인 아버지와 필리핀 어머니에게서 태어난 A학생의 사례. A학생은 중학교 때 학업을 중단함
- 당시 아버지의 월급은 200만 원이 되지 않았으며 어머니는 한국어가 서툴렀기 때문에 제대로 일자리를 구할 수 없었음. A학생은 경제적인 문제뿐만 아니라 교우 관계에 있어서도 문제를 가지고 있었음
- 다문화 자녀였던 A학생을 제대로 이해하지 못한 당시 또래 친구들은 초등학교 당시 다문화가정의 자녀라는 이유로 아이들에게 수시로 놀림을 받았으며 구타를 당하기도 함. 선생님들이 피부색과 생김새가 다르다는 이유로 A학생을 놀리는 아이들을 방임함
- 학교폭력을 당했다고 A학생이 선생님께 신고한 경우 '가해자와 한번 친해져 보라'고 권유하기도 했다며 당시의 상황을 회상함. A학생은 극단적인 선택을 생각할 정도로 우울감이 심해졌으며 초등학교 이후 또래 친구들이 그대로 중학교에 진학하게 되자 결국 학업을 포기하게 됨("따돌림, 입학 거부...연필 놓는 아이들", 매일경제, 최종접속일 2021.10.17.)

2. 상담사례 분석

- 첫째, 본 사례는 다문화가정의 자녀가 학업중단에 대한 원인으로 다양한 요인이 존재하고 있으나 제대로 된 제도적인 마련이 되어 있지 않고 학업중단 청소년이 마주하는 관계에 대한 문제가 제대로 해결되지 않고 있다는 점을 보여주고 있다.
- 둘째, 타국에서 학업을 수행하다가 와 언어와 문화 등 한국 교육 환경에 적응 학습을 따라가지 못하는 경우가 많다.
- 셋째, 대부분의 다문화가정의 자녀들이 또래들과 원만한 관계를 형성하는 데 많은 어려움을 겪고 있다. 이 시기의 청소년들은 유아기와 청년기의 과도기적 단계에 해당되는 시기로 청소년들은 적절한 교육을 통하여 사회의 구성원으로 성장할 수 있게 해야 한다. 하지만 다문화가정의 자녀들에게 교육과 문화 등에서 배척이 이루어진다면 대부분의 자녀들이 학업중단을 하는 경우가 많아 우리 사회에 상당한 문제을 일으킬 수 있을 것이다.
- 넷째, 이러한 다문화가정의 자녀들이 우리 사회에 잘 적응할 수 있도록 국가와 지역사회, 학교 등의 구성원들이 많은 관심과 제도적인 개선, 다양한 생태체계적 관점에서 적극적인 개선 방안이 이루어져야 하겠다.

출처: 매일경제(2021). "따돌림, 입학 거부⋯연필 놓는 아이들"

표 5-10 사례2: 이주여성 가족상담

1. 사례 개요

가. 내담자 정보: 2007년 10월에 시설(쉼터)에 입소하여 2008년 2월에 퇴소한 결혼 이주여성으로 국적은 베트남이고 나이는 24세 여성으로 한국어 구사능력은 일상 회화를 보통으로 하는 정도임

나. 주호소문제: 2004년 6월에 한국남성과 결혼하여 시골에서 시부모와 함께 생활하고 있으며 언어와 문화의 차이로 인한 어려움과 시부모의 지나친 간섭, 무시 및 언어폭력, 남편의 무관심 등으로 상처를 많이 받아 더 이상 결혼생활이 힘들다고 느껴 쉼터에 입소함

2. 상담사례 개입

가. 내담자의 다면적 정체성과 통합: 민족주의와 억압의 복합적 상호작용과 같은 민족 집단 경험

- 내담자는 베트남 남부 컨토지역 출신으로 베트남 역사상 중국에 대한 저항성, 독립성, 반골기질, 자존심이 강한 특유의 민족성을 지니고 있어 정체성이 변화된 환경(한국)에서도 바뀌지 않아 가족들과의 갈등을 초래하는 요인이 되고 있음

- 생활적응력이 매우 높고 정열적이지만 이유없이 도움을 받거나 사과하는 것을 싫어하고 성격이 매우 강하나 솔선수범하는 편이고 결혼 전 초등학교를 졸업하고 공장에서 일을 하여 가정경제를 도움

- 내담자는 쉼터에 머물며 많은 정보를 얻었고 한-베트남 자조모임인 자조공동체에 가입하여 베트남 언어와 문화가 통용되어 많은 힘을 얻었으나 내담자가 살고 있는 지역과 가정에서는 한국적 사고와 행동양식을 요구받고 있음

나. 문화적 유능감: 상담자와 내담자가 통합하여 문화적 차원에 대한 이해

- 집단상담: 문화에 대한 차이와 공통점을 느끼고 스스로 문제해결 방법을 찾아가도록 유도함

- 다문화 집단상담: 다양한 결혼이주여성과의 관계에서 다른 문화에 대한 존중과 자신의 역할을 학습함

- 체험학습: 생활, 문화, 오락, 양육 등의 체험학습을 통해 보고 배운 것을 생활에 적용함

3. 내담자의 반응

- 내담자는 시설에 입소하면서 운영되는 교육 및 상담에 매우 적극적으로 참여하고 입소 초기 막연했던 가정과 자신의 문제를 구체적으로 인식하기 시작했으며 개선할 의지와 방법이 생겼고 이러한 교육이 지속적으로 연결되기를 바람
- 내담자의 변화(초기): 가족구성원 모두에게 문화적 이해를 증진시킴, 미숙한 언어소통으로 오해하고 있던 문제를 이해, 내담자의 위치 회복과 내담자와 시부모 간의 제휴 증진, 세대 간의 경계를 명료화, 부부간의 애정관계 증진, 내담자의 개별화와 사회화를 위해 가족 외부와의 경계 개방
- 내담자의 변화(중기): 가족 간의 언어와 문화 차이로 인해 소원했던 관계개선, 가족구성원에게 내담자를 이해할 수 있는 기회 제공, 내담자의 문화적 이해 및 적응 돕기, 시부모의 언어폭력 금지 및 내담자의 위치 회복 및 부부간 관계 증진 돕기
- 내담자의 변화(종결): 내담자와 가족들이 문화에 대한 의식과 태도가 어떻게 달라졌는지 알아봄, 내담자, 남편, 시부모 관계를 보다 발전적으로 개선하기 위한 구체적인 방법에 대한 논의, 환대, 존중, 정의, 사랑, 평등 등에 대해 확인하고 적용
- 내담자에 대한 체계적 개입
  ① 가족체계 변화를 위한 행동으로 상담 및 가정방문, 행정지원, 교육(인권, 다문화, 육아 등), 멘토링, 언어지원, 상담소, 교육기관, 자조집단 등의 자원을 연결
  ② 지역사회 내 변화를 위한 행동으로 교육(인권 및 다문화 의식교육), 홍보 등
  ③ 정책 및 제도적 개선을 위한 행동으로 연대활동을 통한 정책 모니터링 및 정책 제안, 다문화사회를 위한 세미나 참여 등

출처: 우리나라 사회복지 다문화사례관리센터

⑤ 학습상담 사례

가. 학습상담의 개념

학습상담이란 개인이 무엇인가를 배우고 익히는 과정에서 겪는 문제를 더 체계적이고 통합적으로 해결하여 유능한 학습자가 되도록 조력하는 과정이다. 즉, 학습상담은 학습자들이 학습 과정에서 겪는 문제에 대처하기 위한 효과적인 방법에 관해 이야기를 나누고 자신에게 맞는 학습 방법을 탐색하고 노력한 만큼 학습효과를 얻도록 하려는 상담이다.

나. 학습상담의 특징

자신에게 알맞은 효율적인 공부학습법을 탐색하여 하고 싶을 일을 하게 한다. 즉, 학습에 문제가 있어서 자신의 능력 만큼 효율이 오르지 않는 학생에게 자신의 학습 관련 문제를 인식하게 하여 스스로 대처할 수 있는 방법을 터득하여, 문제점을 극복하여 해결하고 학습의 효율성을 증진시킨다.

학습상담의 효과를 다음과 같이 열거할 수 있다.
- 자신감 회복으로 인한 학습 유능감 향상
- 학습 동기 부여로 학습 욕구 증진
- 환경 조절과 시간 관리 능력 향상
- 기억력과 집중력 증대로 학습 태도 변화
- 알맞은 공부법을 터득하여 원하는 진로 목표 달성

다. 학습상담 사례

표 5-11 사례1: "공부를 잘 할 수 있는 방법을 알고 싶어요"

1. 의뢰 사유 및 개입

내담자: 고등학교 1학년 여학생으로 요즘 성적이 더 떨어졌어요. 부모님의 기대는 크지만 저는 거기에 못 미치고 있습니다. 성적이 오르고 공부를 잘하려면 어떻게 하는 것이 좋을까요?

상담자: 성적이 떨어지는 이유를 생각해 봐야 할 것 같아요, 또 제일 뒤떨어지는 과목은 어떤 것인지요? 공부를 잘하려면 성적을 높이기 위한 공부보다 실력을 높이기 위한 목표로 공부를 해야 합니다. 성적이 높아야 행복할 수 있는 사람은 10%밖에 안되고 10% 내에서도 모두가 행복한 것은 아니라고 생각합니다. 실력 있는 공부를 하려면 내가 가진 숨어있는 잠재능력을 발견하고 눈앞에 있는 나뭇가지만 보기보다는 멀리 숲 전체를 보며 창의력을 발휘해야 합니다. 무조건 공부보다 좋은 방법을 알아야 할 것입니다.

우선 공부에 흥미를 갖고 자신감을 갖는 것이 필요합니다. 그러기 위해서는 예습을 철저히 하는 것이 중요합니다. 예습을 통해서 내가 아는 것과 모르는 것이 길러지게 됩니다. 예습요령으로는 영어의 경우 읽었을 때 이해되지 않는 부분만 밑줄을 치고 잘 안되는 부분은 외워둡니다. 수학, 과학은 무조건 외우기보다 원리를 먼저 아는 것이 중요하고 문제를 풀어 봐야 합니다. 실력을 쌓는 공부를 하려면 모르는 것을 중점적으로 공부해야 합니다. 아는 것, 모르는 것 다하게 되면 시간을 많이 소모하게 됩니다. 하루 종일 책상 앞에만 앉아 있기보다는 시간표를 짜서 시간 내에 집중적으로 공부하며 시간에 쫓기지 않고 시간을 관리하게 되면 마음에 여유도 생기게 될 것입니다. 그리고 부모님의 기대에 너무 부담감을 갖지 않았으면 합니다. 자신이 스스로 해야 할 일을 다하면서 부모님과 대화시간을 갖고 자신의 생각을 알리세요. 진로에 대한 진지한 고민과 생각을 나누면 부모님의 기대를 변화시킬 수 있고 부담감에서도 해방될 수 있다고 생각됩니다(최영숙, 동부근로청소년회관).

출처: 청소년상담 사례 모음집 [학업 문제로 인한 고민]

표 5-12 사례2: "시험 때만 되면 지나치게 긴장 됩니다."

1. 의뢰 사유 및 개입

내담자: 저는 여고 2학년으로 평소 덜렁댄다는 애기를 자주 듣는데 특히 시험준비를 할 때면 긴장되어 차분하게 공부하지 못하고 손발을 가만두지 못 합니다. 또 몸을 이리저리 움직이고 나도 모르게 소리를 지르는 경우도 있습니다. 다가올 시험에 대비해 긴장해서 공부를 해야 하는데 그래서인지 시험결과는 늘 엉망으로 나옵니다. 마음속으로는 할 수 있다고 생각하고 차분히 공부하려 하지만 결국엔 나를 통제하지 못합니다.

상담자: 청소년기의 많은 사람들이 앞으로 다가올 일에 대해 걱정을 하다보면 두려움이 앞서고 자신이 미워진다고 호소하는 경우를 자주 봅니다. 이러한 정신적 갈등으로 자신의 환경을 종용하면서 시간을 보내다 보면 나중에 통제하기 어려울 정도의 성향을 갖게 하는 씨앗이 됩니다. 흔히 이런 고통을 호소하는 청소년들의 경우 이전에는 얌전했고 어른들의 애기를 잘 듣는 착한 아이였고 공부도 잘해 많은 사람들이 부러워했다는 애기를 자주합니다. 그러나 일단 이러한 증세가 나타나면 하는 일이 잘 안되는데 그 까닭은 본인의 심리 저변에 일을 그르쳐야 속이 시원하고 그 결과에 스스로 만족해하는 사리에 맞지 않는 무의식적 욕구가 있기 때문입니다. 일을 그르쳐 놓고 갖가지 핑계를 동원해 자신의 행위를 합리화시키려는 자기 방어작용으로 손발을 가만히 두지 못하고 몸을 과다하게 움직이거나 소리를 지르게 됩니다. 그래서 긴장이 되어 공부를 제대로 할 수 없거나 시험을 볼 때 답을 알고 있어도 제대로 쓰지 못했다고 하게 됩니다. 이와 같은 문제를 해결하기 위해서는 본인이 어떻게 하여 사리에 맞지 않는 무의식적인 욕구를 가지게 됐는지 발견하려고 노력해야 합니다. 특히 부모님과 솔직히 상의해서 무엇이 무의식적인 욕구를 가지게 됐는지 발견하려고 노력해야 합니다. 특히 부모님과 솔직히 상의해서 무엇이 문제인가를 알아낸 다음 적절한 해결책을 모색하면 의외로 쉽게 해결될 수 있을 것입니다(윤인채, 아동상담소).

출처: 청소년상담 사례 모음집[학업 문제로 인한 고민]

표 5-13 사례3: "잡념 때문에 공부가 잘 안 돼요."

1. 의뢰사유 및 상담사례 개입

내담자: 저는 현재 직장을 그만두고 대학 입시 준비를 하고 있습니다. 그런데 자신이 없어 걱정이에요. 공부를 잘하다가도 잡념 때문에 펜을 놓고 멍하니 앉아 있을 때가 많습니다. 그러고 나면 공부하기가 더 힘들고 짜증이 나지요. 만일 이번 공부가 실패로 돌아가면 어떻게 해야 할지도 모르겠습니다.

상담자: 직장을 다니다가 대입 준비를 하시려니 어려움이 많으시지요? 한동안 공부에서 손을 놓았기 때문에 다시 시작하는 것이 참 어려울 것 같네요. 하지만 어렵더라도 일단 궤도에 오르면 공부가 좀 더 익숙하고 수월해질 수 있을 거예요. 실패하면 어떻게 할 것인가를 자꾸 생각하다 보면 점점 자신이 없어지고 원치 않는 잡념도 생기고 능률이 오르지 않을 것 같습니다. 제가 보기에 00님은 용기 있고 의지가 있는 사람인 것 같아요. 직장생활을 계속하는 것이 더 쉬웠을지도 모르는데도 원하는 공부를 다시 시작하겠다고 결심한 것은 00님이 가진 큰 힘인 것 같군요. 그걸 잊지 마세요. 힘이 들 때면 왜 자신이 직장을 그만두고서까지 다시 공부를 하기로 결심하게 되었는지 생각하고 마음속에 되새겨보면 좀 더 힘이 나지 않을까요. 그리고 현재 어떤 방법으로 대입 준비를 하고 계신지 모르겠는데 혼자 하는 것이 불안하다면 학원을 다닌다거나 교육방송 등을 활용하시는 것도 좋을 것 같습니다. 그렇게 되면 입시 경향에 대해서도 알 수 있을 것이고 혼자 공부하는 것보다는 덜 불안하겠지요? 다른 사람들이 열심히 노력하는 것을 보면서 자극을 받기도 할 것이고요. 최선을 다해서 원하는 결과를 꼭 얻으시길 바라요.

출처: 청소년상담 사례 모음집 [학업 문제로 인한 고민]

표 5-14 **학습상담 면접 기록지**

학습상담 면접 기록지

일자	내담자 성명	상담자 성명

1. 학습상담과 관련된 주호소 문제	
• 내가 공부를 잘하고 싶은데 공부 잘하는것을 방해하는 것은 무엇인가?	
• 언제부터 이런 일이 생겼고 어떻게 해결하려고 노력하였는가? 그 방법이 성과가 있었는가?	
2. 학습과 관련된 내담자 정보	
• 지금의 성적은? 내신 등급 또는 모의고사성적의 등급은?	
• 나는 공부를 잘한다고 생각하는가 또는 못한다고 생각하는가?	
• 나는 머리가 좋은가? 나쁜가? 언제부터 왜 그런 생각을 했는가?	
• 공부를 잘했을 때는 언제인가?(과목, 점수 등)	
• 공부를 잘할 수 있다면 잘하고 싶은 생각은 있는가?	
3. 내담자의 건강 상태 및 생활 습관	
• 내담자는 건강 상태는?(변비, 빈혈, 두통, 생리통, 아토피, 축농중 따위 때문에 공부에 지장은 없는가?)	
• 몇 시에 자서 몇 시에 일어나는가? 일어날 때 어떻게 일어나는가?(자명종 소리에, 엄미가 깨워서, 스스로 저절로? 일어날 때기분 상태는?, 잠이 모자라서 억지로 일어 난다면 수업 시간에 졸지는 않는가?)	
• 학원은 언제부터 왜 다니는가? 인터넷 강의는 듣는가?(내가 원해서 다니는가?, 무슨 과목을 배우는가? 효과는 있는가?, 다니지 않는다면 왜 다니지 않는가?, 야간 자율학습에 참여하는가?, 하지 않는다면 저녁 시간을 어떻게 보내는가?)	

4. 학습상담의 목표	
• 학습상담을 받고 난 후 달라졌으면 하는 것은?	

위와 같이 초기 면접을 하여 이를 바탕으로 학습상담의 개입 전략을 세운다. 학습 상담을 하기 전 부모와의 관계, 친구와의 관계를 먼저 다루어야 할 경우도 많다. 이런 경우에는 이런 문제들을 먼저 다룬 뒤 학습 상담을 진행한다.

6 진로상담 사례

가. 진로상담의 개념

진로(career)란 생애·경력·직업 등의 의미로 개인의 장래·미래에 대한 전망 등으로 인식된다. 뿐만 아니라 진로란 생애 직업발달과 그 과정 내용을 가르키는 포괄적인 용어이다. 따라서 진로상담은 진로교육의 이론과 실제를 현실에 적응하게 하는 실천적 활동으로 진로과정에 있는 자의 성숙과 진로발달의 과정을 도와주는 체계적이고 전문적인 상담활동이라고 할 수 있다(김충기, 2001). 크릿츠(crites, 1980)에 의하면 진로상담은 "의미 있고 생산적인 일을 통하여 개인이 현실과 접하고 이를 유지해 나가는 데 있어서 개인에게 가장 적합한 심리적 방법의 하나를 구성해 줄 뿐만 아니라, 중요한 사회적 변화를 가능케 하는 경제적 수단을 제공한다."라고 했다(Fitzgerald and Crites, 1980). 미국의 진로발달협회(National Career Developement Association: NCDA)에서는 "진로상담이란 내담자가 가장 적절한 진로 결정을 하기 위해 자신을 둘러싼 환경을 이해하고 응용하도록 돕는 목적을 가진 상담자와 내담자 사이 또는 개인과 소집단의 관계"라고 정의했다(김충기, 2001). 지금까지 진로상담에 대해 살펴보았듯이 진로상담이란 장래 또는 미래의 불확실한 진로를 계획하고 준비하고 있는 내담자에게 합리적으로 진로를 탐색하고 결정할 수 있는 계기를 마련해 주는 진로와 관련되어진 적극적인 상담의 과정이라고 할 수 있다.

나. 진로상담의 필요성

진로상담은 다음과 같은 목표를 가지고 실시되어야 한다.

첫째, 진로상담은 내담자의 불확실한 진로 계획을 더욱 분명한 방향을 선택하기 위해 실시되어야 한다. 진로와 관련되어 내담자가 찾는 이유는 내담자가 선택한 진로계획이 불확실하기 때문이다. 따라서 진로상담을 통해 내담자의 불확실한 진로계획과 진로선택을 점검하고 더욱 분명한 진로 계획과 진로 선택을 할 수 있도록 해야 한다.

둘째, 진로상담은 진로와 직업선택에 대한 좌절감에서 적극적인 진로와 직업 선택 활동에 자신감을 갖도록 해야 한다. 진로상담에서 내담자는 진로와 직업의 좌절의 문제를 해결하기 위해 상담을 요청할 수밖에 없다. 따라서 상담자는 진로와 직업 선택과 활동에 실패한 내담자로 하여금 진로와 직업 선택과 활동에서 좌절을 극복하고 자신감있게 활동할 수 있도록 지원해야 한다.

셋째, 진로상담은 내담자로 하여금 진로 의미와 직업 가치를 확인하는 과정이어야 한다. 우리가 진로와 직업을 결정하는 것은 미래의 삶과 밀접한 관련성이 있다. 진로와 직업을 통해 삶의 의미를 발견하고 가치있는 인간으로서 삶을 누려야 한다. 자신이 선택한 진로와 직업이 자신으로 하여금 가치가 있는 선택임을 확인하도록 해야 한다.

넷째, 진로상담은 내담자로 하여금 삶 속에서 진로와 직업, 그리고 삶 사이에서 균형 있는 삶을 살아가는 것을 점검할 수 있도록 해야 한다. 우리 인간은 값진 노동의 활동을 통해 보람을 느끼고 이것이 삶의 행복감으로 연결될 수밖에 없다. 따라서 진로상담을 통해 내담자로 하여금 값진 진로와 직업 활동이 주는 행복감을 찾고 그 행복감을 유지할 수 있도록 해야 한다.

다섯째, 진로상담은 내담자로 하여금 스스로 진로와 직업을 선택할 수 있는 능력뿐만 아니라, 선택의 과정에서 능동적으로 대처할 수 있는 능력을 가질 수 있도록 하는데 있다. 진로상담자는 내담자를 끝까지 책임을 질 수가 없다. 진로상담이 완결되면 내담자 스스로가 진로와 직업에 대해 자신감을 가지고 선택하고 행동할 수 있도록 해야 한다.

여섯째, 진로상담을 통해 진로와 직업에 대한 능동적인 태도와 자신의 가치를 발견할 수 있도록 해야 한다. 내담자는 진로와 직업의 선택에서 수동적

일 수밖에 없다. 하지만 진로상담을 통해 내담자가 진로와 직업 선택에서 능동적인 태도를 가질 수 있도록 해야 한다. 또한 자신의 진로와 직업선택 활동이 국가와 지자체 및 지역사회의 한 구성원의 가치 있는 활동으로 자부심을 가지고 살 수 있도록 해야 한다.

일곱째, 진로상담을 통해 진로와 직업의 선택은 내담자 자신임을 확신시켜야 한다. 진로상담이 지속될수록 내담자는 상담자를 지속적으로 의지할 수밖에 없다. 하지만 진로상담은 내담자 스스로가 진로와 직업을 개척자적 정신을 가지고 활동하여야 한다. 그러므로 진로상담은 처음부터 끝까지 진로상담에 대해 내담자가 책임감을 가질 수 있도록 해야 한다.

다. 학교 수준별 진로상담의 과제와 목표

첫째, 초등학교 과정이다. 이 과정에서는 무엇보다도 진로인식(career awareness)단계이다. 이때 진로상담의 목표는 일의 세계의 다양함, 개인의 흥미, 재능과 직업과의 관계 인식 등이어야 한다. 존경하는 인물과 미래 포부의 성취방법, 장래 계획, 일에 대한 태도와 직업인에 대한 존경심을 목표로 해야 한다. 그리고 이 시기에 수행해야 할 과제로는 학습과 사회성 발달의 기본 기능 습득, 인간으로서의 삶의 개인과 사회적 활동에 대한 기본 기능 습득, 아동의 기본적 흥미와 잠재력에 관한 탐색을 할 수 있도로 도와주어야 한다(신봉호 외, 2019).

둘째, 중학교 과정이다. 이 과정에서는 진로탐색(career exploration)단계이다. 즉, 자신의 적성과 능력에 대한 이해, 산업 및 직업분류 이해 등이다. 또한 현대사회와 직업관계에 대한 이해, 직업의 의미와 필요성 이해, 바람직한 직업 선택의 조건 등의 이해에 목표를 두어야 한다. 이 과정에서 수행과제로는 장래직업, 취미생활, 가정생활, 시민정신, 문화생활 등에 관한 광범위한 이해가 있어야 한다. 그리고 취업 기회에 관한 잠정적 가능성 탐색, 직업 선택의 능력과 태도 함양, 다양한 직업이 요구되는 개인적이고 교육적 요건들 등에 관한 이해가 필요하다.

셋째, 고등학교 과정이다. 이 과정에서는 진로의 선택과 준비(career choice & preparation) 단계이다. 즉, 진로상담의 목표는 학생들로 하여금 그들이 잠정적으로 선택한 직업과 취업하는 데 필요한 능력을 키울 수 있는 방법과 기술을 습득하게 하는 것이다. 이 시기는 대학진학과 취업준비라는 중요한 전환기이다. 때문에 대학에 진학하는 학생에게는 자기 진로와 관련되어진 전공선택, 그리고 직업선택으로 인해 다가올 급변하는 직업세계에 대해 탐색할 필요가 있다. 또한 대학을 진학하지 않는 학생들은 직업에 필요한 특수한 기술과 지식 습득 훈련계획을 세우고 직업에 대한 긍정적인 태도를 갖도록 도와주어야 한다. 이 과정에서 수행과제로는 직업과 관련되어진 기본 기능의 지속적인 숙달, 활용, 응용력에 대한 역량 강화와 특수한 직업군 내지 직업영역 내에 존재하는 취미생활의 기회에 대한 탐색, 구체적인 직업에 수단이 되는 초기 준비 방안 선정 등을 탐색해야 한다(신봉호 외, 2019).

넷째, 대학교 및 청년 과정이다. 이 과정에서는 진로를 실천하고 자신의 적성에 맞는 직업을 선택할 수 있는 단계이다. 즉, 내담자로 하여금 자신이 선택하고 준비한 진로와 직업에 대해 구체적으로 실천할 수 있는 기술과 능력을 갖출 수 있도록 안내해 주어야 한다. 또한 진로와 직업의 선택 과정에서 자신의 적성에 맞지 않을 경우 내담자로 하여금 빠른 선택을 통해 자신의 적성에 맞는 진로와 직업을 실천할 수 있도록 도와주어야 한다.

라. 진로상담의 절차

1) 첫 대면

진로상담에서 첫 대면은 상담자와 내담자에게 잠재적인 관계와 성공 가능성에 접근할 수 있는 기회를 제공하는 것이다. 첫 대면을 통해 첫째, 중요한 목표가 무엇인지 확인하고 내담자와 상담자의 바람직한 상담관계가 형성되도록 해야 한다. 둘째, 내담자를 직접적으로 관찰하고 다양한 정보를 확인해야 한다. 셋째, 진로상담에 대해 제공되어지는 영역과 상담 진행에 대한 구조화를 분명하게 해야 한다. 넷째, 진로와 관련되어진 현재의 문제를 발전시키면서 내담자의 마음을 열게 하도록 해야 한다.

2) 신뢰감 형성 단계

상담자는 내담자와 신뢰감을 형성할 수 있도록 처음부터 집중하여야 한다. 상담자는 내담자가 진로와 관련되어진 갈등, 생각, 의견 등을 표출할 수 있는 분위기를 만드는 것이 필요하다. 내담자는 처음 만남의 기간에 많은 양의 에너지와 진로와 관련된 자신의 문제점을 언급한다. 그러므로 상담자는 처음 상담 중에 일어날 것과 일어나지 않을 것에 대한 정보의 전후관계를 확인하고 진로상담의 가능성을 가정 한다. 첫만남의 기간에서 내담자의 비판적인 첫인사, 자기소개 등에 관심을 갖고 주의 깊게 관찰해야 한다. 때때로는 긴장이나 불안을 해소할 수 있는 짧은 이야기가 필요할 수도 있다. 특히 내담자가 면접에 응할 준비가 되었다고 판단되면 상담자는 구체적으로 진로상담센터 방문하게 된 이유와, 상담자가 어떠한 도움을 주기를 바라는지에 대해 질문 할 수 있다.

3) 내담자 마음 문 열기

진로 내담자들은 경계적이고 소극적인 자세로 나올 수가 있다. 태도 또한 그들의 말은 막연하고 동질성에서 멀어지는 경우도 있다. 까닭에 상담자는 확실한 것을 찾아내기 위해서 다양한 기술과 방법을 사용해야 한다. 이를 통해 상담자는 내담자의 문제를 찾고 신뢰성이 형성될 수 있도록 비판 없이 내담자를 수용해야 한다. 그러므로 상담자는 내담자들로 하여금 그들의 상황에 대해서 마음의 문을 열고 도움이 될만한 것을 공유하도록 해야 한다.

4) 구조화

구조화(structuring)에서는 여러 관계의 매개변수 설정과, 한 번 만날 때의 기간, 얼마나 자주, 언제 만나지, 얼마인가, 어디서 만나는가 하는 요소들을 포함해야 한다. 만약 이것이 구조화 되지 않으면 내담자는 비현실적인 기대를 가질 수도 있고, 때로는 상담자가 즉각적으로 직업을 구해줄 것이라고 기대할 수도 있다. 그러므로 상담자는 내담자들이 상담자가 직업을 구하는데 책임 있기를 기대한다는 것을 알게 해야 한다.

5) 자료 수집과 진단

Brooks(1984)는 상담자가 처음 직면하는 것은 내담자 문제의 근원을 결정하려는 것과 문제나 어려움을 왜 가지는지에 관해 자료를 수집하려고 노력하는 것이라고 했다. 그러므로 진로상담 기간 동안에 자료를 수집하는 것과, 수집된 자료를 진로상담에 효과적으로 사용하는 것은 중요하다. 즉, 내담자의 현재의 상태, 말, 사용하는 문장 등이 중요한 단서가 될 수 있으므로 내담자의 태도, 행동양식, 교육수준, 그리고 개인 성향 등에 대한 정보를 수집해야 한다.

6) 진로상담의 계획의 방향

진로상담을 진행함에 있어 가장 중요한 첫 단계에서는 목표설정을 분명하게 하는 것이다. 상담자는 내담자가 목표를 쉽게 이해할 수 있도록 도와주어야 한다. 그리고 내담자는 상담을 지속적으로 할 것인가를 결정해야 한다. 즉, 여러 단계를 통해 목표는 현실적으로 설정해야 하고 내담자는 다양한 전략과 상담자의 접근방향을 알 필요가 있다. 또한 내담자가 문제의 진단법에 동의한다면, 상담자는 내담자를 중심으로 공동의 목표를 설정하고 계획을 세워야 한다. 특히 목표를 효과적으로 달성하기 위해서는 내담자가 도달할 수 있도록 할 필요가 있다. 목표는 내담자가 말한 문제와 연관이 필요하고 동의할 필요가 있다. 그러므로 진로상담의 계획은 유동적이어야 한다. 상담의 결과 혹은 다른 환경에 의해서 바뀔 수가 있기 때문이다.

7) 평가

진로상담자는 상담기간 동안 내담자 행동의 관찰을 통해 평가를 해야 한다. 상담자는 내담자가 왜 이 시기에 상담을 받으러 왔는지 평가해야 한다. 상담자는 바뀔 수 있는 가능한 원천뿐 아니라, 내담자의 기대를 고려해야 한다. 또한 상담자는 면접을 통해 얻은 정보를 접목하는 것이 필요하다.

마. 진로상담 사례

표 5-15 사례1: 대학생 진로 미결정자 상담

1. 사례 개요

　가. 내담자 정보: 대학 3학년 남학생

　나. 내담 경위 및 주호소 문제

　　• 진로 결정에 대한 불확실성, 취업에 대한 막연한 두려움과 자신감 부족

　　• 경제학과 재학 중이며 전공에 흥미를 느끼지 못하고 진로를 정하지 못한 상태이며 사회 문제 해결과 미디어 분야에 관심을 보임

　　• 진로를 선택하고 취업을 준비하는 친구들의 모습에 압박감을 느끼고 있음

2. 상담 과정

　가. 1~2회기: 진로 결정에 대한 불안과 혼란 탐색, 진로를 결정하지 못해 불안해 하는 상황을 이해하고 다양한 흥미를 탐색하는 것이 첫 단계임을 설명. 내담자가 흥미를 느끼는 분야(사회 문제 해결, 미디어)에 대해 탐색하기로 함

　나. 3~4회기: 내담자의 적성과 흥미를 객관적으로 파악하기 위해 진로검사와 성격검사를 실시. 검사 결과 내담자는 사회적 상호작용과 탐구적인 성향을 지닌 사회형(S)과 탐구형(I)으로 나타났으며, 창의적이고 사람과의 관계를 중요시하는 설향의 결과를 보임

　라. 5~6회기: 면담 및 검사 결과를 바탕으로 구체적인 행동 계획 수립. 내담자는 방학 동안 대학주관 해외 봉사활동 참여하고 학과에서 주관하는 미디어 관련 프로젝트에 참여하기로 결정. 이를 통해 자신에게 맞는 진로를 탐색할 수 있도록 구체적인 경험을 쌓기로 함

　마. 7~8회기: 봉사활동 참여신청서를 작성하고 미디어 프로젝트 참여 후 내담자는 진로에 대한 불안이 점차 감소하였고, 자신이 사회적 상호작용을 통한 문제 해결에 흥미가 있음을 확인. 사회복지 분야의 미디어 활용 마케팅분야에 대한 진로 정보를 구체적으로 탐색하기로 결정. 내담자가 진로 탐색 과정에서 느낀 불안을 점차 해소하고, 다양한 진로 경험을 자신감과 자존감을 향상

　나. 심리검사: 진로검사와 성격검사를 통해 내담자의 성향과 적성을 객관적으로 분석하고, 이를 바탕으로 자기이해 및 구체적인 진로 탐색을 시작하도록 도움

다. 목표 설정: 내담자의 진로 방향성을 잡기 위해 실현 가능한 목표를 설정하고, 그 목표를 달성하기 위한 실질적인 행동 계획을 수립. 봉사활동과 미디어 프로젝트 참여를 통해 구체적인 경험을 쌓도록 유도

라. 정서적 지지: 진로 미결정 상태에서 느끼는 불안과 압박감을 공감하며, 다양한 진로 가능성을 탐색할 수 있음을 함께하여 내담자의 불안 완화

4. 상담 결과

내담자는 상담을 통해 자신의 성향과 적성을 명확히 이해하게 되었으며, 적극적인 봉사활동 참여를 위한 노력과 미디어 프로젝트 참여 경험을 통해 구체적인 진로 탐색의 가능성을 넓힘. 그 결과 진로 결정에 대한 불안이 감소하고 자신감을 회복하였으며 향후 목표 설정과 행동 계획을 통해 진로 선택에 대한 구체적인 방향을 잡게 됨

표 5-16 사례 2: 고등학생의 커리어 포트폴리오의 제작

1. 사례 개요

가. 내담자 정보: 고등학교 2학년 여학생

나. 내담 경위 및 주호소 문제

- 진로 결정과 대입 준비를 위해 커리어 포트폴리오를 제작하고 싶어 하지만, 자신의 경험과 활동을 어떻게 정리해야 할지 어려워 함
- 내신 성적은 상위권이며, 장래희망은 교육 관련 직종
- 구체적인 목표 설정과 대입 준비를 어떻게 해야 할지 명확하지 않음. 학교 내에서 봉사활동과 교내 대회에 참여한 경험이 있으나 체계적으로 정리된 포트폴리오가 없어 이를 제작하고자 상담 요청

2. 상담 과정

가. 1~2회기: 내담자가 진로에 대해 생각하는 방향과 관심사를 탐색. 내담자는 교육과 관련된 직업을 생각 중이지만, 구체적인 목표 설정이 미비하므로 상담자는 이를 구체화하기 위해 교육 관련 학과에 대한 정보 제공 및 해당 직종의 직무에 필요한 역량을 설명함. 또한, 포트폴리오의 목적과 구조에 대해 안내하여 커리어 포트폴리오가 대입 서류 준비와 진로 탐색에 중요한 도구임을 인식시킴

나. 3~4회기: 내담자의 학업성적, 학교생활, 봉사활동, 동아리 활동, 대회 참여 등을 포트폴리오에 정리. 교내 영어 발표 대회에서 수상한 경험을 구체적으로 서술하고 발표 자료 일부를 포함시킴. 또한 지역 도서관에서 봉사활동을 한 경험을 정리하고, 봉사활동 후 작성한 보고서를 추가함

다. 5~6회기: 내담자의 진로 탐색을 위한 구체적인 활동 계획을 수립함. 상담자는 교육 직종과 관련된 다양한 활동을 제안하였으며, 내담자는 방과 후 수업 지원 및 멘토링 프로그램에 참여하기로 결정함. 그 외에 교내 동아리 활동에서 주도적으로 참여한 프로젝트 경험을 포트폴리오에 포함하고 팀장으로 활동한 경험을 강조하여 리더십을 부각시킴

라. 7~8회기: 자격증 취득 및 향후 목표를 설정. 내담자는 영어에 관심이 많아 영어 관련 자격증을 준비하고 있으며, 진로와 관련된 학습 계획을 세웠음. 포트폴리오의 마지막에는 진로목표 섹션을 두어 교육학과 진학 후 장기적인 목표를 명확히 제시함

3. 개입전략

가. 구조화된 포트폴리오 구성: 내담자의 학교생활과 교내외 활동을 체계적으로 정리할 수 있는 틀을 제공. 학업성적, 대회수상 경력, 봉사활동 등을 구체적으로 정리하여 입학 사정관이나 면접관에게 쉽게 전달될 수 있도록 포트폴리오 구조를 설계함

나. 경험 서술과 증빙 자료 활용: 교내 대회나 봉사활동 성과를 구체적으로 서술하고, 발표 자료나 보고서와 같은 증빙 자료를 포함하여 활동의 신뢰성을 높임

다. 목표 설정 및 진로 탐색 활동 제안: 교육 직종에 맞는 구체적인 활동 계획을 세우도록 하고, 방과 후 멘토링, 봉사활동, 동아리 리더십 경험을 통해 진로에 대한 확신을 갖도록 지도함. 커리어포트폴리오의 구성 8단계는 [표 5-17]과 같다.

표 5-17 **커리어포트폴리오의 구성 8단계**

1단계	포트폴리오 제작 방법 및 도구 선택
2단계	비전 설정 및 꿈 탐색
3단계	직업 목표 수립을 위한 직업 특성 탐색
4단계	자신의 특성과 연관 있는 직업정보 조사
5단계	진로 계획서 및 학습계획서 작성
6단계	관심 있는 분야의 활동

| 7단계 | 능력을 향상시켰거나 성취를 거두었던 경험 작성 |
| 8단계 | 가상의 이력서 작성 |

4. 상담결과

내담자는 상담을 통해 자신이 참여한 다양한 활동을 체계적으로 정리하고 구체적으로 서술할 수 있게 되었음. 또한 자신의 진로 목표를 명확히 하고 교육 관련 직종에 필요한 역량을 강화할 수 있는 활동 계획을 세움. 이러한 과정을 통해 내신 성적 외에도 교내외 활동성과를 정리한 포트폴리오가 완성되었으며, 대입 준비 과정에서 활용할 수 있는 중요한 도구로 활용함

7 중독상담 사례

가. 중독상담의 개념 및 목적

과의존(Overdependence) 또는 중독(addiction)은 특정한 물질이나 활동에 지나치게 의존하며 쾌락을 추구하는 행동을 의미하며, 이에 내성과 금단증상, 일상생활 장애를 유발한다. 최근에는 물질 중독을 넘어 도박, 쇼핑중독, 인터넷과 스마트폰 등 행위 중독(behavior addiction)과 같은 비 물질성 중독이 주목을 받고 있다. 미국 정신의학협회(DSM-5)와 세계보건기구(WHO)의 국제질병분류(ICD-11)에서도 이러한 행위 중독을 인정하고 있으며, 2018년에는 인터넷 게임 이용 장애가 정신건강 문제로 인정되었다. 한국정보화진흥원(2016)에 따르면, 청소년의 스마트폰 중독 위험군은 성인보다 약 2.3배 이상 높은 31.6%로 나타났다. 청소년기는 신체적, 심리적 급격한 변화를 겪고 사회적 관계를 확장하는 과정임을 반영한다.

나. 중독상담의 필요성

청소년들은 스마트폰을 관계 유지의 도구로 활용하게 되며, 충동성과 자기 조절 능력 부족으로 인해 중독적 현상이 나타나기가 쉽다. 스마트폰 중독

은 현실 세계에 대한 흥미 저하, 학업 의욕 상실, 가상 세계에 대한 집착 등 다양한 부정적인 결과를 초래할 수 있다. 중독이 심화하면 자아 정체감과 또래 애착이 감소하고, 학교 적응에 부정적인 영향을 미친다. 또한, 스마트폰 중독은 우울증, 낮은 자존감, 거절에 대한 두려움을 증가시키며, 대인관계 형성과 사회적 참여를 저해하는 부작용이 있다. 음란물 접근과 폭력적 게임 노출은 폭력에 대한 둔감 화와 인권 침해 문제를 일으킬 수 있으며, 장기적으로는 정서 조절 능력이 저하될 수 있다. 따라서, 스마트폰 중독은 청소년의 전반적인 발달에 심각한 부정적인 영향을 미치며, 이를 해결하기 위해서는 지속적인 관리와 치료가 필요하다.

다. 스마트폰·게임 중독 특징

스마트폰·게임 중독은 기술의 발전과 함께 현대 사회에서 점점 더 두드러진 문제로 개인의 삶에 여러 부정적인 영향을 미칠 수 있다. 스마트폰, 게임 중독의 주요 특징을 살펴보면 다음과 같다.

첫째, 스마트폰·게임 중독 특징은 과도한 사용 시간이다. 하루 대부분을 스마트폰·게임을 사용하는 데 보내며 사회적, 직업적, 개인적 활동에 어려움이 생긴다.

둘째, 통제 부족이다. 사용 시간을 자율적으로 조절하기 어려워, 사용을 줄이려는 노력에도 불구하고 지속적으로 사용하는 경향이 강하다.

셋째, 강한 갈망과 불편함이다. 스마트폰 사용과 게임을 중단하려 할 때 강한 갈망과 불편함을 느끼며, 사용을 줄이려는 시도가 실패할 때, 갈망이 심해져 이를 극복하기 어려워지는 현상이 나타난다. 이에 따라 강박적인 느낌이 강화될 수 있다.

넷째, 사회적 관계에 대한 부정적인 영향으로 지나치게 스마트폰을 사용하고 게임으로 가족, 친구, 동료와 대면 관계가 소홀해지고, 이로 인해 대인관계에서 갈등이나 거리감이 발생할 수 있다. 결과적으로 인간관계의 질에 심각한 영향을 미칠 수 있다.

다섯째, 학업 방해로 스마트폰 사용과 게임으로 인해 학업에 집중하기 저하되고, 자주 확인하는 알림이나 소셜 미디어로 인해 집중력이 분산되며, 중요한 일에 대한 집중이 어려워져 학습 능력에 직접적인 영향을 미친다.

여섯째, 부정적인 감정 경험이다. 소셜 미디어 사용 시 불안, 우울감, 스트레스를 자주 느끼며, 타인과의 비교로 인해 부정적인 감정이 유발로 정서적 건강에 악영향을 미칠 수 있다.

일곱째, 신체적 문제이다. 장시간 스마트폰을 사용과 게임으로 목이나 손목 통증, 시력 문제, 불규칙한 수면 패턴 등 다양한 신체적 문제가 발생할 수 있다.

여덟째, 강박적인 불안감이다. 스마트폰을 사용하지 않을 때 불편하거나 불안해하며, 스마트폰 사용이 필수적이라는 강박적인 생각과 강한 심리적 의존성을 나타낸다.

이러한 특징들은 스마트폰 과다 사용과 게임 중독이 개인의 삶에 미치는 부정적인 영향을 잘 보여준다.

라. 스마트폰 과다 사용과 게임 중독 상담사례

표 5-18 사례1: 스마트폰, 게임 중독 청소년의 해결중심치료

1. 사례 요약

가. 내담자 정보 : 고등학교 1학년 남학생

나. 내담 경위 및 주호소 문제

- 행동적인 면: 초등학교 5학년부터 스마트폰을 과도하게 사용하기 시작하여 학교생활에 대한 관심을 잃게 하고, 학업 성취도 저하로 이어짐, 사회적 고립 상태로 친구들과의 사회적 활동이 전혀 없는 상황
- 인지적인 면: 고등학교 입학 후 기숙사 생활을 하게 될 상황에서 불안감과 사회적 기술 부족을 경험
- 정서적인 면: 부모의 방임과 가정폭력으로 인해 높은 불안감을 느끼고 있으며, 안정감을 찾지 못하고 있음

2. 상담 과정

가. 심리검사 : JTCI, SAI, PAT

- 내담자는 안전하고 평온한 상태를 선호하는 조심성이 많은 사람
- 대인관계에서는 조용하고 예의 바르며 소극적이고 수동적인 모습으로 낯선 상황에서 위축됨. 우울감과 무력감을 자주 경험함

- 내담자의 상위 강점은 신중함, 경쟁심, 규칙 준수, 예의, 자기 조절력

나. 상담목표

- 행동 :스마트폰 게임 사용 시간 10% 줄이기, 운동으로 자전거 타기
- 인지 :긍정적인 대화로 3분 하기, 학교에서 친한 친구 1명에게 전화하기
- 정서 :강점 인식 수용, 자신감을 높이는 활동 제안. 작은 성공 경험
- 자원 구축 :가족 식사 즐거움 경험, 교사와 진로에 대한 상담 지원

다. 상담전략

스마트폰 게임 중독은 내담자의 행동, 인지, 정서적인 문제로 부각되고 있으며, 해결중심 치료(SFBT)는 이를 효과적으로 다룰 수 있는 접근법. 문제의 원인 분석보다는 해결책에 중점을 두며, 내담자의 현재 상황을 점검하고 감정변화를 이해하는 데 집중.

- 보드게임을 활용한 상호작용 놀이를 통해 내담자가 감정을 표현하고 문제 해결 능력을 향상 시키고, 감정 카드를 사용하여 자신의 감정을 표현하게 하고, 문제 해결을 위한 카드로 상황을 탐색. 이러한 활동은 또래 관계 상호작용을 통해 사회적 기술을 개발하고, 관계 형성을 촉진하는 데 있음.
- 게임을 통해 내담자의 인지를 변화시켜 긍정적인 상호작용의 중요성을 경험하게 하며, 지지체계를 마련하여 내담자의 강점을 인식하고, 안전하게 감정을 표현할 수 있도록 도움.

라. 상담 진행 과정

1) 초기 상담 단계

라포형성과 상담 구조화, 내담자의 심리적 어려움과 일상생활에 미치는 영향을 살펴봄

- 내담자는 눈 맞춤이나 화용 언어 사용이 어색하고 자신감이 부족하여 대답할 시간을 주고 다양한 해석을 통한 긍정적인 대화로 진행함
- 내담자는 자존감이 낮기에 긍정적인 자기 인식을 강화하고 가족들과도 긍정적으로 표현하고 말 할 수 있다는 것을 경험하게 함

2) 상담 중기 단계

- 내담자의 강점을 탐색하고 긍정적인 면을 찾는 장점 릴레이 게임을 통해 자아 인식을 증진 시키는 기회를 가짐. 내담자의 자존감과 자신감을 높이는 데 솔직하고 개방적인 분위기를 조성하여 자유롭게 이야기할 수 있도록 함

- 내담자는 문제 정의와 목표설정을 통해 자기 인식과 자신감을 향상시킴. 작은 목표를 성취함으로써 동기부여가 증가하고, 스마트폰 사용도 줄어드는 긍정적인 변화를 경험함
- 시간 관리 훈련을 통해 주말 기상 시간, 수면시간, 운동시간, 게임 시간을 기록하고, 보고하는 규칙 설정을 수행함

3) 상담 종결 단계
- 학교 기숙사로 돌아갔을 때 실행가능한 구체적인 전략을 세움. 학교 내 헬스 기구를 활용해 저녁 시간 운동을 계획함
- 개학 후에는 요트 자격증 준비를 위해 담임 교사와 면담할 계획 의지도 표현함

라. 상담 결과

내담자는 주말 게임 시간을 3시간으로 줄이고, 자전거 타기 등 자신감을 높이는 활동에 참여하고 있음. 운동과 요트 면허증 준비로 스마트폰 게임 사용이 감소하며 전반적인 생활에 긍정적인 영향을 미쳤음. 감정을 표현하며 책임감을 느끼는 경험은 자신감을 높이고 건강하고 균형 잡힌 삶을 찾는 데 도움을 주었음. 강점과 자원을 발견하고 구체적인 목표를 설정하며 자아를 강화하는 기반을 마련하였음.

표 5-19 사례2: 스마트폰, 게임 중독 청소년의 인지행동치료

1. 사례 요약

가. 내담자 정보 : 중학교 2학년 남학생

나. 내담 경위 및 주 호소 문제

게임 중독으로 인해 수면 부족과 학업 부진, 가정 내 정서적 지지 부족으로 외로움, 분노, 자신감 결여를 경험함

2. 상담 과정

가. 심리검사

충동성, 공격성 척도에서 고위험군으로 나타남. 내담자는 감정을 조절하지 못하고 화가 나면 물건을 던지는 행동을 함. 가족 및 대인관계에서 위축감과 분노를 느끼고 있으며 특히, 어머니와의 정서적 친밀감 부족으로 인해 불안과 좌절감을 경험함

나. 상담목표

- 게임 시간을 평일 1시간 30분, 주말 3시간으로 제한
- 감정 표현 및 조절 능력 향상
- 시간 관리와 구체적인 계획 수립
- 부모와의 의사소통 개선을 통한 관계 증진
- 게임 외의 대체 취미 활동 찾기

다. 상담전략

- 인지행동치료를 바탕으로 보드게임을 활용해 부정적 사고를 긍정적으로 인식
- 새로운 취미 생활과 사회적 기술훈련을 통해 스트레소 해소 및 의사소통 능력을 개선

라. 상담 진행 과정

1) 초기 단계: 내담자와 상담자가 신뢰 관계를 형성하고, 상담목표와 구조를 명확히 설정함. 내담자의 게임 중독 문제에 대한 동기를 확인하고, 상담에 대한 적극적인 참여를 유도

2) 중기 단계: 게임의 장단점과 이를 지속했을 때의 손익을 기록하게 하여 인지적 재구조화 과정을 거침. 내담자는 게임 외 활동에 대한 관심을 보이며, 긍정적인 카드를 선택하는 과정에서 자기 이해와 감정 조절 능력을 향상시킴

3) 종결 단계: 게임 사용 일지를 통해 시간을 관리하는 방법을 익히고, 부정적 정서 조절 방식을 학습함. 게임을 대신할 새로운 활동(줄넘기, 축구, 독서)을 탐색하고, 부모의 지원을 받으며 생활 환경의 변화를 경험함

마. 상담 결과

내담자는 게임 시간을 줄이고 감정 표현 및 조절 능력을 향상시킴. 고위험군에서 일반 사용자군으로 개선되었고, 부모와의 의사소통이 개선됨에 따라 가족 내 정서적 지지를 더 많이 받게 됨. 방학 동안 학원과 기타 배우기 계획을 세워 게임 시간 대신 새로운 취미 활동을 시작함. 상담을 통해 내담자는 일상생활에서의 긍정적인 변화를 경험함

8 자살·자해 상담사례

가. 자살·자해상담의 개념

자살은 '장차 일어날 결과를 알고 자신의 신체에 가하는 행위로서 적극적이든 소극적이든 행동을 통해 직·간접으로 죽음을 초래할 목적으로 행하는 자신에 대한 살인 행위'로 정의되며(김진홍 재인용) 자살사고, 자살시도, 자살사망을 포함한 개념이다.

자해는 '광범위한 의미에서 의도를 가지고 자신에게 어느 정도의 신체적·심리적 상해를 입히거나 상해를 초래할 것이라는 것을 알고 시도되는 행위'로 정의된다(박현지 재인용). 자해행위로는 칼과 같은 날카로운 도구로 긋거나 새기는 행위, 긁기, 화상 입히기, 때리기, 물기 등이 있으며 부정적 정서를 조절하려는 목적으로 행해진다.

나. 자살·자해상담의 특징

자살과 자해는 정신건강문제와 함께 나타나기도 하고 동시에 발생하기도 하는데 이 두 가지는 자살완결의 위험요인이 되며 심각도가 높을수록 자살시도에 이르게 된다. 자살의 위험요인으로는 우울증, 기분장애, 약물남용 등의 정신질환과 과거의 자살시도, 절망감, 대인관계의 불편감, 충동성 등과 같은 인지·성격적 요인, 부모의 정신질환, 자살행동의 가족력과 같은 환경적 요인이 있다. 자해는 우울, 불안, 적개심, 분노 등과 같은 부정적 정서에 대한 조절의 어려움이 있을 때 유발된다. 고통스러운 감정을 조절하거나 자기처벌에 있다는 점에서 자해의 상처는 과거 스트레스 사건에 대한 기억을 회상시켜 부정적 정서를 야기하고 부정적인 신체상을 가지게 되는 원인이 된다. 그리고 DSM-5에서는 자살의도가 없는 자해(Nonsuicidal Self-Injury)를 진단적 상태로 분류하였다(권준수, 2023). 자살적 자해와 비자살적 자해는 서로 다른 특성을 보이는데 비자살적 자해는 여러 번 자해행동을 보이는 반면 자살적 자해는 자해행동이 일회적 혹은 손에 꼽힐 정도로 제한적이며 비자살적 자해에 비해 아동기 학대 경험, 섭식장애, 주요우울장애, 외상후스트레스장애 등이 더 유의미하게 작용된다.

우울과 불안은 자해와 자살사고에 영향을 미치는 중요한 심리요인이자 예측요인으로 여겨진다. 개인이 스트레스 상황에서 느끼는 패배감이나 부정정서가 적절히 해소되지 않은 채 지속된다면 현재 상황에서 벗어날 수 없다는 속박감을 느끼게 되고 긍정적 심리자원이나 지지자원이 없을 때 자살사고가 유발된다. 즉, 부정정서를 관리하지 못하고 대처하지 못하는 것이 궁극적으로 자살사고를 유발시키는 원인이된다. 나아가 정서조절의 어려움은 자살사고가 자살시도로 이어지는 과정에 영향을 미치기도 한다.

다. 자살·자해상담의 개입

자살 및 자해상담 개입은 자살과 비자살적 자해를 구분하여 이루어지는데 많은 연구에서 인지행동치료(CBT), 변증법적 행동치료, 가족기반치료, 개인의 대인관계 기반치료 등이 효과적인 것으로 나타났다. 이러한 상담개입을 통해 관계적인 측면에서의 기능을 향상시키고 문제해결능력을 증진시키는 것과 더불어 스트레스 상황에서의 감정조절을 통해 자살 및 자해 행동이 재발되지 않도록 하는 것을 목표로 한다.

라. 자살·자해상담 사례

표 5-20 **자살·자해상담(22세 여성)**

1. 사례 요약

가. 가족관계: 부, 모, 언니, 여동생

나. 주호소 문제
- 가정 및 가족구성원의 부정적 사건들로 인한 비합리적 사고
- 사회적 관계에서 타인의 말이나 행동에 대해 지나친 예민함으로 인한 자기비판적태도 강화
- 낮은 자아존중감과 정서적 우울

2. 상담 과정

가. 초기 면담
- 내담자 주호소 문제 파악 및 배경정보 탐색

• 치료에 대한 오리엔테이션

나. 심리검사

• 심리적 어려움을 측정하 기 위한 홉킨스 증상 체크리스트-25(The Hopkins Symptom Checklist-25)

다. 개입 전략

회기	개입 내용
1회기	• 초기 인터뷰 • 내담자 문제 심층 탐구를 통한 문제요인 평가 • SAD에 대한 정신교육 • ABC모델 소개 및 실습 • 긴장완화를 위한 호흡이완 기술 교육 • 사전검사(SCID, HSCL-25, GHQ-12)
2회기	• 회기 사이 동안 생활 내용 이야기하기와 상담기술을 통한 대응 • 생각기록지 소개 및 과제 부여 • 부정적 감정의 원인이 되는 부정적 생각을 식별하는 기록지 작성방법 • 부정적 사고에 대한 대안적 사고 찾기
3회기	• 회기 사이 동안 생활 내용 이야기하기와 상담기술을 통한 대응 • 일지 모니터링 • 수직화살표 기법을 사용한 부적응적 핵심 신념 찾기 • 내담자 강점 찾기 과제
4회기	• 회기 사이 동안 생활 내용 이야기하기와 상담기술을 통한 대응 • 일지 모니터링 • 소크라테스적 질문을 통한 내담자의 부적응적 핵심 신념에 대한 반론 • 사후검사(SCID, HSCL-25, GHQ-12)

라. 상담 진행 과정

• 수용전념치료(ACT) 상담기법을 적용

• 내담자의 문제탐색을 위한 초기 면담을 통해 문제 유발요인을 평가

- 적극적 경청, 개방형 질문, 느낌과 내용에 반영해주기 같은 기본적인 상담 기법을 사용하여 억압된 감정을 표현하게 하고 라포 형성
- 자존감 향상을 위한 긍정적 자원 탐색하기
- 기록지 작성 과제 분석과 부적응적 핵심 신념 구분하기 훈습을 통한 불안감 해소 및 자기효능감 향상

3. 상담 결과
- 자신의 능력과 미래에 대한 불안감 감소
- 자아효능감과 의사결정능력 향상
- 주변 사람들과의 적극적 의사소통을 통한 일상적 기능 향상

출처: Vira Andalusita, Sali Rahadi Asih, 2019.

표 5-21 **자살·자해상담(21세 여성)**

1. 사례 요약
가. 인적 사항: 대학교 2학년 재학 중인 만 21세 여성

나. 주호소 문제
- 10세부터 시작된 스트레스 상황 및 집중력 저하 상황에서의 자해행동 및 자살사고

2. 상담 과정
가. 초기 면담
- 내담자 주호소 문제 파악 및 배경정보 탐색
- 치료에 대한 오리엔테이션

나. 심리검사
- 자해 기능 평가지(FASM)
- 한국판 우울증 선별 도구(PHQ-9)
- 자살사고 질문지(SIQ0

다. 개입 전략

회기	개입 내용	
1	• DBT 소개 및 심리교육 • 치료 목표 설정	• 우선순위 목표행동 탐지 • 일지 작성 및 모니터링 설명
2	• 위기대처기술에 대한 교육	• 위기대처기술 훈련
3	• 감정에 이름 붙이기	• 감정 수용하기
4	• 일지 모니터링 및 체인 분석	• 마음챙김 연습
5	• 판단과 비판단의 차이 이해 및 적용 • 자기 판단 변화 시키기	
6	• 일지 모니터링 및 체인 분석 • 지혜로운 마음에게 묻기	
7	• 문지기 연습 • 자신에게 편지 쓰기	• 마음챙김을 통한 즐거운 감정 키우기 • 기법 간 위계 정하기
8	• 일지 모니터링 및 체인 분석 • 대처목록 정리	• 성과 분석 • 추수 회기 안내
추수 회기	• 일지 모니터링 확인 • 위기대처기술 적용 여부 및 효과 확인	

다. 상담 진행 과정

- 단기 변증법적 행동치료(DBT) 적용
- 자해행동 장단점 기록지 작성 후 단기 목표와 장기 목표 정하기
- 호흡 명상, 안전 상자 만들기, 고요한 장소 만들기를 통한 위기대처기술 습득
- 자주 느끼는 감정에 이름 붙이기를 통한 감정 수용하기
- 자해행동 패턴 인식을 위한 일지모니터링 및 체인분석
- 추수 회기를 통해 자해행동에 대한 자발적 모니터링과 함께 위기대처기술의 지속적 활용 강조

3. 상담 결과

- 자해충동 시 대체행동을 선택하여 자해행동 중단
- 스트레스 상황 발생 시 정서 이완 활동을 통한 효율적 관리

출처: 김명숙, 2024.

가. 학교폭력의 개념

학교폭력에 대한 개념은 학교폭력예방 및 대책에 관한 법률 제2조에 규정되어 있다. 학교 내외에서 학생을 대상으로 발생한 상해, 폭행, 감금, 협박, 약취·유인, 명예훼손·모욕, 공갈, 강요·강제적인 심부름 및 성폭력, 따돌림, 사이버 따돌림, 정보통신망을 이용한 음란·폭력 정보 등에 의하여 신체·정신 또는 재산상의 피해를 수반하는 행위라고 규정하고 있다.

나. 학교폭력의 유형

학교폭력의 유형은 신체폭력, 언어폭력, 금품갈취(공갈), 강요, 따돌림, 성폭력, 사이버폭력 등으로 분류될 수 있다(조혜영 외, 2023).

첫째, 신체폭력은 학교 내외에서 다른 학생에 대하여 직접 또는 간접적인 힘을 이용하여 난폭한 행동을 행사하거나 다른 학생의 몸에 상처를 내어 해를 끼치는 행위를 말한다. 즉 상해, 폭행, 감금, 약취, 장난을 빙자한 꼬집기, 밀치기 등을 말한다.

둘째, 언어폭력은 학교 내외에서 선후배나 동료들을 상대로 놀림이나 조롱, 심한 욕설, 비난 등의 행위로서 타인에게 욕설을 한다거나, 상대가 갖고 있는 신체상의 특징이나 약점을 확대, 과장, 선전하거나 행동 성격상의 약점을 이용하여 별명을 부르거나 놀리고 조롱함으로써 피해 학생의 자존심을 상하게 하여 정신적 피해를 주는 행위를 말한다.

셋째, 금품갈취는 학생에게 공갈 협박하여 돈이나 물품을 빼앗거나 불법한 이익을 취득하는 행동을 말한다.

넷째, 강요는 폭행 또는 협박으로 상대방의 권리행사를 방해하거나 해야 할 의무가 없는 일을 하게 하는 행위이다.

다섯째, 따돌림은 학교 내외에서 2명 이상의 학생들이 특정인이나 특정 집단의 학생들을 대상으로 지속적이거나 반복적으로 신체적 또는 심리적 공격을 가하여 상대방이 고통을 느끼도록 하는 일체의 행위를 말한다.

여섯째, 성폭력은 상대방 의사에 반하여 가하는 성적 행위, 신체적, 언어적, 정신적 폭력을 포함하는 광범위한 개념(강간, 성추행, 성희롱 등), 언어적 희롱, 음란 전화, 성기노출 등을 말한다.

일곱째, 사이버폭력은 인터넷, 휴대전화 등 정보통신기기를 이용하여 학생들이 특정 학생들을 대상으로 지속적, 반복적으로 심리적 공격을 가하거나 특정 학생과 관련된 개인정보 또는 허위 사실을 유포하여 상대방이 고통을 느끼도록 하는 일체의 행위를 말한다.

표 5-22 **학교폭력 유형**

유형	예시 상황
신체 폭력	• 신체를 손, 발로 때리는 등 고통을 가하는 행위(상해, 폭행) • 일정한 장소에서 쉽게 나오지 못하도록 하는 행위(감금) • 강제(폭행, 협박)로 일정한 장소로 데리고 가는 행위(약취) • 상대방을 속이거나 유혹해서 일정한 장소로 데리고 가는 행위(유인) • 장난을 빙자한 꼬집기, 때리기, 힘껏 밀치기 등 상대학생이 폭력으로 인식하는 행위
언어 폭력	• 여러 사람 앞에서 상대방의 명예를 훼손하는 구체적인 말(성격, 능력, 배경 등)을 하거나 그런 내용의 글을 인터넷, SNS 등으로 퍼뜨리는 행위(명예훼손) ※ 내용이 진실이라고 하더라도 범죄이고, 허위인 경우에는 형법상 가중 처벌 대상이 됨. • 여러 사람 앞에서 모욕적인 용어(생김새에 대한 놀림, 병신, 바보 등 상대방을 비하하는 내용)를 지속적으로 말하거나 그런 내용의 글을 인터넷, SNS 등으로 퍼뜨리는 행위(모욕) • 신체 등에 해를 끼칠 듯한 언행("죽을래" 등)과 문자메시지 등으로 겁을 주는 행위(협박)
금품 갈취 (공갈)	• 돌려줄 생각이 없으면서 돈을 요구하는 행위 • 옷, 문구류 등을 빌린다며 되돌려주지 않는 행위 • 일부러 물품을 망가뜨리는 행위 • 돈을 걷어오라고 하는 행위 등

강요	• 속칭 빵 셔틀, 과제 대행, 게임 대행, 심부름 강요 등 의사에 반하는 행동을 강요하는 행위(강제적 심부름) • 폭행 또는 행복으로 상대방의 권리행사를 방해하거나 해야 할 의무가 없는 일을 하게 하는 행위(강요)
따돌림	• 집단적으로 상대방을 의도적이고 반복적으로 피하는 행위 • 싫어하는 말로 바보 취급 등 놀리기, 빈정거림, 면박 주기, 겁주는 행동, 골탕 먹이기, 비웃기 • 다른 학생들과 어울리지 못하도록 막는 행위
성폭력	• 폭행·협박을 하여 성행위를 강제하거나 유사 성행위, 성기에 이물질을 삽입하는 등의 행위 • 상대방에게 폭행과 협박을 하면서 성적 모멸감을 느끼도록 신체적 접촉을 하는 행위 • 성적인 말과 행동을 함으로써 상대방이 성적 굴욕감, 수치감을 느끼도록 하는 행위
사이버 폭력	• 속칭 사이버모욕, 사이버명예훼손, 사이버성희롱, 사이버스토킹, 사이버음란물 유통, 대화명 테러, 인증놀이, 게임부주 강요 등 정보통신기기를 이용하여 괴롭히는 행위 • 특정인에 대해 모욕적 언사나 욕설 등을 인터넷 게시판, 채팅, 카페 등에 올리는 행위. 특정인에 대한 저격글이 그 한 형태임 • 특정인에 대한 허위 글이나 개인의 사생활에 관한 사실을 인터넷, SNS 등을 통해 불특정 다수에 공개하는 행위 • 성적 수치심을 주거나, 위협하는 내용, 조롱하는 글, 그림, 동영상 등을 정보통신망을 통해 유포하는 행위 • 공포심이나 불안감을 유발하는 문자, 음향, 영상 등을 휴대폰 등 정보통신망을 통해 반복적으로 보내는 행위

출처: 조혜영 외(2023) 재인용

다. 학교폭력의 상담사례

표 5-23 **사례1: 학교폭력의 상담**

---

1. 사례: 부모 통지가 먼저? 조사가 먼저?

- 한 여학생 A가 다른 여학생들로부터 지속적으로 학교폭력을 당했다고 귀가 후 부모에게 말해서 신고함
- 담당교사는 이 사실을 관리자에게 보고했고, 관리자는 매뉴얼대로 가해학부모에게 통보하라고 함
- 다음날 가해학생들에 대한 조사를 하였고, 그 중 한 학생 B는 정규 수업 후 조사를 받기로 함(한국교육학술정보원, 2021)

2. 사안처리 과정

- B 학생의 부모는 아이가 불안해하기 때문에 병원 주사실처럼 가림막을 치고 아이가 조사받을 때 가림막 너머에 있겠다고 함
- 아무래도 담당교사는 조사하면서 아이 부모가 신경도 쓰이고 아이 역시 부모의 눈치를 보느라 증언이 제대로 확보되지 않음
- 담임교사에게 물어보니 평소에 이 학생 B의 영향력이 가장 강해서 이번 학교폭력을 주도한 것으로 추정되고, 피해 학생 또한 그렇게 진술했지만 명확한 증거가 없어서 어떻게 할 수 없었음. 또한 자신들이 약간 잘못한 적이 있었지만 핵심적인 쟁점이 되는 부분은 장난이란 말로 얼버무림
- 이러한 불완전한 조사를 바탕으로 학교폭력대책심의위원회가 개최되었고 비교적 경미한 처분이 나왔음. 이에 피해학생 학부모는 행정심판을 청구했고 이 사건을 주도한 B학생은 강제 전학 처분이 내려짐(한국교육학술정보원, 2021)

출처: 한국교육학술정보원(2021). 학교폭력 사안처리와 상담사례

표 5-24 사례2: 학교폭력의 상담

1. 사례: 가해학생 학부모 전화번호를 알려 달라고 할 때

- 수업을 마치고 복도에서 4학년 A학생이 신발주머니를 휘둘러서 같은 반 학생 B의 허리를 쳤고 이에 학생 B는 가만히 있었지만 B의 친구인 C가 A에게 왜 그런 짓을 하냐고 말하고 사과하라고 함
- 학생 A는 C에게 왜 네 일도 아닌데 참견하냐며 넌 빠져 있으라고 말하자 이에 C가 화가 나서 A에게 달려들어 팔로 A의 어깨를 잡고 다리를 걸어서 넘어뜨림
- 학생 C는 넘어진 A에게 빨리 사과하라고 말을 했지만 A가 사과하지 않자 주먹으로 A의 얼굴을 두 차례 정도 때림
- 주변에 있던 다른 학생들이 연구실에 있던 담임교사에게 이 사실을 알렸고 담임교사가 와서 애들을 말리고 부모들에게 이 사실을 알림

2. 사안처리 과정

- 담임교사의 말을 들은 학생 A의 부모는 자기 일도 아닌데 왜 학생 C가 자기 아들을 폭행할 수 있는지 납득이 안되며 주변 부모들도 그 아이가 문제가 많다는 얘기를 전에도 들었고 C의 부모가 아이를 제대로 교육하지 못해서 이런 일이 발생한다며 당장 C의 부모의 전화번호를 알려달라고 담임에게 요구함
- 담임교사는 개인정보보호법 때문에 전화번호를 알려줄 수 없다고 함. 이 말에 A의 부모는 더 흥분하며 학교가 가해 학부모 편을 들고 학교폭력을 은폐하고 있다면서 학교장을 찾아가겠다고 엄포를 놓음
- 이후 정식으로 학교폭력 사안처리 절차를 밝았지만 학생 A의 학부모는 학교의 업무 처리에 대해서 불신하고 학교에 학생 C의 접근금지 및 긴급출석정지와 학급교체를 요구함
- 학생 C의 학부모의 요구에 대해 학교에서는 가해학생 긴급조치로 접근금지를 내리고 다른 요구를 수용할 수 없다고 하자 학생 C의 학부모는 교육청에 항의 전화를 하고 학교에 찾아와 계속 민원을 제기함

출처: 한국교육학술정보원(2021). 학교폭력 사안처리와 상담사례

표 5-25 사례3: 학교폭력의 상담

1. 사례: 갑자기 폭발하는 아이(분노조절 학생이해, 교권침해예방)

- 4학년 남학생 A가 점심시간에 손을 씻으러 가는 여학생 B의 앞을 교과서로 얼굴 높이 들어서 막음
- 여학생은 교과서를 치우라고 말하며 손으로 교과서를 쳤는데 교과서에 남학생의 코가 맞아 남학생은 코를 맞으니 약간 아프기도 하고 멋쩍어서 자기 자리에 엎드려 있었음
- 여러학생들이 남학생 근처에 몰렸고 남학생에게 괜찮냐고 물으면서 속상한 마음을 풀어주려고 하는데 한 여학생이 남학생의 어깨를 잡고 일으켜 세우려고 하자 남학생이 살짝 웃음을 보임
- 이에 여학생들이 교과서로 쳤던 여학생 B에게 남학생 마음을 풀어주라고 얘기 했고 이 여학생이 남학생 옆구리를 간지럼 태우면서 일어나라고 얘기함
- 이 남학생은 안 일어나려고 몸을 비틀다가 갑자기 일어나서 여학생 B에게 주먹을 휘두름. 두 차례는 피했는데 세 번째 주먹에 여학생 왼쪽 입술 끝부분에 맞으면서 덧니에 피부가 천공되어 피를 많이 흘렸고 화장실에 다녀온 교사가 목격함

2. 사안처리 과정

- 담임교사는 식사 중이던 보건교사를 불러 응급처치를 하고 상태를 확인한 보건교사는 119를 부름, 담임교사는 교감에게 이 사실을 보고함
- 담임교사가 피해학생과 함께 119구급차에 타고 부모에게 평소 가는 병원이 있는지 확인하였으나 피부 천공으로 인한 감염 우려가 커서 근처의 대형병원 응급실로 가기로 결정함
- 사고가 난 보결 수업 5교시 수업에 상담을 전공한 교사가 지원하여 들어갔고 다친 학생이 병원에서 치료 잘 받고 있다고 전해서 놀란 학생들을 위로함. 친구를 다치게 한 학생은 계속 엎드려 있었고 일어날 것을 권유해도 일어나지 않아서 남은 20분 동안은 미리 말해놓은 Wee클래스전문상담교사에게 상담을 받도록 보냄
- 학생 피해가 심각한 부분이 있어서 관련 학생 학부모를 각각 학교에 방문토록 하여 당일 교감과 담임교사와 함께 상담을 진행함
- 치료비는 가해학생 학부모가 부담하기로 약속하였고 학교폭력 정산절차를 거쳐 피해학생 보호조치(1호와 3호)를 내리고 남학생 A는 서면사과와 교내봉사를 받게 함

출처: 한국교육학술정보원(2021). 학교폭력 사안처리와 상담사례

라. 사례 분석

「학교폭력예방법」 제20조 제2항에 따르면 학교폭력 신고를 받으면 학교는 가해학생 및 피해학생의 보호자와 학교장에게 통보하여야 한다고 규정하고 있다. 또한 2021년 학교폭력 사안처리 가이드북(교육부)의 초기대응 요령에서도 학교폭력사안 발생시 초기대응 순서로 관련 학생에 대해 안전조치를 취하고 보호자에게 연락한 뒤 학교폭력전담기구를 열어 피해·가해학생을 상담하고 목격자를 조사하는 순서로 나와 있다. 단계별 조치사항에서도 학교폭력 사안발생을 인지하면 신고 접수 및 학교장·교육청에 보고하고 학생 보호자에게 통지한 뒤 피·가해학생에게 안전조치를 취하고 필요한 경우 긴급조치를 한다. 그 후에 피해 및 가해 사실 여부 확인을 위한 구체적인 사안 조사를 실시한다. 그러나 학생의 보호자에게 학교폭력 사안 발생을 먼저 통지한 후에 피·가해학생을 조사하면 문제가 생길 수 있다. 예를 들어 학교에서 학교폭력 사안이 발생해서 부모에게 먼저 통보할 경우에 부모가 놀라고 사안 조사가 제대로 되지 않은 상태라 정보제공이 제한적이고 불확실한 정보가 부모에게 전달될 가능성이 있다(한국교육학술정보원, 2021). 그러므로 피·가해학생 및 학부모의 입장이 다 다르므로 학교에서는 담임교사나 상담교사 등이 부모의 마음을 충분히 공감하고 면담 등을 통해 사실에 대한 상황과 증거를 자세히 파악하고 피·가해학생 및 학부모에게 자초지종을 설명한다.

표 5-26 **학교폭력 가해학생 조치별 적용 사항**

			기본판단요소					부가적 판단요소	
			화해 정도	해당조치로 인한 가해 학생의 선 도가능성	피해학생이 장애학생인 지 여부	가해 학생의 반성정도	화해 정도	해당조치로 인한 가해학생의 선도 가능성	피해학생이 장애학 생인지 여부
판정 점수		4점	매우높음	매우높음	매우높음	없음	없음	해당점수에 따른 조치에도 불구하고 가해학생의 선도가능성 및 피해학생의 보호를 고려하여 시행령 제14조 제5항에 따라 학교폭력대책심의위원회 출석위원 과반수의 찬성으로 가해학생에 대한 조치를 가중 또는 경감할 수 있음	피해학생이 장애학생인 경우 가해학생에 대한 조치를 가중할 수 있음
		3점	높음	높음	높음	높음	높음		
		2점	보통	보통	보통	보통	보통		
		1점	낮음	낮음	낮음	높음	높음		
		0점	없음	없음	없음	매우높음	매우높음		
가해학생에 대한 조치	교내 선도	1호	피해학생에 대한 서면사과		1~3점				
		2호	피해학생 및 신고·고발 학생에 대한 접촉, 협박 및 보복 행위의 금지		피해학생 및 신고·고발학생의 보호에 필요하다고 심의위원회가 의결할 경우				
	외부 기관 연계 선도	3호	학교에서의 봉사		4~6점				
		4호	사회봉사		7~9점				
		5호	내외 전문가에 의한 특별교육이수 또는 심리치료		가해학생 선도·교육에 필요하다고 심의위원회가 의결할 경우				
	교육환경변화 교내	6호	출석정지		10~12점				
		7호	학급교체		13~15점				
	교외	8호	전학		16~20점				
		9호	퇴학처분		16~20점				

출처: 한국교육학술정보원(2021). 학교폭력 사안처리와 상담사례

⑩ 사이버상담 사례

가. 사이버상담의 개념과 목적

사이버 상담(Cyber Counseling)에서의 사이버는 '가상의'라는 뜻의 단어로서 실제로 세상에 존재하는 것이 아니라 인간의 상상 속에서 만들어짐을 의미하는 용어이다. 사이버 공간이란 컴퓨터와 통신기술이 결합되어 컴퓨터를 매개로 한 통신이 이루어지는 가상의 공간을 말한다.

사이버 상담은 인터넷과 디지털 기술을 활용하여 이루어지는 상담 형태로, 주로 이메일, 채팅, 화상 통화 등의 방법을 통해 상담자와 상담받는 사람 간의 소통을 말한다. 사이버 상담은 온라인 플랫폼을 통해 제공되는 심리적 지원 및 상담 서비스로, 다양한 매체를 통해 상담자와 상담자가 상호작용하는 방식이다(이영선 외, 2001).

사이버 상담의 목적은 개인의 심리적 문제 해결, 정서적 지원, 정보 제공 등을 목적으로 하며, 접근성을 높이고 다양한 사람들에게 상담 서비스를 제공하는 데 중점을 둔다.

나. 사이버상담의 특징

사이버 상담은 전통적인 대면 상담과는 다른 몇 가지 특징을 가지고 있다.

첫째, 접근성이다. 시간과 장소에 구애받지 않고 상담을 받을 수 있어, 이동이 어려운 사람이나 바쁜 일정을 가진 사람들에게 유리하다.

둘째, 익명성이다. 상담자가 익명으로 상담을 받을 수 있어, 개인적인 문제에 대해 더 솔직하게 이야기할 수 있는 환경을 제공한다.

셋째, 다양한 매체 활용이다. 텍스트, 음성, 영상 등 다양한 형태의 매체를 통해 상담이 이루어질 수 있어, 개인의 선호에 맞춘 상담이 가능하다.

넷째, 비용 효율성이다. 전통적인 대면 상담에 비해 비용이 저렴할 수 있으며, 이동 비용이 들지 않아 경제적이다.

다섯째, 기술 의존성이다. 인터넷과 디지털 기기에 의존하기 때문에, 기술적 문제나 인터넷 연결 상태에 따라 상담의 질이 영향을 받을 수 있다.

여섯째, 비대면 소통이다. 비대면으로 이루어지기 때문에, 비언어적 신호를 읽기 어려운 경우가 있어 상담의 깊이가 제한될 수 있다.

다. 사이버상담 사례

1) 이메일상담

이메일 상담은 내담자가 이메일을 통해 질문이나 문제를 제기하고, 상담사가 이에 대한 답변이나 조언을 이메일로 제공하는 형태의 상담이다. 이 방식은 비대면으로 이루어지며, 시간과 장소에 구애받지 않고 진행될 수 있다.

특히, 내담자가 컴퓨터 화면에서 보고 있는 내용이 마음에 들지 않을 경우에는 간단하게 마우스 버튼을 한번 클릭하여 '삭제'를 하거나 'Back'을 해버릴 수 있는 인터넷 환경에서는 상담 편지의 첫 부분이 계속해서 내담자가 상담 편지를 읽어나가고 싶어 할 만한 흥미를 가지도록 할 필요가 있다.

표 5-27 사례: 이메일 상담

1. 내담자 맞아들이기

안녕하세요. 한국청소년상담원입니다. ○○님의 이야기 잘 읽어보았습니다. 선생님은 ○○님이 보내준 사연을 읽고 한편으로는 마음이 놓였어요. 음... 지금까지의 결과야 어찌되었든 '제 나름대로 노력은 했다…'라는 ○○님의 말이 참 마음에 와 닿았는데요. 그렇게 힘든 상황이 되면 의례 모든 것을 포기해 버리고 더욱 위축된 생활을 하기 쉬운데 그래도 ○○님은 꿋꿋하게 지금까지 잘 버텨왔구요. 이렇게라도 마음 안의 얘기를 털어놓고 도움을 청하는 모습에서 작지만 앞날에 대한 희망도 엿볼 수 있어서 마음이 흐뭇했어요. ○○님. 이렇게 사연 보내줘서 고마워요.

2. 내담자와 보조맞추기

친구들과 함께 지내는 데 있어서 하루종일 내 행동이 애들에게 뭔가 거슬리지 않을까.. 하고 신경을 곤두세우고 있고.. 이야기를 할 때마다 말끝을 흐리면서 말하기 힘들어하고.. 다른 사람들 말을 들을 때마다 긴장하게 되고.. ○○님이 얼마나 학교생활을 하기가 힘들지 상상이 되어 선생님도 참 마음이 아팠습니다.

3. 상담 구조화하기

혹시 내 고민내용을 남이 알게 되지 않을까.. 학교에 상담을 받았다는 이야기가 전해지지 않을까... 하는 불안감이 많았었군요. ○○님. ○○님의 메일 내용은 완전히 비밀이 보장되며, 절대 다른 사람에게 보여지지 않는답니다. 약속드릴수 있어요. 걱정하지 마시구요, 앞으로도 상담을 받으면서 이러한 걱정이 들면 주저하지 말고 선생님과 함께 이야기해보도록 해요.

4. 변화전략세우기

○○님, 사연을 읽으면서 선생님은 이런 생각이 들었어요. 연우에게 어떻게 해야 할지의 문제보다 지금 연우에 대한 ○○님의 마음이 어떤지가 궁금하네요. 친하게 지내다 어느

순간에 멀어지는 듯한 느낌을 받았다면 그 사이에는 어느 한 편에 대해 좋지 않은 감정이 있기 때문이거든요. 그리고 그 이유를 알기 위해서는 한 번의 노력만으로는 부족하구요. ○○님. 지금 연우라는 친구가 나에게 보이는 행동들, 그 중심이 어떤 것인지에 대해서는 지금보다 더 많은 시간이 걸릴 수 있어요. 더욱이 연우의 성격이 그리 활달하지 못하고 안으로만 자신의 감정을 삭히고 마는 성격이라면 솔직하게 있는 그대로의 모습을 보여준다는 것이 무척 힘들 수 있어요. 그 점을 이해 못하는 ○○님은 아닐거라 생각해요.

5. 사례개념화

○○님... 난 늘 혼자라는 생각... 지금은 한 친구가 나에게 삐져 있고, 그 친구는 나만 보면 꺼려한다는 생각... 그 생각들이 뒤엉켜서 시시때때로 ○○님을 힘들게 만드는 것이 아닐까 여겨져요. 그 때문에 다른 친구에게도 한 발짝 다가서기도 어렵고 오히려 친구들에게서 한 발짝 뒤로 물러서는 것이 아닌가 라는 생각도 들구요.

6. 목표설정

○○님. 언제 친한 친구가 필요하다고 느끼나요. 음... 우리가 생활을 하다보면, 다양한 친구와 함께 지내는 것도 좋지만 자신의 마음과 어려움을 털어놓을 수 있는 단짝친구도 물론 필요할 거에요. 여러 명이 어울리는 것도 좋지만 그래도 가끔은 내 곁에서 나하고만 눈을 맞추었으면 하는 친구가 있었으면 하는 바램. 누구나가 가지고 있을 거에요. 그렇다면 지금 주위를 한번 둘러보세요. 그 중에서 ○○님이 정말 가까이 친해지고 싶다라는, 마음에 드는 친구가 있는지를 살펴보세요. 만약 그런 친구가 있다면 그 친구와 가까워지기 위해 지금부터 노력을 해보는 거에요. 정말 이제부터라도 친한 친구를 사귀어야겠다는 마음이 강하다면 지금시작해도 늦지는 않아요.

7. 상담계획 수립

100% 존중받고 이해받는 상담관계에서 열심히 연습해서 친구들과의 관계를 발전시킨다면, 분명히 변화가 생긴답니다. 이야기하는 연습... 잘 들어주는 연습... 솔직하게 자신의 감정을 표현하는 연습... 이런 연습들을 대면상담에서는 할수 있거든요. 메일상담에서는 ○○님이 사람을 만날 때 어떤 표정을 짓는지... 어떻게 말을 하는지... 어떤 행동을 하는지를 알수가 없잖아요? 하지만 대면상담을 하면 상담선생님이 ○○님의 모든 모습들을 보고 다른 아이들이 느낄수 있는 느낌들을 이야기해줄 수 있답니다.

출처: 이영선 외(2001). 이메일 상담사례

2) 채팅상담

채팅 상담은 텍스트 기반의 실시간 소통을 통해 상담이 이루어지는 방식으로, 내담자의 질문이나 문제를 제기하면 상담사가 즉각적으로 답변을 제공하는 형태이다. 이는 웹사이트, 모바일 앱, 또는 메신저 플랫폼을 통해 이루어질 수 있다.

채팅 상담은 상담이 운영되는 시간이라면 언제든지 내담자가 원할 때 즉시적으로 이용할 수 있는 장점이 있다. 따라서 상담을 하고 싶을 때 바로 상담실에 들어와 채팅을 통한 실시간 상담을 받을 수 있다는 점에서 대면 상담과 유사한 환경이라 할 수 있다.

표 5-28 **사례2: 채팅 상담**

1. 내담자 맞아들이기

상담자: 안녕하세요? 만나서 반가와요 ^^. 여기는 채팅상담실입니다.

　　　　○○님은 어떤일로 왔나요?

상담자: 그래요... 정말 고민되고 속상하겠다. 우리 같이 방법을 찾아봐요.

　　　　힘든 심정은 충분히 이해하지만 찾아보면 방법이 있을 거예요.

2. 내담자 보조맞추기

내담자: 저는요 꽤나 신경쓰이고 처음해본 거라 너무 부담되었던 점도 있어요. 어휴...

상담자: 그래요... ○○님으로서는 처음 시도해 본 노력이었으니 그만큼 더 복잡하고 어렵게 느껴졌을 것 같은데....

　　　　너무 힘들었겠다. 휴~~.

3. 상담 구조화하기

내담자: 여기서 상담하면 저장되는 건가요?

상담자: 상담 내용은 모두 저장이 돼서 보관되고 있어요.

내담자: 저장해서 뭐하는 건데요?

상담자: 상담내용은 저장되어 통계자료로 사용도 되고 연구시 자료로 도 활용될 수 있어요. 그렇지만 개인적인 내용이 공개되거나, 밖으로 나가는 일은 없습니다. 상담내용은 비밀보장이 반드시 필요하지요. ○○님은 상담내용이 저장되는 것에 대해 어떻게 생각하시나요?

4. 변화 전략세우기

상담자: 지금까지 이런 저런 이야기를 했지만 00양은 친구문제를 가장 많이 생각하는 것
　　　　 같은데... 어때요?

내담자: 아마 그런거 같아요. 친구문제가 가장 부딪치는 것 같아요.

상담자: 2학년이 되어 나름대로 친구들을 여러 명 사귀려고 했는데 잘 되지 않고 친
　　　　 구들이 자신을 피한다고 했는데 그 이유가 무엇이었을까 궁금해지네요.

내담자: 저도 잘 몰라요. 그냥 느낌이 그래요.

상담자: 음.. 그런 느낌이 들만한 어떤 구체적인 상황이 있을 것 같은데... 생각해보세요.
　　　　 [중략]

상담자: 한 친구에게 마음을 이야기하고 친구가 되었지만 그 친구는 다른 친구를 의식해서
　　　　 00양과 별로 개인적으로 친한 사이가 되는 것은 피하려 한다고 했는데... 그 친구
　　　　 가 다른 친구들을 왜 의식할까요? 이런 점을 물어보는 것은 ○○양이 반에서 왕따
　　　　 를 경험하는 것인지 궁금해서입니다. 00양이 겪고 있는 문제가 그냥 몇몇 친구들
　　　　 만의 관계에서 오는 문제인지, 아니면 아직 학교 친구들이 ○○양을 고의로 피하
　　　　 거 따돌리는 문제인지 등 정확히 알아야 선생님이 ○○양을 잘 도와줄 수 있거든요.

5. 사례개념화

상담자: 지금 여러 가지 이야기를 하고있는데 이런 문제들이 복잡하게 엉켜 있는 느낌이
　　　　 들어요. 이 문제 중 ○○님은 어떤 문제가 가장 어려운가요?

내담자: 학교에서 애들 의식하는게 아무래도 더 신경쓰이고 불편해요.

상담자: 그럼, 우선은 학교친구들 이야기를 먼저 합시다. ○○님은 학교에서 다른 사람이
　　　　 날 어떻게 볼까에 많이 신경쓰는 것 같던데... 그렇게 되면 자신의 모습을 그대로
　　　　 보이기보다 항상 다른 친구에 대해 의식하고... 너무 불편할 것 같아요.

[중략]

내담자: 친구들이 나를 한때 놀았던 애로 보는 것도 싫지만 한편으로는 내가 다른 애랑 싸
　　　　 우지 않으려고 피한 것을 가지고 내가 힘이 없어서 맞았 다고 생각할 까봐 그것도
　　　　 싫고...

상담자: 그렇구나. ○○님은 새 학기들어 예전과 다른 모습으로 지내고 싶군요. 그렇지만 옛날의 나를 알던 애들은 계속 비슷한 모습을 기대하는 게 아닐까... 또 그런 모습을 안보이면 혹시 무시하게 되는 것은 아닐까 싶어 어떻게 행동해야 할지 혼란스럽기도 하네요.

[중략]

상담자: 지금까지 이야기를 들어보니 ○○님은 갈등 상황에서 자신이 어떻게 행동해야 할지 제대로 판단했으면 하는 것 같아요.

내담자: 그래요. 예전처럼 지내기는 싫지만 그렇다고 만만한 애로 보이는 것도 정말 싫어요.

상담자: 그럼, 두 경우에 대해 함께 생각해 봐요.

6. 목표설정

상담자: 이제 ○○님이 생각해 봐야 할 것은 나의 실제 모습은 어떤 것인지에 대한 정리들입니다. '남들이 보는 나'와 '내가 보는 나' 사이에 어떤 차이가 있는지 그리고 실제로 가장 편안한 모습은 어떤 모습인지... 그리고 '남들이 보는 나(짱, 날라리, 함부로 할 수 없는 무서운 아이)가 되려는 마음 더 밑에는 '남들이 나를 무시하면 어떻게 하나' 하는 더 근본적인 감정이 있었던 것은 아닌지...

내담자: 음... 글쎄요... 그렇게 물어보니 어떻게 말해야할지 모르겠어요.

상담자: 바로 대답하기 보다 이러한 문제에 대해 지속적으로 생각하는 것이 필요합니다.

[중략]

상담자: 좀 전에 함께 생각했던 문제들에 대해 다시 상담 받기 원한다면 언제든지 방문하도록 하세요.

내담자: 그럴께요. 다시 오더라도 꼭 기억해주세요.

7. 상담계획 수립

상담자: 지금까지 이야기한 내용에 대해 혼자서 잘 안된다면 다른 사람의 도움을 받아도 좋을 것 같아요. 상담기관에 가면 자기표현을 위한 프로그램들도 준비되어 있고 또 원할 경우 개인상담을 통해서도 도움을 받을 수 있습니다.

내담자: 글세요... 어떻게 해야 할지...

상담자: 도움을 받는 것에 대해서 어려워하지 마세요. 지금 이야기한 것들은 한번의 채팅 상담으로 해결될 수 있는 문제가 아닙니다. 이 곳에서 나눈 이야기만으로 그치지 말고 여러 번에 걸쳐서 채팅상담을 하든지 아니면 직접 방문해서 개인상담을 받는 것이 좋겠어요.

출처: 이영선 외(2001). 채팅상담 사례

참고문헌

강은숙. (2013). 특수아동 치료교육 및 심리상담. 계축문화사.

강이화. (2002). 해결중심 상담의 이론적 배경. 상담학연구, 1(1), 58-63.

강진령, 외. (2009). 학교상담. 양서원.

강진령. (2017). 상담연습. 학지사.

강효련. (2021). 정신분석적 꿈 심리치료를 통한 불안장애 내담자에 관한 단일사례연구. 한세대학교 대학원 박사학위논문.

고영남. (2015). 생활지도와 상담. 교육과학사.

교육부. (2022). 특수교육 연차보고서.

구민정, 외. (2023). 비자살적 자해와 자살생각 여부에 따른 정신건강, 자살행동 및 심리변인에서의 차이. 한국상담심리치료학회지, 35(2), 527-556.

국립정신건강센터. (2024). 재난 정신건강 위기대응 표준 매뉴얼.

권준수, 외. (2023). DSM-5-TR 정신질환의 진단 및 통계 편람. 학지사.

김경희. (2010). 아동생활지도: 사례를 중심으로. 창지사.

김계현, 외. (2009). 학교상담과 생활지도. 학지사.

김계현, 외. (2019). 아동청소년 상담: 이론과 실제. 학지사.

김동일, 외. (2016). 특수아 상담. 학지사.

김명숙. (2024). 비자살직 자해를 위한 단기 변증법적 행동치료의 석용 사례 예비 연구: 여자 대학생 사례를 중심으로. The Korean Journal of Woman Psychology, 29(2), 165-197.

김성자. (2013). 해결중심 상담이론의 이해. 학지사.

김수정. (2015). 다문화 상담자의 초기 발달에 대한 질적연구. 한국상담대학원 석사학위논문.

김수진. (2016). 비자살적 자해의 시작과 중단에 대한 내러티브 탐구. 숙명

여자대학교 대학원 박사학위논문.

김승복. (2018). *아동청소년 상담의 이해*. 학지사.

김영숙, 외. (2012). *특수아 상담의 이해*. 교육과학사.

김영애. (2019). 여자고등학생의 자살시도 및 자해경험에 대한 내러티브 탐구. 숭실대학교 대학원 박사학위논문.

김용득. (2018). *놀이치료의 이론과 실제*. 학지사.

김유순, 외. (2019). *해결중심상담 슈퍼비전 사례집*. 학지사.

김은주. (2017). *아동청소년 상담의 기초와 실제*. 교육과학사.

김인수. (2020). *해결중심단기코칭*. 시그마프레스. (3쇄)

김인자 (역). (1989). *효과적인 부모역할훈련 워크북*. 한국심리상담연구소. (원저 Lightner)

김정희, 외 (역). (2017). *현대심리치료*. 박학사.

김종우. (2019). *아동청소년의 정신건강과 상담*. 학지사.

김종운. (2014). *상담심리학의 이론과 실제*. 동문사.

김종운. (2023). *상담과 복지 서비스를 위한 상담심리학의 이론과 실제*. (4판). 동문사.

김진홍. (2023). 서울지역 고등학생 자살 생각의 영향 요인에 관한 연구. 건국대학교 대학원 박사학위논문.

김춘경, & 이혜련. (2017). *상담이론과 실제*. 학지사.

김충기. (2001). *진로교육과 진로상담*. 정민사.

김헌수, 외. (2006). *상담의 이론과 실제*. 태영출판사.

김혜숙, 외. (2021). *초등학교상담 사례집*. 학지사.

김흥규. (2003). *상담심리학*. 형설출판사.

노길희. (2023). *가족상담 및 가족치료*. 지식터.

노안영, 외. (2021). *개인심리학적 상담*. 학지사.

라이트너 (지음), 안미란 (역). (2016). *공부의 비결*. 들녘.

매일경제. (2021). "따돌림, 입학 거부...연필 놓는 아이들."

박성희. (2006). 초등학교 생활지도와 상담의 기초 개념. 한국 초등상담 교육학회 편 (2006). *초등학교 생활지도와 상담*. 학지사.

박소연. (2018). *미술치료의 이해와 실제*. 교육과학사.

박외숙, 외 (역). (2017). *칼 로저스*. 학지사.

박정순. (2019). *아동청소년상담 및 치료*. 서울대학교 출판부.

박현지. (2024). 청소년기 또래 괴롭힘 피해 경험이 비자살적 자해에 미치는 영향: 반추와 PTSD 증상의 매개효과를 중심으로. 이화여자대학교 대학원 박사학위논문.

보건복지부. (2024). *전국민 마음투자 지원사업 심리상담 표준 매뉴얼*.

서미, 외. (2020). EBP기반 자살·자해 청소년 상담클리닉 운영 모형 개발. 청소년상담연구, 28(1), 99-121.

송성자. (2003). *가족과 가족치료*. (2판). 법문사.

송현종. (2023). *특수아 상담*. 북앤정.

신봉호, 외. (2019). *학교상담의 이론과 실제*. 학지사.

신봉호, 외. (2019). *학교상담의 이론과 실제*. 정민사.

신봉호, 외. (2020). *상담자를 위한 상담기법 연습*. 부크크.

신성만, 외 (역). (2017). *심리치료와 상담의 핵심 접근*. 박영스토리.

신현균. (2014). *아동 심리치료의 실제: 심리장애별 치료*. 학지사.

신효정, 외. (2024). *생활지도와 상담*. 박영스토리.

양명숙, 외. (2013). *상담이론과 실제*. 학지사.

여광응, 외. (1995). *인지적 행동수정의 통합적 접근*. 양서원.

여성가족부. (2023). *아동청소년 기관 지도자를 위한 위기스크닝 척도 활용 매뉴얼*.

오만록. (2017). *생활지도·상담 이론과 실제*. 정민사.

오세은. (2018). *가정과 학교에서의 아동청소년 상담*. 서울대학교 출판부.

유미숙, & 박정희. (2018). *아동정서상담: 이론과 실제*. 학지사.

유재성. (2020). *아동과 청소년을 위한 해결중심상담*. 학지사.

윤순임, 외. (1995). *현대상담·심리치료의 이론과 실제*. 중앙적성출판사.

윤현영. (2011). 상담이론과 실제. *상담학 연구*, 10(1), 3-44.

이나연. (2018). 적대적반항장애를 동반한 주의력결핍과잉행동장애 아동의 정서행동 문제를 위한 미술치료 단일사례연구. 이화여자대학교 교육대학원 석사학위논문.

이동귀, 외. (2016). 청소년 자해행동: 여중생의 자살적 자해와 비자살적 자해. *The Korean Journal of Counseling and Psychotherapy, 28(4)*, 1171-1192.

이성호. (2020). *청소년상담의 이론과 실제*. 양서원.

이영선, 외. (2001). *사이버상담의 기법과 윤리*. 한국청소년상담원.

이영실, 외. (2017). *가족치료*. 양서원.

이장호, 외. (2005). *상담심리학*. (4판). 박영사.

이장호. (2005). *상담심리학 입문*. 박영사.

이장호. (2007). *상담심리학*. (4판). 박영사.

이정미. (2019). *인지행동치료의 기초와 적용*. 서울대학교 출판부.

이화자. (2001). *해결중심 상담이론의 기초와 실제*. 학지사.

임경희, 외. (2013). *교사를 위한 생활지도와 학교상담*. 아카데미프레스.

임영신. (2021). *아동청소년 상담의 이론과 실제*. 서울대학교 출판부.

잉글랜드 김. (2009). *청소년상담사례 모음집: 학업 문제로 인한 고민*.

장미경, 외. (2013). *아동상담개론*. 태영출판사.

장성화, 외. (2016). *상담심리학의 이론과 실제*. 정민사.

정문자, 외. (2008). *해결중심 상담이론의 이해*. 학지사.

정미경. (2017). *가족치료의 이론과 실제*. 양서원.

정선철. (2015). *진로상담의 이해*. 태영출판사.

정원식, 외. (1999). *카운슬링의 원리*. 교육과학사.

정은영. (2020). 학업중단청소년의 학업복귀 경험에 관한 연구. 숭실대학교 사회복지대학원 석사학위논문.

정정애, 외. (2017). *학교상담의 이론과 실제*. 박영스토리.

조붕환, 외. (2013). *교사를 위한 생활지도와 학교상담*. 아카데미프레스.

조붕환, 외. (2019). *교사를 위한 생활지도와 학교 상담*. 아카데미프레스.

조붕환, 외. (2021). *학교 상담자를 위한 학교상담의 이론과 실제*. 아카데미프레스.

조혜영, 외. (2023). *교육학개론*. (2판). 정민사.

천성문, 외. (2006). *상담심리학의 이론과 실제*. 학지사.

천성문, 외. (2013). *상담심리학의 이론과 실제*. 학지사.

천성문, 외. (2017). *상담심리학의 이론과 실제*. (3판). 학지사.

천성문, 외. (2024). *상담심리학의 이론과 실제*. (4판). 학지사.

최경아. (2020). *게임치료의 이론과 적용*. 학지사.

최규련. (2012). 해결중심 상담이론의 이론적 배경 및 기법. *한국심리학회지*, 3(2), 237-238.

하은주. (2020). *청소년의 자아발달과 상담*. 교육과학사.

하혜숙, 외 (공역). (2012). Sue, D. W., & Sue, D. *다문화상담 이론과 실제*. 학지사.

학교폭력예방 및 대책에 관한 법률. 시행 2024. 3. 1.

한국교육개발원. (2024). *학교상담 매뉴얼*.

한국교육학술정보원. (2021). *학교폭력 사안처리와 상담사례*.

한국단기가족치료연구소. (2014). *해결중심 치료의 기법과 이론*. 한국단기치료연구소.

한국정보문화진흥원. (2002). *인터넷중독상담전략*. 서울: 한국정보문화센터.

한국청소년상담원. (2008). *청소년 인터넷중독상담 전문상담사 교육*.

한민석. (2016). *교육학(하)*. 정민사.

한석영, & 정향인. (2015). 간호대학생의 문화적역량 측정도구 개발. *대한간호학회지*, 45(5).

허혜경, 외. (2017). *현대사회와 가정*. 동문사.

홍성민. (2019). *상담적 개입의 기초와 응용*. 양서원.

Bandura, A. (1986). Human agency in social cognitive theory. *American Psychologist*, 44, 1175-1184.

Bannink, F. P. (2007). *Solution-Focused Brief Therapy: A Handbook for Practitioners*. Wiley.

Berg, I. K., & Miller, S. D. (1991). *Working with the Problem Child: Solution-Focused Strategies for the Classroom*. Norton.

Berg, I. K., & Miller, S. D. (1992). *Working with the Problem Drinker: A Solution-Focused Approach*. Norton.

Berg, I. K., & Steiner, T. (2009). *Children's Solution Work: The Use of Solution-Focused Principles with Children and Adolescents*. W.W.

Norton & Company.

Brammer, L. M., & MacDonald, G. (2003). *The Helping Relationship: Process and Skills* (8th ed.). Allyn & Bacon.

Brems, C. (2001). *Basic Skills in Psychotherapy and Counseling*. Boston: Cengage.

Brooks, L. (1984). Career counseling methods and practice. In D. Brown, L. Brooks, & Associates (Eds.), *Career Choice and Development*. San Francisco: Jossey-Bass.

Carkhuff, R. R., & Pierce, R. (1975). *The Art of Helping: An Introduction to Life Skills (A Trainer's Guide for Developing the Helping Skills of Parents and Counselors)*. Amherst, MA: Human Resource Development Press.

Corey, G. (2005). *Theory and Practice of Counseling and Psychotherapy* (7th ed.). Belmont, CA: Brooks/Cole.

Corey, G. (2016). *Theory and Practice of Counseling and Psychotherapy*. Cengage Learning.

Corey, G. (2024). *Theory and Practice of Counseling and Psychotherapy*. Boston: Cengage.

Crites, J. O. (1981). *Career Counseling: Models, Methods, and Materials*. New York: McGraw-Hill.

De Shazer, S. (1985). *Keys to Solution in Brief Therapy*. W.W. Norton & Company.

De Shazer, S. (1994). *Words Were Originally Magic*. W.W. Norton & Company.

EBS. 공부의 왕도 26회, 막힌 답, 중학교 수학으로 뚫다. EBS.

EBS. 공부의 왕도 41회, 수학 완전 정복, 교과서 횡단학습법. EBS.

Ellis, A., & Dryden, W. (1997). *The Practice of Rational-Emotive Therapy* (rev. ed.). New York: Springer.

Fitzgerald, L., & Crites, J. (1980). Toward a career psychology of women: What do we know? What do we need to know? *Journal of Counseling Psychology*, 27(1), 44-61.

Freud, S. (1949). *An Outline of Psychoanalysis*. New York: Norton.

Gladding, S. T. (2016). *Counseling: A Comprehensive Profession*. Pearson.

Glasser, W. (1998). *Choice Theory: A New Psychology of Personal Freedom*. Harper Perennial.

Herlihy, B., & Corey, G. (Eds.). (2006). *ACA Ethical Standards Casebook* (6th ed.). Alexandria, VA: American Counseling Association.

Linehan, M. M. (1993). *Cognitive Behavioral Treatment of Borderline Personality Disorder*. New York: Guilford Press.

Muatta, A. (2024). *Current Psychotherapies*. Pakistan: ANish Publications.

Neukrug, E., & Hay, D. G. (2023). *Counseling Theory and Practice*. San Diego: Cognella, Inc.

Reeves, A. (2022). *An Introduction to Counselling & Psychotherapy*. London: Sage Publications Ltd.

Rogers, C. R. (1942). *Counseling and Psychotherapy*. Boston: Houghton Mifflin Company.

Rogers, C. R. (1961). *On Becoming a Person: A Therapist's View of Psychotherapy*. Boston: Houghton Mifflin Company.

Rogers, C. R. (1977). *Carl Rogers on Personal Power*. New York: Dell Publishing.

Seligman, L. (2006). *Theories of Counseling and Psychotherapy Systems, Strategies, and Skills* (2nd ed.). Upper Saddle River, NJ: Pearson Education.

Sharry, J. (2013). *Solution-Focused Group Therapy*. Sage Publications.

Spiegler, M. D., & Guevremont, D. C. (2010). *Contemporary Behavior Therapy*. Belmont, CA: Cengage Learning.

Sweeney, T. J. (2005). *아들러 상담이론과 실제*. 학지사.

Tolan, J. (2012). *Skills in Person-Centered Counselling & Psychotherapy* (2nd ed.). London: Sage Publications Ltd.

Mulyaningrum, V. A., & Asih, S. R. (2019). Combining counseling techniques with acceptance and commitment therapy to alleviate psychological distress and non-suicidal self-injury: A single-case study. *Advances in Social Science, Education and Humanities Research*, 494.

Wikipedia. https://ko.wikipedia.org

Wubbolding, R. E. (2001). *Reality Therapy: Theories of Psychotherapy Series*. American Psychological Association.

색인

저자약력

김회엽(金會葉)

순천대학교 대학원 교육학(상담심리)전공 박사과정 수료
현) 전라남도고흥교육지원청, 더나눔학술·문화재단 부이사장
저서) 교육학개론(공저, 정민사, 2023)외 15권

조혜영(曺惠永)

순천대학교 대학원 교육학(상담심리)전공 박사과정 수료
현) 부산교육대학교 수석상담관
저서) 교육학개론(공저, 정민사, 2023) 외 15권

신봉호(申鳳浩)

국립순천대학교 대학원 교육학(상담심리)전공 교육학 박사
현) 더나눔학술·문화재단 이사장
저서) 학교상담의 이론과 실제(정민사, 2019) 외 16권

문종길(文鍾吉)

한남대학교 대학원 상담학 박사
현) 더나눔학술·문화재단 이사
저서) 공저 우리들의 교육 이야기(동문사, 2024)

서경란(徐京蘭)

조선대학교 대학원 상담심리학(미술심리치료전공) 박사과정 수료
현) 여수교육지원청 Wee센터 전문상담사

김숙경(金淑慶)

순천대학교 일반대학원 소비자가족아동학과 석사
현) 한국아동가족상담센터장
저서) 교육학개론(공저, 정민사, 2023) 외 2권

김경화(金京和)

조선대학교 대학원 상담심리학(미술심리치료전공) 박사과정 수료
현) 한국예술심리상담소 부소장

정수애(丁秀愛)

순천대학교 대학원 교육학(평생교육)전공 박사과정 수료
현) 여수시청 공무원, 여수 한영대학교 외래 교수
저서) 교육학개론(공저, 정민사, 2023) 외 8권

서동기(徐東基)

국립경상대학교 대학원 교육학(교육심리 및 교육방법)전공 교육학 박사
현) 순천대학교, 광주교육대학교 외래 교수
저서) 교육학개론(공저, 정민사, 2023) 외 15권

홍지명(洪志明)

전남대학교 대학원 교육학(유아교육전공) 박사
현) 세한대학교 유아교육과 교수, 더나눔학술·문화재단 부이사장
저서) 유아교육과정(공저, 정민사, 2023) 외 10권

정두배(鄭斗培)

세한대학교 대학원 경영학 박사, 광신대학교 대학원 철학박사
현) 세한대학교 휴먼서비스학과 교수, 더나눔학술·문화재단 부이사장
저서) 교육학개론(공저, 정민사, 2021) 외 5권

전상준(田尙準)

순천대학교 대학원 교육학(교육과정)전공 박사과정 수료
현) 청암대학교 외래교수, 더나눔학술·문화재단 사무국장
저서) 교육학개론(공저, 정민사, 2023) 외 15권

상담의 이론과 실제

초판발행	2025년 1월 3일
지은이	김희엽·조혜영·신봉호·문종길·서경란·김숙경·김경화·정수애·서동기·홍지명·정두배·전상준
펴낸이	노 현
편 집	조영은
기획/마케팅	조정빈
표지디자인	BEN STORY
제 작	고철민·김원표
펴낸곳	㈜피와이메이트
	서울특별시 금천구 가산디지털2로 53, 210호(가산동, 한라시그마밸리)
	등록 2014.2.12. 제2018-000080호
전 화	02)733-6771
f a x	02)736-4818
e-mail	pys@pybook.co.kr
homepage	www.pybook.co.kr
ISBN	979-11-7279-039-4 93370

copyright©김희엽 외 11인, 2025, Printed in Korea

정 가   22,000원

박영스토리는 박영사와 함께하는 브랜드입니다.